대한민국 부모

대한민국 부모

대한민국에서 가장 아픈 사람들의 이야기

이승욱 신희경 김은산 지음

문학동네

다른 삶도 가능합니다

상담실에서 우리가 만난 아이들은 심하게 망가져 있었습니다. 아이들이 털어놓는 이야기는 상상을 넘어선 고통이며 아픔이었습니다. 부모들도 암담해 보이기는 마찬가지였습니다.

교육과 관련된 많은 책에서 부모 때문에 아이들이 힘들다고 이야기한 것이 맞아 보였고, 부모들의 '악행' 때문임이 분명해 보였습니다. 언론이 경쟁적인 교육과 입시제도가 원인이라고 주장하는 말도 맞아 보였습니다.

그럼에도 상담에서 할 수 있는 일들은 있었습니다. 아이들의 마음을 위로하고, 아이들이 자신감을 가지고 부모와 관계를 회복할 수 있도록 도우려 했습니다. 문제의 원인은 부모들이니 부모들이 먼저 바뀌어야 한다고 닦달했습니다.

하지만 시간이 갈수록 부모가 바뀌고 아이들이 바뀌면 이 모든 문제가 해결될 수 있는지 의심이 들었습니다. 이대로는 안 되겠다, 아이들의 고통을 제대로 증거하는 책을 써야겠다고 생각했습니다. 그러면 사람들이 좀 각성하고 이 악순환의 고리를 끊으려 하지 않을까 하는 순진한 생각을 했습니다. 이것이 책을 쓰기로 한 처음 동기였습니다.

책을 쓰면서 저희는 '부모가 문제라면 왜 부모는 '문제적 부모'가 되었을까, 교육이 문제라면서 왜 부모들은 입시와 사교육에 맹목이 되었을까, 교육은 왜 이다지도 한국 사회 구성원을 끝 모를 지옥으로 몰아가게 되었을까'라는 좀더 핵심적인 질문을 하게 되었습니다.

그런데 그 질문에 답하기 위해 토론을 거듭하면서 세 명의 필자는 길을 잃고 헤매고 갈등하기 시작했습니다. 교육을 중심에 놓고 가족의 역동과 구조를 파헤치고, 병리를 드러내고 욕망의 실체를 밝혀내려 했지만 문제는 그게 아닌 것 같았습니다. 문제가 너무 교묘하고 복합적이라 문제의식을 써내려가는 것도 쉽지 않았습니다.

이런 고민의 와중에 한 명의 필자가 이런 질문을 던졌습니다. "우리에게 이 책을 쓸 역량이 있을까요?" 다른 필자가 이 질문에 답하며 보낸 메일의 일부를 옮겨보겠습니다.

"그 질문이 저를 괴롭혔습니다. 그 질문이 바늘처럼 깊이 꽂혀 며칠 동안이나 일상생활이 불편할 정도였습니다. 그만큼 버겁고 거대한 이야기였습니다. 정작 우리는 '한국 사회에서, 한국 가정에서 교육이란 무엇인가?'라는 가장 핵심적인 이야기를 하지 않았다는 생각을 하게 되었습니다. 정말 한국의 가정은 교육 때문에 붕괴되었는가? 만약 아니라면 우리가 교육을 붙잡고 이야기하는 것이 현명한 일일까? 대한민국 교육이라는 귀신한테 홀려버린 느낌입니다. 문제는 교육이 아닐 수도 있고, 교육일 수도 있습니다. 무엇보다 우리 스스로 어설프게 쓴 책 한 권을 내놓고 그래도 한국의 교육과 가정, 그리고 아이들을 위해 뭔가 해냈다고 자위할 것 같아 두렵습니다."

필자들의 고민은 깊었습니다. 한국 사회에서, 교육받고 살아온 이곳에서 아이들을 키운 우리 자신의 욕망과 실수와 교활함과 아둔함을 먼저 다 드러내지 않고서는 우리가 쓰고자 하는 책을 제대로 쓸 수 없다는 것이 너무 자명했습니다. 책을 내지 않아도 좋으니 지금, 우리가 마주한 문제를 풀겠다는 심정으로 치열하게 논쟁했습니다.

결국 질문에 답이 있었습니다. 한국 사회에서 교육은 사실 진정한 교육이 아니라 교육이라는 외피를 쓰고 있을 뿐, 텅 빈 공간이었던 것입니다. 한국의 가정도 마찬가지입니다. 다들 밤이 되면 집으로 돌아오지만 집에서 안식을 얻지 못하기에 그곳은 비어 있는 공간입니다. 누구도 그 집을 채우지 못합니다.

교육이라는 빈 공간에, 교육이라는 '이름'으로 쑤셔넣는 것이 무엇인지, 왜 그래야만 하는지, 가정이라 말하지만 정작 애정은 고갈된 채 황폐해져버린 그곳에서, 왜 서로에게 의무와 요구만을 강요하며 살아가고 있는지 알게 되었습니다.

자신이 구원받기 위해 자기 아이를 제물로 바친 에밀레종의 전설처럼, 자신의 행복을 위해 아이들을 교육이라는 지옥불에 밀어넣어버리는 부모들의 행위가 무엇에서 비롯되었는지 깨닫게 되었습니다. 부모의 불안은 어디에서 오는지, 왜 아이들을 희생의 제물로 삼는지 이야기할 수 있게 되었습니다. 현재 우리들이 겪고 있는 어려움과 고통을 조장하고, 이를 지켜보며 배를 불리는 자들이 따로 있다는 것도 말할 수 있게 되었습니다. 이 과정은 다른 누구도 아닌 필자들 자신의 삶과 교육 경험, 아이들에 대한 양육 태도를 돌이켜봄으로써 가능한 일이었습니다.

우리 삶의 실상에 대한 낱낱의 기록이며, 또한 우리가 원하지 않는 불행의 목록이기도 한 이 책을 대한민국이라는 사회를 거쳐갈 모든 아이들에게 바칩니다. 대한민국의 부모이기도 한 심리학자 두 명과 인문학자 한 명이 1년 동안 함께 진심을 다해 쓴 글입니다. 저희들은 진심으로 세상을 바꾸고 싶습니다. 우리 아이들을 위해서 말입니다. 그래서 이 책이 우리 삶의 변화의 선언문이며 나침반이 되기를 바랍니다. 누구보다도 아버지들이 이 책을 읽어주면 정말 감사하겠습니다. 어머니들은 이 책을 읽는 일이 아플 것 같습니다. 그 아픔을 참고 읽어낸다면, 혹시 다른 삶을 살 수 있을지도 모르겠습니다. 우리가 어떤 교육을 받았는지 부모님들이 먼저 고민하기 시작한다면 이 책은 대체로 성공한 것입니다. 아이들을 품 안에서 떠나보내고, 아이로부터 부모 자신이 독립해야겠다는 결심이 든다면 이 책은 완전히 성공한 것입니다.

　문제를 해결하는 가장 좋은 방법은 문제를 푸는 것이 아니라 문제를 없애는 것입니다. 저희가 제안하는 것이 현실적으로 가능할지 우려할지도 모르겠습니다. 그러나 우리 삶을 변화시키기 위해 우리는 비현실적이 되어야 합니다. 문제를 없애고 새로운 현실을 맞이해야 하기 때문입니다.

이승욱, 신희경, 김은산

차례

1부 죽거나 죽이거나 미치거나

: 병든 것이 정상인 아이들

'교육'이라는 야만의
정글에 갇힌 아이들

너, 이러면 정상으로 못 살아

얼마 전 고등학교 3학년 남학생이 성적 때문에 자신을 괴롭힌 엄마를 죽인 사건이 있었다. 아이가 매를 견디다 못해 엄마의 목을 조르자 엄마는 아이에게 이렇게 말했다고 한다. "너, 이러면 정상으로 못 살아!" 그러자 아이는 엄마에게 울면서 말했다. "안 그럼, 엄마는 날 죽일 거야." 그 아이가 엄마와 나눈 마지막 말이었다. 엄마가 말한 아이의 정상적인 삶은 과연 무엇이기에 아이는 엄마를 죽여야 했을까?

너무나 비극적이고 극단적이기는 하지만 이 사건은 지금 대한민국 부모와 아이 들이 놓인 상황을 상징적으로 보여준다. 내 아이는 그런 아이가 아닐 거라고, 나는 그런 엄마가 아닐 거라고 생각할 테지만 실은 부모 자신도 안다. 그 사건이 자신의 집에서 벌어지는 일과 근본적으로 유사하다는 것을. 엄마를 죽이지 않으면 자신이 죽을 것 같다고 생각하는 아이들이 있다니, 내 아이는 그렇지 않겠지…… 자신할 수 없다. 성적과 공부 말고는 관심도, 할 말도 없는 부모에게 아이들은 지금 절망하고 있다.

  아이들의 병이 깊어졌다. 병원과 상담실은 각종 증상을 보이는 아이들로 문전성시를 이루고 있다. 교사들은 이제 아이들을 포기한 단계라고 자인한다. 언론에서는 하루가 멀다 하고 아이들의 심신이 병들어 있음을 보여주는 각종 조사 결과와 통계 수치를 발표한다. 전문가들은 아이들이 치료를 받게 해야 한다고 당부한다. 부모들까지 아이들의 극심한 스트레스를 걱정하며 자신이 문제라고 미안한 척한다.

  온 나라가 아이들의 정신건강을 우려하지만 그냥 거기까지다. 부모들은 한숨을 쉬며 걱정은 하지만 그 이상은 보지 않으려 하고, 전문가라는 사람들은 아이들을 위하는 척하면서 쓸데없는 제도만 자꾸 만들어낸다. 교사는 무기력하고, 언론은 이슈에 편승할 뿐 책임은 지지 않는다. 관료들은 물정을 모르고 전시행정 대책만 내놓는다. 모두 정작 무엇이 문제인지 절대로 보지 않으려 하는 것 같다. 이제는 아이들의 정서와 심리세계를 있는 그대로 볼 필요가 있다. 더 늦기 전에.

  대한민국에서 공부 잘하는 학생이라면 적어도 한두 가지 정도 정신병리적 증상을 나타낼 수밖에 없다. 역설적이게도 이것이 정상이다. 공부를 잘하든 못하든 아이들은 자신의 생각, 자신의 감정, 자신의 삶에서 의미를 찾으려는 노력을 포기하고, 부모의 욕망에 따라 '공부 잘하고 돈 잘 버는 사람'이 되려고만 한다. 그러나 무한경쟁에 내몰린 아이들은 정신적 긴장과 고통에 짓눌린 채 살아가고 있다. 부모에게 호소해보았자 별 소용이 없다는 것을 그들은 잘 안다. 그래서 아이들은 정신질환을 앓고, 자살을 선택하고, 폭력을 휘두르고, 가출하고 급기야 엄마를 죽이기까지 한다. 그러나 이 모든 것은 아이들이 살아남기 위한 몸부림이다. 이제 아이들의 이야기를 여기에 옮긴다. 더하지도 빼지도 않았다.

살아남기 위해 병드는 아이들

초등학교 3학년 민희(가명. 이하 사례의 인물은 모두 가명)는 4학년 때부터는 특목고 준비 학원에 다녀야 한다. 그런데 언젠가부터 학원에서 시험 보는 전날이면 배가 아프고 설사를 한다. 가끔은 시험을 보다가 아는 문제가 하나도 없어서 백지를 내는 악몽을 꾸기도 한다. 불안이 심해지면서 이제는 아예 시험 당일에는 학원에 갈 수 없을 정도로 배가 아프다. 자주 얼굴을 찡그리고 입을 씰룩거리는 것이 영락없는 틱 증상이다. 엄마가 보낸 영재교육 학원에 다닌 지 6개월 만에 나타난 현상이다.

이전에는 초등학교 저학년생이 성적과 학업 스트레스로 생긴 정신적 증상 때문에 상담실을 찾는 일은 그리 흔하지 않았다. 대부분 초등학교 고학년생이거나 중고등학생들이 상담실을 찾았고 학업 스트레스로 인한 증상도 주로 원형탈모나 틱, 복통과 두통, 손바닥 다한증, 수면장애

나 우울감 등으로 나타났다. 그러나 최근 들어 상담실을 찾는 아이들의 연령이 더욱 낮아지고 증상도 다양해지는 등 심각한 수준에 이르렀다. 수능시험을 앞둔 고 3 수험생의 시험불안 증상과 전혀 다르지 않은 증상을 초등학교 3학년생이 겪고 있는 것이다.

초등학교 5학년 세환이는 과학 만화책을 좋아하고, 과학자가 되는 것이 꿈이었다. 저학년 때부터 집에서 혼자 이것저것 실험해보는 모습을 지켜보던 엄마는 아이를 영재학원에 보냈다. 아이는 학원에서 '창의적으로' 실험하는 것을 배웠다. 그런데 영재학원에서 과학실험을 한 지 몇 달 만에 세환이는 과학자가 되고 싶다는 말을 더이상 하지 않는다. '창의'를 학원에서 배우게 된 후부터 과학에 대한 흥미 자체를 잃어가고 있는 것이다. 아이는 영재학원에서 내주는 창의력 수업 숙제 때문에 '창의적으로' 놀 시간이 없다.

이제 세환이는 세상에서 제일 싫은 것이 창의력 수업 숙제란다. 상담 중에 집을 그려보라고 하자 가족들은 집에 있고 자신만 집에서 조금 떨어진 학원에 앉아 있는 모습을 그렸다. "너는 언제 집에 올 거니?" 하고 묻자 아무렇지 않은 표정으로 오랫동안 못 간다고 답했다. 학원이 끝나면 곧 다른 학원에 가야 하기 때문이란다.

아이가 그린 그림에서 집은 학원들에 둘러싸여 있다. 가까이에 집을 두고도 계속 학원을 옮겨 다니느라 아이는 집에 가지 못한다. 엄마와 동생은 집에서 재미있게 텔레비전을 보고 있지만, 아빠는 회사에서 일하고 자기는 학원에서 공부를 해야 하기 때문에 집에 못 간다고 했다. 그림 속에는, 책상에 앉아 있지만 집에 있는 엄마와 동생을 향해 고개를 돌리고 쳐다보는 세환이가 있다. "집에 가고 싶어 너무 슬프겠다"고 하자 아이는 얼른 '100점'이라고 쓴 시험지를 그렸다. 그리고 "100점 맞아 집에 가면 아주 많이 기쁘기 때문에 참을 수 있다"고 말했다.

세환이가 그림을 그리면서 집에 못 간다고 말하자 눈시울이 붉어졌던 엄마는, 100점짜리 시험지를 그리면서 참을 수 있다고 말하는 대목에서는 다시 활짝 웃었다. 아이를 쳐다보는 감동 어린 눈빛에서는 아이의 인내력을 성장의 징표로 보는 듯한 뿌듯함이 느껴졌다. 상담이 끝나갈 무렵 아이는 100점짜리 시험지를 그린 종이를 엄마에게 내밀며 "자, 엄마, 100점"이라며 웃었고, 엄마는 "아이고 고마워요, 잘했네" 하면서 웃었다. 그 순간 엄마는 아이의 복통과 틱 증상 때문에 상담실을 찾아왔다는 사실조차 잊고 있는 것 같았다. 아니, 사실 엄마는 대부분의 시간에 아이의 고통을 잊고 있었을 것이다.

고등학교 3학년 민선이는 시험불안으로 상담실을 찾았다. 오른손이 불에 덴 것처럼 아픈 통증으로 연필도 잡지 못한다고 했다. 할 수 없이 왼손으로 공부를 하고 있지만 대학입시를 몇 달 남기지 않고 나타난 통증 때문에 거의 절망에 빠진 상태다. 통증클리닉에서 치료도 받고 신경외과에서 여러 가지 검사도 받았지만 특별한 이상이 없다. 머리가 깨질 듯한 두통도 가끔 나타나는데 이 또한 검사 결과 특별한 이상이 없었다. 통증 때문에 한의원에서 침을 맞으며 상담실을 찾았는데, 오른손에 힘을 주거나 조금 강하게 접촉을 하면 심한 통증을 느낀다.

증상은 마지막 모의고사에서 성적이 더이상 오르지 않자 처음으로 나타났다. 통증으로 시작된 오른손은 이제 아예 마비가 되는 것처럼 느껴지기도 한다. 왼손으로 수학문제를 풀어야 하니 어려움이 많겠다고 하자 하는 데까지 열심히 해보려 한다며 담담하게 대답했다. 그래도 다행인 것은 통증이 생기면서 그동안 자주 꾸던 악몽과 설사 같은 증세는 사라졌다는 것이다. 손에 땀이 나고 귀가 멍한 증상도 있었는데 그것도 없어져서 머리가 덜 아프다고 했다. 아이의 증상은 한 증상을 또다른 증상으로 덮으면서 악화되고 있었다.

고등학교 2학년 재혁이의 경우는 좀더 심하다. 밤에 혼자 공부를 하다보면 귀에서 '히히히' 비웃는 소리 같은 것이 들린다고 했다. 어느 날엔 그 소리만 들리지만 다른 날엔 방문을 조금 열고 누군가 서서 자신을 노려보고 있는 것 같기도 했다. 돌아보면 재빨리 사라지는 모습이 엄마와 비슷해서 혹시 엄마가 다녀갔나 싶어 물어보면 아니라고 했다. 아이는 엄마에게 무서움을 호소했다. 하지만 그때마다 엄마는 "정신을 집중해서 공부에만 몰두해봐. 그런 쓸데없는 공상은 하래도 못 하지. 공부한다고 앉아서 딴생각만 하고 있으니까 자꾸 그런 공상이 생기는 거야"라며 공부하기 싫으니 핑계를 댄다고 했다.

재혁이에게 이런 증상이 나타난 것은 지난해 1학기 때 기말고사 성적이 큰 폭으로 떨어지면서부터였다. 재혁이는 고등학교에 들어와 첫 중간고사에서 꽤 괜찮은 성적을 냈다. 그 덕에 선생님과 친구들에게서 공부 잘하는 아이라고 주목을 받았다. 하지만 기말고사를 망치면서 선생님도 의외라는 반응을 보였고 친구들의 관심도 사라졌다. 엄마는 잔뜩 기대하다 기말고사 성적을 보고는 무척 화를 냈고 아빠는 텔레비전 보는 시간을 제한했다. 문제의 증상이 나타나기 시작했다. 재혁이는 2학기에는 잘해보리라 마음먹고 학원에도 열심히 다녔지만 이상한 소리는 여전히 들렸다. 2학년이 되면서는 낮에도 그 소리가 들려왔다. 급기야 시험을 치는데 "아무리 해도 넌 안 될걸? 안 될 거야"라는 소리가 들려, 귀를 막고 소리를 지르는 바람에 시험을 중단하고 병원까지 가야 했다.

재혁이는 환청과 환시로 약물치료를 받으면서 상담실을 찾게 되었다. 한참을 머뭇거리던 재혁이는 자신이 들은 소리가 엄마의 목소리인 것 같고, 자신이 본 환영이 엄마의 모습인 것 같아서 죄책감이 든다고 했다. 너무나 무섭다고 했다. 엄마 때문에 이런 공상을 해서 병까지 난 자신이 너무 약한 것 같고, 엄마를 나쁜 사람으로 만드는 것 같아 미안하다는 것이다.

그런 아이의 마음속 깊은 곳에는 감시하고 평가하고 야단치고 비난하는 부모에 대한 엄청난 분노가 자리 잡고 있었다. 엄마에게 분노를 느낄수록 아이는 엄마에 대한 죄책감을 드러냈다. 그런 죄책감과 자기비하가 심해질수록 논리적 사고와 기억의 기능을 잃어버린 아이처럼 학습이 불가능한 상태를 보였다. 제법 공부를 잘했던 재혁이는 5분 전에 읽은 내용이 하나도 기억나지 않는다면서 엄마를 미워해서 벌을 받는 것 같다고 말했다.

이 밖에도 시험 때만 되면 책상에 앉지 못하고 엎드려 있어야 통증이 사라지거나, 책만 보면 눈가가 쓰리고 아픈 책 알레르기에 시달리는 등 아이들의 증상은 다양하다 못해 해괴하기까지 하다.

살아남기 위해 일탈하는 아이들

살아남기 위해 병드는 아이들이 있는가 하면, 살아남기 위해 일탈행동을 하는 아이들도 있다. 어른들이 생각하는 것처럼 공부만 해야 하는 삶에서 벗어나기 위한 일탈이 아니라, 공부만 해야 하는 삶을 견디기 위해, 즉 생존을 위해 일탈을 하는 것이다.

중학교에 다니는 한 여학생은 임신으로 부모에게 큰 충격을 주었다. 상담실을 찾은 엄마는 아이의 거의 모든 일과를 쫓아다니면서 뒷바라지했는데 도대체 언제, 어떻게 이런 일이 벌어졌는지 망연자실할 뿐이었다. 아침에 학교에 데려다주고, 학교가 끝나면 데려와 집에서 간식을 먹여 학원에 데려다주고, 학원 앞에서 기다렸다가 수업이 끝나면 다른 학원에 데려가고…… 하루 종일 아이와 일상을 함께했는데 어떻게 아이가 임신할 틈이 있었는지, 엄마는 무언가에 홀린 것 같다고 했다. 아이는 학원에 들어가서 수업을 받지 않고 학원 옥상에 올라가 남학생과 성관계를 맺은 것이다. 대학에 가면 그 남학생과 결혼할 것이라며, 둘이 헤어지지 않기 위해 공부를 열심히 하자고 약속했단다.

또다른 여학생의 상황도 비슷했다. 아이는 시험 전날 독서실에서 공부하다 남자친구와 노래방에 가 휴대폰을 꺼놓고 놀다가 밤 12시가 넘어 집에 돌아왔다. 독서실에서 밤 10시에 나갔다는 것을 확인한 엄마는 불같이 화를 냈고, 시험 전날 노래방에 갔다는 이유로 '미친년'이라고 욕까지 했다. 하지만 아이가 다음 날 세 과목에서 한 개만 틀리는 우수한 점수를 받자 아이에게 사과했다. "네가 공부 다 해놓고 스트레스 받아서 노래방에 간 것도 모르고, 내가 오해를 해서 미안하다. 그래도 다음에는 연락은 해라. 그러면 엄마가 너 스트레스 푸느라 그런가보다 하고 야단치지 않을게. 이렇게 공부를 열심히 하면서 놀면 아무 문제가 없지"라며 매우 기뻐했다.

학교 상담교사의 소개로 찾아온 한 여학생도 비슷한 고민을 하고 있었다. 아이는 지금까지 상위권 성적을 유지해왔지만 이제 더는 버틸 수 없을 만큼 무기력감으로 고통받고 있었다. 아이는 남자친구와 종종 노래방에서 성관계를 맺었고, 그를 정말 사랑했지만 헤어지게 되어 죽고 싶다고 했다. 그런 상황에서 어떻게 공부를 잘할 수 있느냐고 묻자, 그래야 마음껏 우울해하고 괴로워할 수 있으며 숨을 좀 쉴 수 있다고 답했다. 성적이 떨어지면 엄마가 자꾸 관심을 보이면서 캐묻고 더 잔소리를 하기 때문에 살기 힘들다는 것이다.

아이들에게 공부는 묻지도 따지지도 않고, 이유를 불문하고 그냥 해야 하는 의무 같은 것이다. 미래의 행복한 삶을 위한 것이라 하지만 그건 부모의 이야기다. 중요한 것은 현재 아이들에게는 재미도 없고 의미도 없는 그 공부 때문에 다른 모든 것을 포기해야 하는 고통일 뿐이라는 점이다. 그런 공부를 '해내고' '해드리기' 위해서 아이들에게는 일탈이 필요한 것이다. 연애를 하고, 성관계를 맺고, 게임을 하고, 술을 마시면서 그 힘든 삶을 이겨내고 견뎌낸다. 그래서 일탈은 공부와 경쟁의 삶에서 살아남기 위한 수단이자 오아시스다. 일탈의 시간만이 유일하게 의미 있고 재미있는 시간인 것이다. "열심히 하면 진짜 편하게 놀 수 있으니까 참죠"라고 말하는 아이들. 심리학에서는 더 큰 만족을 위해 지금의 욕구를 참아낼 수 있는 능력을 만족지연능력이라고 하는데, 우리나라 아이들의 만족지연능력을 측정해보면 이 또한 경제협력개발기구(OECD) 회원국 중 최고 수준일 것이다.

청소년 사망 원인 1위, 자살

어른들이 만들어놓은 '교육'이라는 이름의 '야만의 정글'에서 살아남기 위해 아이들은 이렇게 병에 걸리거나 일탈을 한다. 여러 신체적, 정신적 증상에 시달리지만 그 증상이 있기에 기댈 수 있다. 일탈의 삶이 위태롭지만 그래도 일탈 덕분에 숨통이 트인다. 자기파괴적인 악순환이지만 당장은 그래야 산다. 처음에는 증상을 계기로 부모의 사랑과 관심을 끌려고 했던 아이들도 나중에는 더이상 어른들에게 호소하지 않는다. 어른들의 관심과 걱정도 결국 또다시 공부를 잘하도록 만들기 위한 '다독거림'이라는 것을 너무나 잘 알기 때문이다. 차라리 그냥 그렇게 홀로 망가져간다. 그래서 그런지 병든 아이들의 표정은 저토록 무덤덤하다. 병드는 것이 정상적인 삶의 방식이 되어가고 있다.

이런 현상에 대해서 어떤 어른들은 말한다. 일부 문제가 있는 가정의 아이들만 그런 것이 아닌가, 우리나라가 OECD 회원국 중 가장 공부를 잘하는 나라에 속하는데 그런 스트레스 정도는 받을 만하지 않은가, 대신 그만큼 실력이 생긴 것 아닌가, 그런 고난을 이겨내야 성공할 수 있는데 요새 아이들이 예전 아이들에 비해 너무 나약한 것 아닌가…… 과연 그러한가?

우리나라 청소년 사망 원인 중 1위가 자살이다. 2011년 국민건강보험공단이 집계한 전국 진료인원 현황에 따르면, 2010년 우울증과 재발성 우울증으로 병원에서 치료받은 10대 청소년 수는 2만 3806명에 이른다. 증상이 있어도 병원이나 상담실을 찾지 않은 아이들은 적어도 이보다 10배는 될 것이다. 서울시 소아청소년 광역정신보건센터가 2010년 서울 시내 중고교생 3만 786명을 대상으로 실시한 '우울증 학생 선별검사'에서도 17.2퍼센트인 5295명이 평소 우울감을 느낀다고 답했다. 이 정도면 청소년 우울증이 특정한 소수의 문제가 아님은 분명하다.

2011년 한국방정환재단과 연세대 사회발전연구소가 공동으로 조사한 행복지수의 국제비교 연구에서 우리나라 어린이와 청소년이 느끼는 주관적 행복지수가 OECD 회원국 중 꼴찌를 차지했다. 교육성취도는 매우 높은데도 주관적으로 느끼는 행복지수는 최하위라는 것이다. 2000년부터 2009년까지 3년 단위로 실시된 OECD 학업성취도 국제비교 연구조사 결과를 살펴보면 우리나라 중학생의 학업성취도는 최상위권이다. 하지만 동시에 아이들 자신이 부여하는 가치나 자아효능감, 흥미, 동기, 학교에 대한 소속감 등의 수준은 매우 낮고, 불안 수준은 최상위권이라는 것이다. 결국 우리나라 아이들은 아무 감정도 없이 공부하는 기계가 되어버렸거나, 공부는 해야 한다고 하니 어쩔 수 없이 하지만 그 대가로 병들어가거나 자살을 선택하고 있는 것이다.

무기력으로 저항하는 아이들

갑자기 '멍청'해진 아이

요즘 아이들의 문제로 빼놓을 수 없는 주제가 바로 '무기력'이다. 상담실에서 만나는 많은 아이들은 자도 자도 또 졸리고 잠만 자고 싶다고 말한다. 다시 태어난다면 개로 태어나서 먹고 자는 것만 하고 싶다고도 한다. 아이들이라면 힘이 세고 커다란 동물이나 자신이 제일 좋아하는 동물로 태어나고 싶어할 것이라 짐작할 테지만, 최근 상담실에서 만나는 아이들 중 제법 많은 아이들이 먹고 잠만 자는 개가 부럽다는 것이다. 호기심과 활력이 넘쳐흐르고 친구들과 어울려 노느라 하루가 짧다고 느껴야 할 10대 아이들이 "아, 몰라" "귀찮아, 졸려" 같은 말들을 입에 달고 산다.

중학생인 정희가 상담실을 찾은 것도 아이의 무력감을 걱정하는 엄마에 의해서였다. 첫 상담에서 엄마는 정희가 얼마나 생각이 없고 의욕이 없고 의지도 없는지 설명하면서, 초등학교 때까지 공부를 잘하던 아이가 왜 이렇게 '멍청'해졌는지 생각하면 억장이 무너진다고 눈물을 보였다. 정희는 옆에서 책상을 내려다보며 무표정하게 앉아 있었는데 이따금 엄마를 힐끗 쳐다보는 눈에는 뭐라 표현할 수 없는 복잡한 심정이 담겨 있었다. 그러나 그 눈빛도 그리 뚜렷하지 않아서 미처 그 심정을 헤아리기도 전에 다시 처음의 무표정으로 돌아가곤 했다.

먼저 엄마는 아이의 문제점을 요약해서 정리해온 종이를 꺼내 아이의 상태를 설명했는데 마치 프레젠테이션을 하는 분위기였다. 종이에 적은 메모에는 아이의 행동상의 문제점뿐 아니라 자신이 생각하는 원인과 해결책까지 담겨 있었다. 엄마는 상담가의 입에서 나온 모든 말을 노트에 기록했다. 질문에 아이가 잠시라도 주저하면 엄마가 나서서 바로 답변했다. 심지어는 아이에게 처음 상담을 하게 되는 심정을 묻는 질문에도, 아이가 머뭇거리자 엄마가 바로 "좀 찔렸겠죠 뭐"라고 답했다. 아이는 힐끗 엄마를 쳐다볼 뿐 별다른 말이 없었다. "선생님이 너한테 물어봤는데 너는 어떤 것 같니?"라고 다시 물었지만 정희는 관심이 없다는 표정으로 고개를 돌렸다. 아이의 그런 태도는 다시 엄마의 분노를 자아냈다.

엄마는 정희의 일상에 대해 모든 것을 알기를 원했으며 정희가 대답을 제대로 하지 않으면 화가 나고 불안하다고 했다. 예를 들면 학교 급식 반찬으로 무엇을 먹었느냐는 질문에 기억이 안 난다고 했는데, 어떻

게 자신이 먹은 것을 기억하지 못하는지 화가 나서 견딜 수가 없다고
했다. 자신이 생각하는 아이의 증상은 자신감이 없고 의욕이 없는 것인
데 상담을 통해 이런 문제를 '고칠 수' 있는지 궁금하다고 했다. 엄마는
말하는 틈틈이 아이를 관찰하고 아이의 자세며 행동을 교정했다.

"똑바로 앉아야지, 다리 떨지 말고! 그거 만지지 마, 왜 이렇게 부산
하니? 어깨 좀 펴라니까, 목 아프다면서 무슨 차가운 물을 마셔, 엄마
거 녹차 마셔! 왜 대답을 안 해? 빨리 대답해야지, 선생님이 물어보시
잖아. 고개 숙이지 말고, 그러니까 항상 목이 아프다고 하지. 좀 크게 말
해, 안 들리잖아……"

엄마의 지적이 이어질수록 상담가인 나 역시 무기력해지는 것을 느
꼈다. 아이가 무엇을 하든 즉시 개입해서 자신의 생각을 강요하는 엄마
와 잠깐 상대하는 동안에도 아이에게 왜 무력감이 생길 수밖에 없는지,
아이의 마음이 고스란히 느껴졌다.

엄마의 욕망을 좌절시키는 아이의 무기력

엄마를 밖에서 기다리게 하고 정희와 상담을 시작했다. 어떤 말에도
시큰둥한 반응을 보이는 아이에게 몇 번이라도 상담을 해보자고 권유
하며 이런저런 말을 건넸다. 그다지 중요하지 않은 자질구레한 대화가
몇 마디 오가고 난 뒤 정희에게 솔직하게 물었다.

"내가 보기에 엄마는 네 모든 생활에 개입을 하고 걱정하고 지적하시
는데, 너는 화도 내지 않고 신경질도 내지 않고 반박도 하지 않고, 그렇

다고 엄마 말대로 하지도 않고 그냥 묵묵히 듣고만 있네. 네가 좋다 싫
다 아무 반응도 없이 그냥 가만히 있고 잠만 자니까 엄마가 더 화가 나
서 그러시는 것 같은데, 너는 어떻게 생각해? 가만히 있으면 더 간섭이
많아지고 힘들지 않아?"

"이게 엄마를 제일 빨리 포기하게 하는 거예요. 저도 좋고요."

정희가 처음으로 살짝 웃으면서 대답했다.

같이 싸우고 화내고 소리 지르고 울고 하는 것은 이미 많이 해보았지
만 서로 힘들기만 할 뿐, 나아지는 것도 없이 같은 상황이 자꾸 반복되
니 더 짜증만 난다는 것이다. 그럴수록 엄마는 더 많이 간섭하고 강력
해진다. 그냥 이렇게 무기력하게 지내면 엄마가 화를 내기는 하지만 결
국 어쩔 수 없으니 가끔 포기하기도 한다는 것이다. 그러면서 상담을
하러 온 것도 자기로서는 어쩔 수 없으니 따라온 것이고, 상담을 해서
도 안 되면 엄마도 완전히 포기할 것이라고 말했다.

"무기력하게 아무것도 안 하고 잠만 자는 행동을 해서라도 엄마의 통
제에서 벗어나고 싶은 거구나."

"그게 유일한 방법이에요."

아이는 그렇게 말했지만 내 귀에는 "그게 엄마한테 잡아먹히지 않는
유일한 방법이에요"라고 들렸다. 아이는 그것을 정확히 알고 있었다.
자신이 조금이라도 뭔가 하는 시늉을 하면 엄마가 더 잘하라고 달려들
면서 점점 더 자신을 삼킬 것이다. 하지만 아예 무기력하면 삼키지도
못하고 발만 동동 구르다가 서서히 포기하게 될 것이다.

엄마에게 느끼는 무지막지한 통제의 힘이 일상생활에서 구체적으로 어떻게 나타나는지 좀더 자세히 물었다. 정희는 일거수일투족을 엄마한테 관찰당하고 있다고 말했다. 그러면서 조금이라도 잘못하면 여지없이 지적받고 야단을 맞는다고 했다. 정희가 열거하는 일들을 들어보면 마치 엄마는 아이를 쳐다보는 일 외에는 다른 어떤 일도 하지 않는 것처럼 느껴졌다. 정희는 엄마가 텔레비전을 보거나 요리를 하거나 청소를 하면서도 자신이 무엇을 하고 있는지 다 보고, 다 알고 있다고 했다.

집에서 자기 방문을 잠그는 것은 허용되지 않았다. 아무리 화가 나도 대답을 해야 했다. 화가 난 표정을 지으면 짜증을 낸다고 야단맞았고, 우스운 이야기가 생각나 웃기라도 하면 생각이 없고 속 편한 아이라고 끌탕을 했다. 말없이 밥을 먹으면 가족과 대화를 안 한다고 지적을 받았고, 재미있게 본 텔레비전 드라마 이야기를 하면 쓸데없는 것에만 관심이 있다고 핀잔을 들었다. 친한 친구의 가족관계를 잘 모른다고 하면 그게 무슨 친구냐고 타박했고, 친구와 다투고 시무룩하기라도 하면 무슨 일인지 이야기할 때까지 놓아주지 않다가 정작 어렵게 그 이야기를 꺼내면 "그런 일로 뭘 그렇게까지 힘들어하느냐"고 무시했다. 식사 습관, 청소 방법, 노트 정리하는 방법, 옷 입는 것 등 모든 습관과 행동양식에 대해 지적을 했다.

정희는 어느 순간 이런 엄마의 요구를 다 들어주다가는 자신이 사라질 것 같다고 느꼈다. 초등학교 6학년 무렵이라고 했다. 어느 날 엄마에게 야단을 맞고 울다가 그냥 죽고 싶다는 생각을 했고 그때부터 이상하게 아무것도 하기 싫어졌다고 했다. 그리고 정희가 무기력해질수록 엄마도 무기력해졌다.

정희에게 엄마의 '사랑'은 그렇게 폭력적으로 다가왔고, 정희는 그 폭력을 포기로 바꾸는 가장 효과적인 방어가 무기력이라는 것을 터득한 것이다. 아무것도 하기 싫은데 상담실에 온 이유는 상담까지 받아도 자신이 변하지 않는다는 것을 보여주기 위해서라고 했다. 정희의 무기력은 아무런 생각이 없는 행동이 아니었다. 이렇게라도 해서 살아남겠다는 단호한 의지의 표현이자 자신을 스스로 망가뜨리는 한이 있어도 엄마한테 먹히지는 않겠다는 선언이었다. 무기력할 수조차 없게 된다면 그때는 진짜 삶을 스스로 멈추는 것밖에는 다른 방법이 없기 때문이다.

무기력, 나를 지키려는 선택이자 강력한 거부의 표현

무기력은 통제감을 잃어버리는 데서 온다. 아무리 노력해도 자신이 뭔가를 변화시킬 수 없고 어느 것에도 영향력을 미칠 수 없다고 느끼면 사람은 무기력해진다. 상담실에 오는 많은 아이들은 무기력하다. 요즘 중고등학교에서는 수업시간에 자는 아이들이 부지기수이고, 심지어 유치원에서도 피곤하다며 잠을 자려는 아이들이 많아지고 있다고 한다. 공부를 '해드리고' 학원에 '가드리며' 몸은 엄마의 뜻에 따라 움직이고 있지만, 아이들의 눈빛은 공허하고 시도 때도 없이 졸음이 밀려오고 틈만 나면 자고 싶다. 의미나 목적 없이 학교와 학원을 쳇바퀴 돌며 열등감을 키우는 아이들에게 무기력은 자살하지 않고 살아남기 위한 유일한 선택이자 부모에게 할 수 있는 마지막 남은 보복이다. 즉 자신의 감정과 신념, 자신의 삶과 존재를 인정하지 않는 자들에 대한 보복인 것이다.

아이들은 원래부터 무기력한 것이 아니라 무기력을 '선택'한 것이다. 이들이 언제 그 선택을 철회하고 활력을 찾을지는 아이들 자신 말고는 아무도 모른다. 확실한 것은 무기력한 아이를 잡고 흔들면 흔들수록 아이는 더 무기력해지리라는 점이다. 그 어떤 칭찬이나 제안이나 훈계나 질책도 이 아이들을 일으킬 수 없다. 부모가 말한 대로 열심히 살지 않아야만 자신의 존재를 보존하고 살 수 있다는 것을 일찌감치 깨달았기 때문이다. 아이들은 무기력으로 부모가 원하는 삶을 살기를 거부하고 있다.

부모는 아이에게 묻는다. 그렇다면 너희는 어떻게 살기를 원하느냐고. 그것을 알려 하기 전에 부모가 먼저 알아야 할 게 있다. 아이는 지금 어느 때보다 강하게 자신의 의사표시를 하고 있다는 것이다. 아무것도 안 하는 것이 아니라 아무것도 안 하겠다는 의사를 표시하는 것이다. 아이를 어떻게 하면 좋겠느냐고 묻는 부모는 먼저 자기 자신에게 물어야 한다.

'무기력은 살아남고 싶은 아이가 보여주는 강력한 거부의 의사표시다. 이것이 무슨 말인지 나는 이해할 수 있는가?'

똑똑한 아이들이 앓는 마음의 병

승자의 훈장으로 여겨지는 상위권 아이들의 증상

상담실을 찾는 아이들 중에는 성적이 떨어져서 엄마 손에 끌려오는 아이도 있지만, 성적은 좋으나 오히려 그 때문에 문제가 발생해서 오는 아이도 그 못지않게 많다. 이런 아이들의 경우 부모의 학력이나 소득이 비교적 높은 것도 놀랍지 않은 특징이다.

공부는 잘하지만 마음의 고통을 안고 있는 아이들의 경우 정말 문제인 것은, 부모들이 으레 공부를 잘하려면 마음의 병으로 인한 증상 한두 가지쯤은 얻게 되는 것이 '정상'이라고 생각한다는 점이다. 그래서 실제로 아이들의 병을 병으로 여기지 않는다. 심지어 높은 성적을 얻기 위해 노력한 결과로 나타난 아이들의 증상은 부모에게는 훈장 같은 자랑거리가 되기도 한다. 한술 더 떠서 그런 증상 하나쯤은 있어도 되니 공부나 좀 잘하면 소원이 없겠다는 부모들도 있다.

상담실에 오기 전 학부모 모임에 참석했던 한 엄마는 상담 중 푸념하듯 말했다. 전교에서 상위권인 어떤 아이의 엄마가 모임에 와서 걱정인 양 늘어놓은 이야기에 주눅이 들어 있었다. 그 집의 아이는 시험공부를 다 해놓고도 혹시 모르는 게 있거나 기억이 안 나는 게 있을까봐 불을 끄고 누웠다가도 일어나 다시 책을 본다는 것이다. 그러다보니 불안해서 잠도 잘 못 자고 매사에 강박적으로 확인하는 습관이 생겼다. 시험 전날에는 뜬눈으로 밤을 새우고 양치질, 책가방 챙기기, 비타민 먹기 같은 행동을 반복하는 증상이 나타났다. 이 때문에 아이의 엄마는 정신과 의사인 친척에게 조언을 구했고 의사는 공부 때문에 스트레스 받지 않도록 마음을 편안하게 해주라고 했다.

그 엄마는 모임에서 자기 아이의 반복적인 강박행동을 걱정하는 것처럼 말했지만, 그 자리에 있던 다른 엄마들은 아이가 어쩌면 그렇게 철저하게 공부를 하는지 대단하다고 감탄했다. 그 아이의 엄마는 다른 엄마들이 하는 말을 들으면서 "글쎄…… 그게 좋은 건지 모르겠어요" 하면서도 흐뭇한 미소를 지었다.

이야기를 전한 엄마는 아이의 성적이 중위권인 자기로서는 그 자리에서 아무 할 말이 없었다고 한다. 그러면서 아주 부러운 표정으로 아이 스스로 그렇게 공부를 하게 하려면 엄마가 어떻게 해야 하는지 알고 싶다고 했다. 반복 강박행동을 하는 아이가 그렇게 부러우냐고 묻자 "에이, 그거야 대학 가면 나아지겠지요"라며 웃었다.

대학 가면 나아질 거라는 헛된 믿음은 아이들의 병리적 증상을 가리고 덮는다. 증상은 '좋은' 대학에 가기 위한 통과의례인 것이다. 어떤 부모는 이웃집 아이의 스트레스로 인한 원형탈모증조차 부럽다고 당당하게 말한다. 우리 아이가 원형탈모증에 걸리더라도 공부를 잘하면 좋겠다는 것이다.

공부를 잘한다는 이유로 '정상'으로 받아들여지는 상위권 아이들의 증상을 들여다보면 어쩌다 그 지경에 이르렀는지 답답하기만 하다.

상미는 고등학교에 다니는 내내 전교 1, 2등 자리를 놓치지 않았다. 공부를 잘하니 늘 선생님의 귀염과 관심을 독차지했다. 상미는 쉬는 시간이나 점심시간이면 종종 교무실을 찾았다. 거기서 선생님들께 질문도 하고 상담도 하고 이런저런 이야기도 했다. 그러다가 가끔 교장 선생님의 눈에 띄기라도 하는 날에는 교장실로 불려가 여러 가지 '교훈'과 '격려'를 듣고 음료수도 얻어 마셨다. 학교에서 상미는 명문대에 진학하여 학교를 빛낼 보증수표였고, 교사들에게는 밤늦게까지 남아서 학생을 지도한 보람을 느끼게 해줄 자랑거리였다.

상미는 무난히 '최고'의 대학에 진학했다. 그러나 아이는 대학 입학을 거부하고 있었다. 대학생활에 적응하지 못할 것 같다는 게 그 이유였다. 상미의 불안은 합격자 명단이 발표되고 나서 시작되었다. 수업에 들어갔는데 강의실에 아무도 없으면 어떻게 하나, 시간표와 강의 장소가 바뀌었는데 자기만 모르게 되면 어떻게 하나, 다른 친구들은 모두 연애를 하는데 나만 못 하면 어떻게 하나, 공부가 생각보다 어려워서 1등을 하지 못하면 어떻게 하나, 미팅을 나가서 나만 거절당하면 어떻게 하나…… 하루에도 수십 가지 걱정이 떠올라 상미를 괴롭혔다. 끊임없이 악몽이 되풀이되면서 입학을 앞둔 하루하루가 고통의 연속이었다.

"대학에 무엇이 있으면 네가 학교에 다니는 것이 조금 수월할 것 같니?"라고 물었을 때 상미는 잠시 고민하더니 "교무실"이라고 답했다. 학교에 다니면서 친구들과의 관계 때문에 힘들어도 신경 쓰지 않고 열심히 공부할 수 있었던 것은 교무실이 있었기 때문이라는 것이다. "교무실의 무엇이?"라고 묻자 상미는 "선생님들요. 선생님들이 네가 학교의 자랑이라고 칭찬을 하시니까 실망시켜드리고 싶지 않았어요"라며 눈시울을 붉혔다. 눈물을 훔치면서 슬쩍 쳐다보는 눈빛에는 이런 말을 하는 자신을 바보 같다고 생각하면 어떡하나 하는 불안과 염려가 녹아 있었다.

상미는 중학교에 들어가 처음으로 치른 시험에서 전교 1등을 한 뒤 잘난 척한다고 친구들에게 따돌림을 당했다. 시험이 끝나는 날 친구들과 영화를 보러 가기로 했는데 집에 오니까 갑자기 가기가 싫어졌단다. 오늘처럼 모두가 노는 날 공부를 하면 성적이 올라가겠지 하는 생각이 들었던 것이다. 그래서 친구들에게 아프다고 거짓말을 하고 안 갔는데 엄마와 슈퍼에 갔다가 친구들을 만났다. 그렇게 거짓말한 것이 들통나 왕따를 당하게 되었다. 아이들이 뒤에서 수군거리는 것을 느꼈지만 엄마는 공부를 잘하니까 시기하는 거라며 무시하라고 했다.

상미 엄마는 상담실에 와서 어느 부모라도 자식이 공부하기 위해 놀기로 한 약속을 안 지켰다면 칭찬을 하지 않겠느냐고 반문했다. 상미는 마음속으로 '그래, 너희들이 지금 나를 무시하지만 나는 나중에 좋은 대학 가고 성공해서 너희 같은 사람들 부리면서 살 거야. 그때 가면 너희들이 후회하게 되겠지'라고 복수를 다짐하며 학교생활을 버텼다. 친구가 없어 외롭고 화가 날 때도 있었지만, 힘들 때마다 찾은 곳은 교무실이었다. 그곳은 상미에게 유일한 안식처였다.

물론 대학에 교무실이 없어서 등록을 포기하는 아이는 매우 소수일 것이다. 그러나 많은 상위권 아이들은 그와 유사한 경험을 한다. 노는 일이나 친구 사귀는 일과 공부는 절대 병립할 수 없다고 생각하는 것이다. 아니, 그렇게 생각하도록 훈련받았다. 그래서 둘 가운데 하나만을 선택해야 한다고 믿는다. 공부를 선택하고 나머지는 대학 가서 하면 된다고 생각한다. 교우관계는 공부하는 데 방해가 되지 않는 정도여야 한다. 아이들은 어떤 인간관계도 공부에 우선할 수 없다고 배웠다. 관계와 정서적 경험을 경시한 대가로 여러 증상이 나타나지만 대학 가면 다 나아질 것이라 믿고 무시해버린다. 하지만 대학에 가도 증상은 나아지지 않는다. 나아지기는커녕 더욱 심해진다. 발견되지 않고 치료되지 않은 증상은 더욱 심해지기 마련이다.

아이비리그에 진출한 아이들이 무너지고 있다

여름방학이 되면 일찌감치 미국 아이비리그에 진출한 아이들 때문에 상담이 급증한다. 상담실을 찾는 아이들은 모두 한국에서 고등학교에 다닐 때까지 매우 우수한 학생으로 부러움을 한 몸에 받았던 아이들이다. 미국에 갈 때도 그야말로 태극기 휘날리며 축하를 받았다.

문제는 그 이후에 생겨난 것이다. 많은 경우 부모님이 의뢰해 찾아오기도 하지만 몇몇은 부모 몰래 오기도 한다. 재학 중인 학교에서 우울감과 자살충동이 있는 학생들에게 상담치료를 받았다는 확인서를 요구하기 때문이다. 확인서가 없으면 복교를 허락하지 않는 학교도 있어서 방학 때 한국에 와 부모 몰래 치료를 받고 확인서를 제출하려는 것이다. 미국에서 학위를 받고 한국에서 최고 전문직에 있는 자신의 부모에게 학교생활에 적응하지 못해 정신과 치료를 받았다는 말을 도저히 할 수가 없다.

민수는 아이비리그 대학생으로 대학생활이 너무 힘들어서 여름방학을 이용해 상담실을 찾았다. 그는 늘 자신에게도 친한 친구가 있었으면 하고 바랐다. 그러나 공부할 시간도 모자라는 터에 친구 만들기에 시간을 투자할 수는 없었다. 친구를 사귀려면 취미활동이나 동아리활동, 파티 등 함께 시간을 보내며 어울려야 하는데 그러지 못했다는 것이다.

초등학교 5학년 때부터 중학교 1학년까지는 농구학원에 다니면서 농구를 배웠고, 중학교 1학년 때는 학원에서 주최하는 지역경기에서 팀이 우승해 트로피도 받았지만 그것은 엄마에 의해 기획된 대학 입학용 포

트폴리오였다. 대학에서 만난 다른 아이들처럼 즐기며 놀기 위해 농구를 한 건 아니었다. 바흐를 연주할 정도로 연주 실력이 뛰어나지만 그것도 정말 좋아서 한 게 아니라 강사가 가르쳐준 몇 개의 곡만 달달 외워 콩쿠르까지 나간 것이기에 학교 오케스트라에 들어가 협연할 마음 따위는 생기지 않았다.

유머 감각이 있어 인기가 많으면 좋겠는데 그것도 잘되지 않았다. 어떤 말이든지 진지하게 받아들이고 옳고 그름을 판단하는 데 익숙해진 터라 역설과 반전이 있는 유머를 생각해내는 것은 공부보다 몇 배나 어려웠다. 파티에 갈 때마다 이번에는 나도 한번 끝까지 남아서 놀아봐야지 작심을 하고 가지만, 막상 자정 무렵이 되면 다음 주 과제를 어떻게 해야 할지 걱정이 되고 너무 늦게 자면 내일도 완전히 망칠 텐데 하는 생각에 몰래 빠져서 기숙사로 돌아왔다.

그는 학생들 사이에서 공부는 잘하지만 매력이 없는 사람으로 인식되었다. 미래의 성공을 꿈꾸면서 혼자 외로움을 견디며 이를 악물고 버텨왔지만 슬금슬금 밀려오는 자괴감과 허무함이 더해져 한순간에 무너져버린 것이다. 뒤늦게 상담실을 찾은 그는 혼자 힘으로는 아무것도 할 수 없는 약해빠진 아이에 불과했다.

정서적 지진아가 된 똑똑한 아이들

민규씨는 어릴 때부터 줄곧 성적이 최상위권이었고 일류대학을 졸업했지만, 인간관계 때문에 극단적인 생각을 할 정도로 힘들어져 상담실을 찾았다. 명문대 대학원까지 졸업하고 회사에 취직한 이 20대 청년은 직장에서 계속되는 꾸지람과 비판으로 잔뜩 주눅이 들어 있었다. 눈치 없고 융통성 없고 이기적이라는 말을 자주 듣는데 자신은 그런 말들이 도무지 이해가 가지 않는다는 것이다. 상사들이 칭찬하는 사람들을 보면 주로 배려나 관심의 표현, 도와주려는 태도, 희생정신에서 나온 행동을 한다는 것은 알겠는데, 자기로서는 그런 것이 불필요하다고 느껴지거나 미처 생각하지 못한 행동이라는 것이다. 그래서 늘 어정쩡하게 있다가 이기적이라는 말을 듣는데, 그가 다녔던 특목고에서는 대부분 자신과 비슷한 아이들만 있어서 한 번도 스스로를 이기적이라 생각해본 적이 없다고 했다.

그런데 직장에 들어오니 이기적이라고 비난을 받는 처지가 되어 처음에는 무척 당황했다고 한다. 그러다 시간이 지나면서 태어나서 처음으로 겪는 모멸감과 열등감에 어떻게 해야 할지 몰랐다. 하루에도 몇 번씩 직장 상사나 동료 들에 대한 분노가 치밀어오르고 집에 가면 우울감과 열등감에 시달리면서 혼잣말로 욕을 하고, 심지어 죽고 싶다는 생각까지 들었다.

이 청년은 어느 자리에서나 '내가 잘 해내는 것' 이외에는 별로 관심이 없었다. 사람들이 무슨 생각을 하고 어떻게 살고 있는지, 왜 저 사람은 저렇게 살고 왜 또다른 사람은 다른 삶을 살고 있는지 별로 궁금해하지 않았다. 한마디로 '사람'에 대한 관심이 없었다. 어려운 과학문제를 풀어내고 외국어로 유창하게 토론수업을 해내며 우수한 성적표를 거머쥐었던 그가 이 지경이 되도록 부모와 학교와 사회는 오히려 공부 밖에 모르고 살아온 그를 칭찬해주었다. 치열한 경쟁에서 살아남아 성공적으로 대학이라는 관문을 통과한 그가 지금 배우고 싶은 것은 아이러니하게도 '눈치와 융통성'이다. 그것은 학원에서 가르쳐주지 않은 것이기에, 오로지 사람과 사람 사이에서 몸으로 겪어내면서 알아가야 하는 것이기에 그에게는 다른 무엇보다 어렵고 힘든 것이다.

성적이 최상위권이었던 아이들이 겪는 이런 어려움은 '정서적 발달지체'라고 말할 수 있다. 자신과 타인의 감정을 알아차리고 표현하고 공감하는 능력과 관계 속에서 문제를 해결하는 능력이 유치원생이나 초등학교 저학년생 수준인 경우가 허다하다. 감정을 느끼는 것도 사람과의 관계 맺음을 통해 체득한 것이 아니라 책을 통해 지식으로 습득해온 터라 감정의 종류를 나열할 수는 있어도 그것이 실제로 어떤 것인지는 알지 못한다.

특목고에 진학해서 우수한 성적을 내고 있는 한 고등학생은 언어과목에서 늘 만점을 받으면서도 감정카드에 있는 '애틋하다'라는 단어를 설명해보라는 말에 단 한마디도 대답하지 못했다. 구체적인 예를 들어주면 그제서야 그 감정이 어떤 것인지 짐작할 수 있지만 스스로 예를 만들어내지는 못한다. 경험해보지 못했기 때문이다. 그래서 늘 한 박자 늦다. 누군가가 '네가 지금 이렇구나' 혹은 '내가 지금 이렇다'는 설명을 해주면 그제서야 알아차린다. 그런 설명이나 도움 없이 스스로 자신의 감정을 적절한 단어로 표현하거나 상대방의 정서 상태를 감정적으로 이입해보는 일은 너무나 어렵다고 호소한다.

사람과 정서적 관계를 맺고 유지하는 능력은 초등학교 저학년이나 유치원 수준밖에 안 되지만 어려운 미적분 문제를 척척 풀어내는 수준의 인지 능력을 갖춘 이들은 주로 좌뇌와 우뇌의 불균형이 문제라고 진단을 받는다. 그 원인은 너무 복합적이어서 정확히 알 수 없다는 말과 더불어서 말이다. 그러나 사실 이들은 정서적인 측면에서 '지진아'이며 발달지체를 겪고 있는 것이나 마찬가지다. 상담실을 찾는 상위권 아이들 중 이런 사례가 점점 더 늘어나고 있다. 이들이 우리 사회의 지도자가 되고 가정에서 부모가 될 것을 생각하면 아찔할 뿐이다.

어른을 경험하지 못한 아이들

부모를 안티하는 아이들

인터넷에 '부모안티카페'라는 검색어를 치면 아이들이 만든 카페가 나온다. 이곳에 한번 방문해보기를 권한다. 게시판에 올라온 글을 읽다 보면 아이들이 부모에게 느끼는 분노가 너무 적나라해 섬뜩하기까지 하다. 초등학교 아이들이 공부만을 강요하는 엄마를 자기들끼리 칭하는 용어는 '미친년' '개 같은 년' '씨발년' '개창년' 등 도저히 입에 담기 힘들 정도로 적대적인 표현들이다. 아버지를 칭하는 용어 또한 마찬가지다. '개새끼' '씹새끼' '씨발놈' '좃같은 새끼' '빙신 새끼' '찌질이' '병 맛'……

아이들의 분노가 왜 이리 극단적일까? 아이들이 왜 이토록 적의에 차 있을까? 아이들이 올린 글을 살펴보면, 자신을 노예로 만들려는 엄마에 대한 분노, 부모 자신도 안 하는 일을 자기에게 강요하는 데 대한 분노,

공부를 못한다고 성적이 떨어졌다고 멸시당하는 데 대한 분노 때문이다. 무엇보다 아이들은 모든 것을 공부와 연결시켜 공부라는 말을 통하지 않고서는 아예 아이와 대면하려 하지 않는 천박한 부모들에게 분노하고 있다.

중학교 2학년 상민이는 상담실에 들어오는 순간부터 표정과 행동이 아주 못마땅한 듯 보였다. 엄마가 먼저 들어와 앉고 나서도 일부러 그러는 듯 아주 천천히 걸어 들어와서 철퍼덕 소리가 날 정도로 의자에 몸을 던졌다. 그러고는 책상을 내려다보면서 어디 할 테면 해봐라 하는 표정을 짓고 있었다. 엄마는 상민이가 공부도 안 하고 게임만 하려 하고 학원도 가끔 땡땡이를 친다며 상민이의 문제를 늘어놓았다. 처음에는 잔뜩 찌푸린 얼굴로 엄마의 이야기를 듣고만 있던 아이가 급기야 엄마에게 대응하기 시작했다. 엄마와 아이가 평소 어떻게 대화하는지 알 수 있는 좋은 기회였기에 한동안 두 사람의 설전을 지켜보았다.

> **엄마**: 이러다가 아이가 서울에 있는 대학에 못 가게 될까봐 걱정이 되어서요.
> **상민**: 아, 진짜, 나 이제 중학교 2학년이라고.
> **엄마**: 남들은 중학교 들어가면 벌써 입시생이라고 한단 말야.
> **상민**: 엄마는 만날 남, 남, 남. 남이 뭐가 중요해?

엄마: 남이 중요하지 왜 안 중요해? 남들이 하는 만큼 다 해야 하는 거고 남들이 하지 않는 거는 안 해야 하는 거지!

상민: 왜요? 왜 남들이 하는 대로 해야 하고 안 하면 안 해야 하는데?

엄마: 그게 맞는 거니까. 네가 이 사회에서 사는데 다른 사람하고 상관없이 어떻게 사니?

상민: 내가 피해만 안 주면 되잖아. 내가 하고 싶은 거 하면서 피해 안 주고 살면 되지, 왜 남들이 하는 거를 그대로 해야 하냐고.

엄마: 네가 하고 싶은 게 뭔데, 네가 하고 싶은 게 여행가이드라며, 그게 제대로 된 직업이야? 엉? 그거 한다고 남 피해 안 주고 살면 된다는 거야? 여행가이드가 어떻게 인생의 목표가 될 수 있니? 너, 우리 가족여행 가서 못 봤어? 사람들한테 무시당하고 돈도 별로 못 벌고 하다 하다 안 되면 하는 게 여행가이드라고.

상민: 그게 어때서? 여행가이드를 왜 무시해? 엄마나 무시하지 다른 사람들은 무시 안 해! 돈 못 벌면 어때. 여행 다니는 거 좋아하고 재미있으면 되는 거지.

엄마: 야, 돈이 있어야 여행도 재미있는 거야. 남들 뒤치다꺼리하고 안내하는데 여행이 뭐가 재미있니?

상민: 나는 그게 재미있을 거 같다고. 안내하고 가르쳐주는 게 왜 재미가 없어. 내가 안내해서 사람들이 좋아하고 신기해하고 그러면 좋은 거지.

엄마: 야, 이왕 가르치려면 교사나 교수를 하면 되지. 그럼 돈도 많이 벌고 가르치는 보람도 있고. 선생님, 저는 중학교 2학년이 창피한 줄도 모르고 여행가이드가 꿈이라고 말한다는 게 정말 이해가 안 돼요. 저런 거는 초등학교 때나 하는 말이잖아요.

상민: 그게 왜 창피하냐고! 아 진짜! 엄마하고는 말이 안 통해. 만날 공부하는 거만 이야기하고 다른 거는 다 무시하잖아. 엄마는 나 초등학교 때도 그랬잖아. 만날 길거리에서 노숙자 같은 사람 보고 너 공부 못하면 저런 사람처럼 산다, 이마트에서 주차 도와주는 사람들 보고 너 공부 못하면 저런 일이나 하게 된다, 만날 너 저런 사람처럼 가난하게 고생하면서 산다. 그러는 엄마도 성공 못 했으면서.

엄마: 부모니까 너한테 이런 이야기를 하지, 누가 너한테 이렇게 잔소리하고 이야기해주니? 그리고 공부 못하면 그렇게 산다는 거 진짜야. 여기 선생님한테 여쭈어봐라, 공부 안 하면 나중에 어떻게 사는지.

두 사람의 입씨름은 이후에도 계속됐다. 엄마가 밖으로 나가고 상민이와 상담이 이어졌다. 상민이는 엄마와의 설전으로 얼굴이 상기돼 있었다. 매일 이렇게 엄마와 싸운다고 했다. 이렇게 싸우면서 서로 언성이 점점 높아지다 아빠가 그만하라고 소리를 지르면 끝이 난다. 아빠는 상민이한테는 그럴 시간에 들어가서 공부나 하라고 소리를 지르고 엄마한테는 애를 확 잡아야지 똑같이 앵앵거리느냐면서 화를 낸다.

상민이는 그런 아빠와 엄마가 너무 싫고 화가 난다고 했다. 부모의 말은 하나도 들을 게 없고 듣고 싶지도 않으며, 답답하기만 하고 말이 안 통한다고 했다. 상민이는 걸핏하면 공부 안 하면 저 사람처럼 된다며 길거리에서 사람들에게 손가락질해대는 엄마를 '미친 또라이'라고 표현했으며, 애를 확 잡지 못한다고 엄마에게 소리치는 아빠를 '자뻑 꼴통'이라고 했다. 시험을 망치고 온 자신에게 엄마가 "자알한다, 내가 너 공부 안 할 때 알아봤어. 너 공부 안 한 거에 비하면 그 점수도 잘 나온 거야"라며, 그러잖아도 속상한 자신에게 비난을 퍼붓던 순간을 잊을 수가 없다고 했다.

상민이에게 여행가이드에 관한 이야기를 꺼냈다. 상민이는 초등학교 5학년 때 가족여행에서 만난 가이드 아저씨를 롤모델로 삼고 있었다. 가이드 아저씨는 아이들을 유난히 예뻐했다. 유적지를 같이 걸어가면서 친절하게 설명도 해주고 자신이 가진 책도 보여주었다. 프랑스 단어를 자꾸 잊어버려서 몇 번을 물어도 웃으면서 차근차근 발음해주었다. 버스에서도 아저씨 옆에 앉아서 이런저런 이야기를 들었는데 그때 우연히 같은 축구선수를 좋아한다는 것도 알게 되었다. 아저씨는 유럽 여러 나라의 돈이 어떻게 유로화로 통합되었는지도 자세히 설명해주었고 그 나라에 살면서 겪은 일과 사람들에 관한 재미있는 에피소드, 우리와 다른 그들의 이상한 습관도 이야기해주었다.

상민이는 그 모든 이야기가 무척 재미있었고 무엇보다 아저씨가 자신을 어린아이로만 취급하지 않고 친구처럼 대하는 것이 좋았다. 아저씨는 그저 자신이 보고 느끼고 경험한 것을 들려주고 같이 나눴을 뿐이다. 하지만 상민이는 아저씨에게 짧은 시간 동안 많은 것을 배웠다. 그 사람이 살아가는 방식과 정서를 배웠고, 아예 그 사람 자체를 온전히 흡입한 것 같았다.

집 밖에서야 어른다운 어른을 만나는 아이들

아빠와는 그렇게 편안하게 이야기해본 적이 없다고 했다. 아빠에게 뭘 물어보면 너무 어렵고 복잡하게 설명을 해서 금방 지루해졌다. 잘못 알아들어서 다시 물어보면 이건 지금 몰라도 된다고 넘어가거나 짜증 섞인 표정으로 복잡한 설명만 반복할 뿐이었다. 어릴 때 축구를 같이 해도 아빠가 이런저런 지적을 하는 바람에 재미가 없었다. 상민이는 아빠가 늘 화가 나 있는 것 같다고 했다.

박물관에 같이 가도 엄마는 아이 손을 잡고 부지런히 돌아다니면서 전시물을 빠짐없이 다 보는 것을 중요시했다. 상민이가 보기에는 엄마도 별로 재미없어하면서 "또 어디 안 봤지?" 하면서 구석구석 자신을 끌고 다니는 것이 너무 싫었다. 엄마가 멀리 있는 아이에게 큰 소리로 "야, 이거 너네 교과서에 나온 거다"라며 불렀는데 그것도 창피했다.

엄마와의 대화도 마찬가지였다. 공부해라. 공부했니? 공부하니? 언제 공부할 거니? 이런 말 말고는 나눌 이야기가 없었다. 어쩌다 대화를 시작하면 이야기는 늘 공부로 끝났다. 좋아하는 가수 이야기로 시작해도, 같은 반 아이가 축구하다 다친 이야기를 해도, 담임 선생님 이야기를 해도, 교장 선생님이 새로 오셨다는 이야기를 해도 엄마는 항상 공부를 열심히 해야 한다는 결론으로 끝맺을 수 있는 위대한 능력을 갖고 있었다.

엄마는 김연아의 연기에 매료되어 있는 상민이를 보면 저 성공이 고통스러운 훈련을 겪어냈기 때문에 가능한 것이라는 말을 잊지 않고 일러주었다. 임요환의 신기(神技)에 가까운 게임 기술에 감탄하는 상민이를 볼 때도 여지없이 일침을 가했다.

"너 혹시 저거 보면서 나도 프로게이머 될까, 생각하고 있는 거 아냐? 만약 그렇다면 꿈 깨라. 저 정도 하려면 대학입시 공부하는 것보다 더 힘들게 연습해야 돼. 저거는 경쟁률도 훨씬 세기 때문에 진짜 하늘의 별 따기다. 프로게이머 되려고 게임만 하다가 폐인이 된 애들이 한둘이 아니다."

상민이는 그래도 아빠보다는 엄마에게 이런저런 이야기를 하는 편이었다. 가끔 학교에서 배우는 지식이 사회에 나가서 소용이 있는지, 대학을 꼭 가야 하는지, 한 달에 얼마를 벌면 성공한 삶인지, 여행하면서 살면 어떨지, 세계를 돌아다니면서 사는 삶도 좋겠다든지 하는 이야기를 하곤 했다. 정말 궁금한 문제들이었다. 그런데 엄마는 상민이의 이런 질문이나 생각에 대해 늘 비슷한 답변을 했다.

"얘가 아주 팔자 좋은 소리를 하고 있네. 세계를 돌아다니는 거지가 될래? 네가 무슨 돈으로 여행을 하면서 살아, 엄마 아빠가 무슨 재벌인

줄 아니?"

그래서 상민이는 이제 부모와 대화를 하려고 하지 않았다. 무슨 말을 하든 어떻게 결론이 날지 이미 다 알고 있기 때문이다. 엄마 아빠에게 닮고 싶은 부분이 있느냐는 질문에 "별로요. 아니 없어요"라고 대답했다. 상민이는 부모에게 배울 것이 없다고 생각했다. 그리고 부모의 지식과 교양 수준이 어느 정도인지 뻔히 다 알고 있었다. 자신이 알고 싶어하는 궁금한 문제에 대해 부모는 대답해줄 수 있는 능력도, 그럴 의사도 없다는 것도 알고 있다. 아니, 때로는 그 질문을 이해조차 못 한다는 것도 알고 있는 것 같았다. 그래서 상민이는 묻지도 않고, 말을 걸지도 않고, 대답도 잘 하지 않는 아이가 되었다.

개인적으로 알게 된 한 고등학교 남학생은 편의점 주인아저씨를 어른으로 여기고 있었다. 담배를 사려고 드나들다가 학생이라는 사실을 들켜 아저씨에게 야단을 맞으면서 친해진 사이였다. 아저씨는 아이에게 담배를 팔지 않는 대신 아이가 올 때마다 같이 담배를 피우며 자신이 어릴 때 방황한 이야기를 해주었다. 정학당했던 일, 친구들과의 우정, 지금 자신의 삶, 가족의 의미, 학교의 의미, 좋아했던 선생님, 첫사랑 등등. 나누지 못할 이야기가 없었다. 학생은 시간이 날 때마다 아저씨를 찾아가 담배를 얻어 피우며 이야기를 나누면서 아저씨를 멘토로 받아들였다.

매일 만취해서 늦게 들어와 아무 데나 쓰러져 자고, 주말이면 아침

먹으면서 공부는 잘하고 있느냐고 묻는 재수 없는 아버지에 비해 편의점 아저씨는 닮고 싶은 어른이자 아버지 같은 사람이었다. 아저씨가 편의점을 운영하고 돈도 별로 없지만, 저런 사람이 내 아버지면 얼마나 좋을까 하는 생각을 하루에도 여러 번 한다고 했다. 그리고 자신이 나중에 돈을 벌면 장사가 안 되어 힘들어하는 아저씨를 좀 도와줄 거라고 했다. 아버지의 생신은 잊어도 아저씨의 생신에는 잊지 않고 케이크를 사들고 찾아갔다. 명문대학을 나와 대기업 간부로 일하는 아버지를 둔 중산층 가정의 아들이 조그만 편의점을 운영하는 전문대 출신의 아저씨를 아버지로서, 어른으로서 존경한다고 했다.

가장 어른답지 못한 어른은 자기 부모

요즘 아이들은 부모가 하는 행동의 동기를 정확히 알고 있다. 상담 중에 한 아이는 엄마가 신경질 내고 소리를 지르며 화를 내서 속이 상했겠다고 말을 건네자 웃으며 말했다.

"아니요, 아빠가 요새 계속 술 먹고 늦게 들어와서 엄마가 엄청 신경질이 났어요. 그런데 제가 학원 숙제 안 하고 텔레비전만 보고 있으니까 폭발한 거예요. 그럴 때는 그냥 빨리 들어가서 한 시간쯤 있다가 나오면 돼요."

아이는 엄마가 하는 행동의 수를 읽고 있는 것이다. 남편에게 난 화를 자신에게 퍼부어대는 엄마를 보면서 아이들은 무슨 생각을 할까?

아이 옆에서 같이 공부하겠다고 책을 펼쳐놓고는 아이가 공부하는 것을 감시하다가 꾸벅꾸벅 졸면서 매일 같은 페이지만 읽고 있는 엄마를 보면서 또 아이들은 엄마라는 사람을 어떻게 인식할까? 성적으로 서열화되고 경쟁만을 강요하는 학교, 그 정글에서 살아남는 방법을 효과적으로 가르친다는 학원, 그 때문에 힘들어하고 좌절하는 아이에게 나약하고 무능력하다고 실망만 하는 부모. 이들이 우리 아이들이 매일 만나는 '어른들'이다. 우리 아이들은 이런 어른들을 믿을 수 있을까? 어른다운 어른을 경험해본 적이나 있을까?

어른이라면 아이가 기댈 수 있어야 한다. 기대도 무너지지 않을 것 같아야 하고, 기대라고 억지로 잡아당기지 않는 사람이어야 한다. 그런 존재가 있다는 것만으로도 든든하고 다시 스스로 일어설 수 있는 힘이 난다. 아이와 같은 수준에서 싸우고, 아이에게 자신도 옳지 않다고 생각하는 거짓 삶을 강요하고, 아이가 말을 안 들어준다고 토라지고, 아이의 고민을 묵살하고, 아이의 고통을 다 안다는 듯 우습게 여기는 것이 부모의 권리일까? 그것이 어른다운 모습일까? 그런 부모는 아이들의 분노만 키울 뿐이다. 그래서 아이들은 부모를 싫어하고 우습게 여기기까지 한다. 그리고 우리나라 부모들은 이처럼 어른스럽지 못하다.

2010년 한 해 동안 학교를 그만둔 아이들은 7만 명을 훌쩍 넘었다. 집을 나와 떠돌아다니는 아이들도 2만 명이 넘는다고 한다. 이들 중 상당수는 어른답지 못한 어른들로부터 방치되고 학대받고 사육당하다 뛰쳐나온 아이들이다. 하지만 이보다 훨씬 더 많은 아이들이 뛰쳐나가고 싶어한다. 아직은 참을 만하다고 견디면서.

학원에 갔다 왔는지, 숙제는 다 했는지, 시험 준비는 잘하고 있는지. 이런 것에만 관심을 기울일 뿐 아이의 마음은 전혀 알려고 하지 않는 부모들 밑에서 사육당하는 아이들은 곧 저들의 뒤를 이어 집을 뛰쳐나 갈지도 모른다.

가족, 학교, 사회,
그 모두를 없애고 싶은 아이들

삶을 유예해온 아이들의 뒤늦은 탈출

지난해 발표된 소설 중 『표백』이라는 작품이 있다. 제16회 한겨레문학상 수상작인데 열심히 공부하고 노력해서 성공의 절정에 선 청년들이 자살을 감행한다는 충격적인 이야기다. 그들은 치열한 경쟁에서 살아남아 승자가 됐지만, 단단한 사회의 시스템을 통과하는 동안 자신의 고유한 색깔이 표백돼버렸다는 것을 자각하고, 최초의 주체적인 항의이자 유일한 저항으로 자살을 선택한다. 누구누구의 아들과 딸로 살아내기 위해 결국 자신을 잃어버렸다는 것, 허무하고 노예 같은 삶을 되풀이하고 대물림하게 되리라는 것, 이 굴레를 종식시킬 수 있는 유일한 해결책이 자살이라고 믿게 된 것이다. 자살 외에 다른 탈출구가 없다고 믿는 이들에겐 자살이 옳으냐 그르냐의 논쟁은 무의미하다. 치밀하고 계획적으로 자살을 '선택'하고 '결행'하는 의도와 의지만이 중요할 뿐이다.

이제 이러한 이야기는 소설에 등장하는 상황이 아니라 현실이 되었다. 대한민국의 어떤 아이들은, 부모가 아이의 가치를 결정하려 휘두르는 칼날에 죽은 듯 병들어가는 대신 스스로 부모를 버리기로 마음먹었다. 부모, 가족, 학교, 사회를 버리지 않으면 자신을 되찾을 수 없을 것임을 알게 되었다. 의미 없는 고등학교를 자퇴하고, 어렵게 입학한 대학의 경쟁 시스템을 비판하며 대학을 떠나고, 무한경쟁을 뚫고 입사한 회사에서 부품처럼 살아가는 삶을 멈추려 회사를 떠나는 사람들의 이야기는 그나마 희망적이다. 적어도 이들은 『표백』의 청년들처럼 비극적인 선택은 하지 않았기 때문이다.

몇 년 전에 상담실을 찾았던 아이의 소식을, 최근 상담을 청해온 아이의 엄마를 통해 듣게 되었다. 지금은 20대가 되었지만 당시에는 시험 불안으로 고민하는 여학생이었다. 그 학생은 무사히(?) 자신의 평소 성적대로 수능을 치르고 '좋은' 대학에 들어갔다. 4년간 장학금을 받으며 졸업한 후 경쟁률이 매우 높은 회사에 당당히 합격했다. 연봉도 탄탄하고 복지제도도 잘되어 있는, 모두가 선망하는 꿈의 직장이었다.

88만원 세대니 3포 세대니 하는 취업불황의 시대에 이제 갓 20대 중반을 넘긴 딸아이의 취업은 로또 당첨과도 맞먹는 기쁜 일이었다. 엄마는 자다가도 슬며시 웃음이 나왔다. 모임에 가면 주위에서 딸내미 요새 뭐 하냐, 직장에 들어갔느냐는 질문을 해주기를 은근히 기다렸다. 딸에 대해 이야기하면 다들 부러움 섞인 찬사를 보냈고, 역시 좋은 대학을 나오니 다르다는 말도 들었다. 그런 말을 들을 때마다 조금 무리가 되기는 했지만 고등학교 때 꾸준히 고액과외를 시킨 것이 얼마나 다행인지 모른다고 생각했다.

주위에서는 이제 몇 년 직장생활 하다가 결혼을 시켜야 하지 않겠느냐며 벌써부터 선을 보게 하라는 사람도 있었다. 겉으로는 "결혼이야 저희들이 마음이 맞아서 해야지" 하고 말을 하면서도 속으로는 은근히 걱정이 되었다. 하나밖에 없는 딸내미를 이렇게 힘들게 뒷바라지해 좋은 학교 졸업시키고 좋은 회사에 취직도 잘 시켜놓았는데 결혼을 아무렇게나 해서는 안 된다는 생각이 더욱 절실하게 들었다. 대학교수인 남편은 뭘 벌써 결혼이냐고 하면서도 은근히 아내가 선을 보게 해 괜찮은 집안의 사위를 들였으면 하는 마음을 품고 있는 것 같았다. 그래서 여기저기 알아본 뒤에 여름휴가로 유럽 여행을 간 딸이 돌아오면 바로 선을 보게 해야겠다고 마음먹고 있었다.

그런데 딸아이는 돌아오기로 한 날이 되어도 연락조차 없었다. 휴대폰은 먹통이었고 회사에 전화해보니 이미 떠나기 전에 사표를 내고 갔다는 것이었다. 아이의 방에는 아이가 쓰던 물건이 고스란히 있는데, 옷가지와 화장품만 챙겨 갔는데, 사표를 내고 떠났다는 말이 무슨 말인지 이해가 되지 않았다. 회사 직원과 통화를 한 엄마는 그 자리에서 쓰러졌고, 정신을 차리고 일을 수습하는 과정에서 아이의 친구를 통해 아이가 아프리카로 봉사를 떠났다는 사실을 알게 되었다.

아이는 부모에게 남긴 편지에서 앞으로 몇 년을 어디서 어떻게 살지 아직 모르기 때문에 찾지 말라고 했다. 지금까지는 부모님 뜻을 거스르지 않고 살아왔지만 앞으로는 자신의 인생을 찾고 싶다고도 했다. 자기 생각대로 살기 위해서는 이렇게 하지 않고서는 다른 방법이 없을 것 같았다고 했다. 편지에는 그동안 부모님을 기쁘게 해드리기 위해서 더 높은 성취와 지위를 향해 아등바등하며 살았지만 실은 그것이 너무 버거웠다는 아이의 고백이 있었다.

엄마는 더이상 글이 눈에 들어오지 않았다. 뭐가 그렇게 힘들고 뭐가 그렇게 버거운지 도저히 이해가 가지 않았다. 저 좋은 대학 가고 좋은 직장 가라고 뼈 빠지게 뒷바라지하고 이제 좋은 혼처 알아봐준다는 것이 왜 그렇게 부담이 되었는지 이해할 수 없다는 것이다.

이후 부모는 여기저기 딸의 행방을 수소문했지만 아무도 연락처를 몰랐고 엄마는 우울증에 걸려 고생하고 있었다. 어렵사리 딸과 통화한 딸의 친구가 어머니가 우울증으로 고생하신다는 말을 전했더니, 딸은 죄송하지만 그래도 갈 수 없다며 빨리 건강해지시기를 바란다고 전했다. 아버지는 딸이 소식을 끊은 것보다 직장을 그만둔 것을 더 문제 삼았다. 아무리 그래도 직장은 다녀야지 그 좋은 직장을 그만두면 어떻게 하느냐며 그렇게 한심한 녀석인지 몰랐다고 혀를 찼다. 제 복을 제가 찬 걸 뭘 기다리느냐면서 단단히 화가 나 있었다. 엄마는 딸의 소식을 알 수 없는 것이 불안해서 견딜 수가 없다고 했다. 딸이 돌아오면 이제는 저 하고 싶은 대로 살게 놓아두고 결혼 같은 거 강요하거나 간섭하지 않을 것이라고 했다.

그런데 만약 따님이 가족과 연락은 하지만 계속 아프리카에서 봉사하면서 살겠다고 하면 어떻게 하시겠느냐고 하자 엄마는 갑자기 단호한 표정으로 그건 안 된다고 했다. 금방 간섭하지 않고 놓아두겠다고 하지 않으셨냐고 묻자, 그거야 여기 와서 직장 다니면서 그냥 남들처럼 살 때 결혼은 간섭하지 않겠다는 거지 그 좋은 대학을 나와서 그 좋은 직장을 버리고 무일푼으로 봉사를 하면서 살겠다는 것은 절대로 안 된다는 것이다. 지금이야 괜찮지만 나중에 딸이 나이 들면 얼마나 후회를 할 것이며, 주위 사람들에게는 뭐라고 하느냐는 것이었다. 차라리 그렇게 봉사가 하고 싶으면 유네스코 같은 데 취직을 해서 파견으로 가면 얼마든지 괜찮다고 했다. 봉사도 근사한 간판을 가지고 폼나게 하면 괜찮다는 것이다. 엄마가 우울증에 걸렸다고 하는데도 딸이 왜 돌아오지 않겠다고 하는지 알 것 같았다.

성공할 때까지 적과의 동침

삼수를 시켜 기어이 아들을 의대에 보낸 엄마가 상담실을 찾아왔다. 아들이 초등학교에 다닐 때부터 의사로 만들겠다고 생각한 엄마의 결심은 그 뒤 한 번도 바뀐 적이 없었다. 아이도 한 명밖에 없으니 모든 정성을 다 쏟았다. 아들을 의대에 넣기 위해 지난 5년간 하루도 빠짐없이 새벽에 일어나 천 배를 했다. 아들이 놀고 싶다고 떼를 써도, 게임을 하겠다고 투정을 부려도, 좀더 자고 싶다고 애원을 해도 '의사 아들 만들기' 목표 앞에서 아들의 고통은 다 묵살되었다.

그런데 아들이 고등학교 고학년으로 올라가면서 성적이 마음먹은 대로 나오지 않았다. 엄마는 초조해졌고 그만큼 아들에 대한 닦달은 더욱 심해졌다. 족집게 과외 선생을 모셔오고, 좋은 학원을 물색해 아이를 끌고 다녔다. 철마다 보약을 먹여 체력을 관리하면서 아이를 재우쳤다. 그러나 첫 입시에서 낙방, 두번째 입시에서 또 낙방, 세번째에서야 목표했던 대학보다 낮추어 지방의 의대에 간신히 합격했다. 엄마는 스스로를 위안했다. 어차피 의사면 다 똑같은 의사지 대학졸업장을 달고 다니는 것도 아니지 않은가. 하지만 그렇게 의대에 들어간 아들의 적성 따위는 처음부터 무시돼왔기에, 아들은 의대에 다니는 내내 수험생 시절만큼이나 고통스러운 시간을 보내야 했다. 그러나 엄마의 성화를 이길 자신이 없었던 아들은 결국 의대까지 무사히(?) 졸업하고 의사 국가고시도 통과했다.

그러던 어느 날 엄마에게 하늘이 무너져내리는 일이 일어났다. 아들과 연락이 끊겨버린 것이다. 아들은 지방의 한 대학병원에 인턴으로 가기로 되어 있었는데, 병원에서 숙식을 제공하니 내려가서 전화하겠다더니 연락조차 해오지 않았던 것이다. 걱정이 된 엄마는 아들이 가기로 한 병원에 연락해봤지만 그런 사람은 없다는 답만 들었다. 아들의 친구들을 통해 수소문해보려 했지만 그제서야 자신은 아들에 대해 아는 것이 하나도 없다는 것을 깨달았다. 아들의 친구가 누구인지, 어떤 사람들과 사귀었는지 엄마는 이름조차 변변히 아는 사람이 없었다.

그렇게 두어 달쯤 지난 어느 날, 발신자가 표시되지 않은 문자메시지 한 통이 날아왔다. 문자를 보낸 사람은 아들이었다. 문자의 내용은 간단하고 단호했다.

"당신의 아들로 산 것은 지옥이었습니다. 이제 당신을 떠나니 저를 더이상 찾지 마십시오. 찾는다면 또 떠날 것이니 저를 제발 괴롭히지 말아주세요."

상담실을 찾아와 통곡하는 엄마에게 상담가가 해줄 수 있는 말은 하나도 없었다. 이런 사례가 아니더라도 상담을 하다보면, 성공하면 부모와 연을 끊겠다고 하는 아이들이 의외로 많다. 주로 공부를 잘하는 아이들이다. 성공에 대한 부모의 지긋지긋한 집착 때문에 지금은 어쩔 수 없이 끌려다니며 공부하고 있지만, 보란 듯이 성공하는 순간 인연을 끊고 잠적하겠다는 것이다. 부모와 연을 끊을 수 있는 그때가 오기를 기다리면서 부모와 같이 살고 있는 아이들. 적과의 동침이라고 부를 수 있지 않을까.

테러리스트가 되려는 아이들

어떤 아이들은 부모를 버리고 가족을 버리듯이 학교도 버린다. 어떤 아이들은 이 모두를 아예 없애버리려고 한다. 상담실에 들어온 경호는 창백한 얼굴과 지친 눈빛, 힘없이 축 늘어진 어깨로 고등학교 1학년인 실제 나이보다 훨씬 더 나이 들어 보였다. 지방의 고등학교에서 성적이 상위권인 경호는 심한 불안과 망상에 시달리고 있었다. 학교에서 공부를 하는 다른 아이들의 뒷모습을 보면 갑자기 가슴이 뛰고 마음이 불안해지면서 조급해진다고 했다. 아이들이 공부를 하면 자신이 뒤처지게 될지도 모른다는 생각에 긴장하게 되고, 진도가 자신보다 앞서 나간 옆자리 친구를 보면 불안해서 손에 땀이 나기도 한다는 것이다.

그런데 경호에게는 더 큰 문제가 있었다. 자신이 나쁜 아이여서 벌을 받을 것이라는 죄책감 때문에 자면서도 고통을 받고 있었다. 꿈을 꾸면 늘 저승사자가 나타나서 잡아가거나 벌을 주었다. 아니면 자신이 누군가를 해치거나 다치게 하고는 도망가면서 들킬까봐 불안해하는 꿈을 꾸었다. 그럴 때마다 가슴이 터질 듯한 두려움에 잠을 깨곤 했다. 최근에는 낮에 학교에 있을 때에도 이런 상상을 하면서 공포에 시달렸고 학교에 결석한 적도 여러 번 있었다. 이런 증상은 1년 전 그 일을 겪고 나서 나타났다.

학교에서 경호와 가장 친한 친구는 아버지가 사업을 하다가 완전히 망해서 어렵게 장학금을 받으며 학교에 다니고 있었다. 친구는 가정형편 때문에 등록금이 싼 대학에, 그것도 장학생으로 가야 했다. 공부는 열심히 했는데 마음이 어수선해서인지 성적이 노력한 만큼 나오지 않아 늘 초조해했다. 경호는 그 친구가 갑작스럽게 닥친 가난 때문에 혼자 몰래 울고, 성적이 자꾸 떨어져 장학금을 못 받게 될까봐 걱정하고 힘들어할 때마다 옆에서 이야기를 들어주고 위로도 해주었다.

친구는 경호에게 우리 둘이 열심히 공부해서 같은 대학에 가자고 말하곤 했다. 경호는 약속은 했지만 내심 자신보다 성적이 많이 떨어지는 친구가 장학금을 받고 대학에 갈 수 있을지 걱정이었다. '그렇다고 내가 좋은 대학에 가는 것을 미안해할 필요는 없어. 자기도 좋은 대학에 가려면 공부를 더 열심히 해야 하는 거지 뭐' 하면서 자꾸 생겨나는 미안함을 애서 다독이고 편안하게 마음을 먹으려 했다. 학원에 다닐 형편이 안 되는 친구는 학원 같은 거 체질에 안 맞는다고 큰소리쳤지만, 학교가 끝나고 학원버스를 타고 가는 경호는 친구가 쳐다보고 있는 뒤통수가 영 거북했다.

학교에만 가면 가슴이 답답하고 괜히 짜증이 많아진 경호는 부모님에게 이런 이야기를 털어놓았다. 친구들과 경쟁하는 것도 싫고, 친한 친구가 성적이 떨어지는데 자기만 시험을 잘 봐도 별로 좋지 않다, 다음 달부터는 그 친구가 성적이 떨어져 우수반에서 빠질 것 같은데 그러면 저 혼자 우수반에 남아서 공부하는 게 미안하다, 차라리 그냥 그 친구와 같은 반에 가고 싶다, 우수반이 아니어도 열심히 공부하면 되지 않느냐고 했다.

아이의 말을 들은 부모님은 어이없어했다. 자수성가한 아버지는 끌탕을 하면서 "저 자식, 저거 누구 닮아서 저렇게 허약하고 바보 같냐"며 화를 냈다. 엄마는 혹시 그 친구가 우수반에 남지 말라고 협박했냐고 물었다. 아버지는 친구 따라 강남 간다고, 좀 진취적이고 욕심이 있는 아이들을 사귀어보라고 했다. 그러면서 그렇게 약해빠져서는 이 험한 세상에서 절대 살아남을 수 없으며 도태되고 말 것이라고 했다. 경호는 부모님에게 이야기를 꺼낸 것을 후회했다.

그러던 어느 날 경호에게 아무런 언질도 주지 않고 한마디 말도 남기지 않은 채, 그 친구가 아파트 옥상에서 떨어져 자살했다. 뿔뿔이 흩어져 사는 가족들에게 남긴 편지에는 가족들 모두 열심히 일하는데 자신만 폐를 끼치는 것 같아 죄송했다는 말만 쓰여 있었다. 경호의 증상은 친구가 죽고 난 몇 주 뒤부터 심해지기 시작했다.

상담 중에 경호는 가슴속에서 뭔가가 터져나올 것 같아 너무 힘들다고 했다. 네댓번째 상담에서인가 경호는 엉엉 소리를 내며 고통스러운 울음을 터뜨렸다. 미안하다는 말만 반복하며 울더니 아무한테도 말하지 않은 비밀을 털어놓았다. 그동안 학교와 자신이 사는 아파트에 불을 지르려고 여러 번 계획했다는 것이다. 어떤 방법으로 불을 지를 것인지 여러 가지 생각도 하고 현장답사도 하면서 고민했다는 말을 하더니 또다시 울음을 터뜨렸다. 네가 불을 지르고 활활 태워서 사라지게 하고 싶은 것이 무엇인지 다 말해보라고 하자 아이는 눈물을 흘리면서 천천히 단어들을 나열했다.

"학교, 집, 사람들, 애들, 가족, 회사, 대학교, 다요, 그냥 다요."

테러리스트가 되려는 아이들이 점점 많아지고 있다. 학교에 가스통을 가져와 폭파해버리고 싶다는 아이, 학교에 불을 지르고 싶다는 아이, 학교 급식에 독극물을 넣어 다 죽인 뒤 자신도 죽었으면 좋겠다는 아이…… 경쟁에서 도태되는 친구들에 대한 미안함이 부채감, 죄책감으로 자리 잡은 아이들. 이 아이들은 학교와 사회를 버리다 못해 아예 없애려 하고 있었다. 떠나고 버리는 것만으로는 부족해서 아예 없애려고 하는데 도대체 무엇을 없애야 이 거대한 학력생산 공장이 멈추게 될지 몰라 화염병을 들고 그냥 그 자리에서 눈물만 흘리고 있다.

아이들을 계속 채찍질해서 강하고 독한 승자로 살아남도록 키우고 싶은가. 그렇다면 아이들은 정말 부모들이 원하는 강하고 독한 아이가 되어 결국 망설이던 화염병을 부모에게 던질지도 모를 일이다.

속이 텅 빈 아이들

무기력보다 더 큰 문제

요즘 아이들에게 자기 이야기를 해보라 하면 알 수 없는 침묵에 빠지는 경우가 많다. 자신을 어떻게 생각하고 있는지, 자신이 어떤 사람인지, 어떤 사람이 되고 싶은지, 무슨 생각을 하고 있는지 같은 질문 자체를 생소하게 여기는 것이다. 부모가 자기에게 원하는 것, 부모가 싫어하는 것은 부모 자신보다 더 잘 아는데 자신의 생각이나 자신이 좋아하고 싫어하는 것은 정작 잘 모른다. 어쩌면 무기력보다 더 심각한 요즘 아이들의 증상이 아닐 수 없다.

고등학생 희찬이는 매사에 간섭하고 통제하는 부모 때문에 짜증이 늘고 공부에 대한 의욕이 없어졌다. 얼굴 표정에도 부모에 대해서 품고 있는 짜증과 화가 고스란히 드러나 있었다. 부모와 부딪히는 갈등은 어느 집에서나 흔히 볼 수 있는 아주 사소한 것이었다. 교복을 벗어서 걸어놓지 않는 것, 음식을 먹고 그릇을 부엌에 갖다놓지 않는 것, 학원에 5분이나 10분씩 지각하는 것, 아침에 깨워도 잘 일어나지 않는 것, 숙제를 하지 않고 게임부터 하는 것…… 어느 집에서나 흔히 볼 수 있는 갈등이었다. 그런데 그 갈등은 사실 다른 문제를 숨기기 위해 나타난 것이었다.

부모는 아들이 공부를 못해서 화가 나 있었다. 희찬이는 중학교 1학년 때까지만 해도 성적이 괜찮았는데 점점 떨어지기 시작하더니 고등학교에 올라와서는 아예 중하위권이 되어버렸다. 크게 실망한 부모는 야단을 치고 때려도 보고, 개인과외도 붙여보고 학교를 그만두라고 협박도 해보고, 나중에는 마음수련까지 시켜보았다. 하지만 희찬이의 성적은 점점 떨어졌고 결국 이제는 부모도 거의 포기한 상태였다. 그래도 4년제 대학에는 가줘야 밥벌이라도 하고 친척들한테도 체면이 설 텐데 점점 무기력해지는 아들을 보면 엄마는 화가 나서 속이 부글부글 끓었다. 하지만 아무리 공부하라고 다그쳐봐야 소용없으니 그저 일상생활에서 생활태도를 빌미로 잔소리를 할 뿐이었다. 한마디로 아이의 모든 것이 마음에 들지 않았다.

희찬이는 그것을 너무나 잘 알고 있었다. 부모님의 잔소리가 심하다고 생각하느냐는 질문에 "잔소리가 심한데요, 그게 그냥 저 자체가 싫으신 거예요"라고 답했다. 부모가 나를 그냥 싫어한다고 생각하면 정말 하루하루가 힘들겠다고 하자, 아이는 힘든 게 아니라 그냥 짜증이 난다면서 부모 흉을 보고 비난하기 시작했다. 부모의 어떤 점이 제일 싫으냐고 물었다. 희찬이는 자신을 부모의 소유물로 여기는 것 같아서 그게 제일 싫다고 대답했다. 상담실에 함께 온 엄마는 "네가 내 자식이지, 그럼 다른 사람 자식이야?"라며 되물었다. 부모가 너를 소유물로 여기고 있다는 걸 언제 느끼느냐고 묻자 희찬이는 전혀 머뭇거리지 않고 자세하고 구체적으로 상황을 설명했다.

어떤 자발성도 허용하지 않는 부모

아침에 엄마가 갈아놓은 주스를 마시기 싫다고 하면 야단치면서 엘리베이터를 기다리는 데까지 쫓아와 주스를 먹이는 것, 어지럽혀놓은 방을 나중에 치우겠다고 하면 혼자 치우지도 못하면서 무슨 소리냐며 엄마 마음대로 방을 치우고 자기 물건을 함부로 버리는 것, 날이 추운데 옷을 얇게 입고 나간다며 결국은 우겨서라도 옷을 더 입혀 내보내는 것, 수학 숙제를 하는 아이 방에 들어와서는 한쪽에는 문제를 풀고 다른 쪽에는 틀린 것을 복습하라고 노트를 직접 접어주는 것, 일요일 아침에 등산을 가자는 제안을 아이가 거절하고 늦잠을 자면 아침운동이 얼마나 뇌를 활성화하는지에 대해 하루 종일 이야기하는 것, 할머니 생신에 참석하지 못한 대신 전화하라고 시키면서 무슨 말을 하라고까지 알려주는 것…… 희찬이는 부모에게 사육당한다고 느꼈다. 이후 점점 의욕이 없어졌고 짜증만 늘었다. 당연히 공부를 소홀히 하게 됐고 부모와의 사이는 점점 나빠졌다.

부모님이 너에게 어떤 사람이 되기를 바라는 것 같으냐고 묻자 희찬이는 완벽한 사람이 되기를 원하는 것 같다고 대답했다. 부모님이 바라는 완벽한 사람이란 어떤 사람인지 다시 물었다. 그랬더니 공부도 잘하고 성격도 둥글둥글하고 부모에 대한 배려심도 있고, 너무 공부만 하지 않고 남자니까 운동도 좀 할 줄 알고, 욕심이 많으면서도 베풀 줄 아는 사람이라는 답이 돌아왔다. 그러면서 하는 말이 대단했다.

"자기들이 되고 싶은 사람을 나한테 하라는 것 같아요."

희찬이가 이런 이야기를 하는 동안 엄마는 옆에서 내내 웃고 있었다. 간간이 큰 소리를 내면서 웃기도 했다. 처음에는 민망해서 웃는 것이라고 생각했지만 가만히 보니 꼭 그렇지만은 않은 것 같았다. 그냥 우습다고 생각하는 듯했다. 엄마는 "별걸 다 기억하네, 호호호. 내가 그랬어? 그래? 난 기억도 없는데, 호호호. 너 기억력 좋다. 그렇게 기억력이 좋은 녀석이 왜 공부를 안 해? 호호호." 이야기를 듣다보니 부모는 매사에 아들을 관찰하고 있고, 아들은 부모가 자신을 또 어떻게 관찰하는지를 관찰하고 있는 것 같았다. 아이와 엄마에게 그렇게 말하자 두 사람은 그냥 멀뚱멀뚱한 눈으로 나를 쳐다볼 뿐이었다. 이제 희찬이에게 너의 이야기를 해보자고 했다.

상담자: 지금까지 거의 40분 동안 네 부모님 이야기를 한 것 같은데 이제 그럼 네 이야기를 좀 해봤으면 하거든? 우선 너는 너를 어떻게 생각하고 있니?

희찬: 별로, 아니 그냥 뭐 특별한 거 없는데요.

상담자: 음, 그러니까 예를 들면 나는 내가 착하다고 생각한다, 나는 내가 똑똑하다고 생각한다, 나는 내가 멍청하다고 생각한다…… 아무거라도 좋으니까 그냥 네가 너에 대해 어떻게 생각하고 있는지 말해줄래?

희찬: 그냥 아무 생각이 안 나는데요.

상담자: 너는 너를 좋아하니?

희찬: 글쎄, 별로 좋아한다 싫어한다 느낌이 없는데요.

상담자: 갑작스럽게 이런 질문을 하니까 네가 조금 거북한가보다.

희찬: 아니요, 거북한 게 아니고요, 그런 생각을 별로…… 아니 가끔 내가 게임 잘한다 그런 생각은 하지만……

상담자: 음…… 그럼 너 자신에 대해서 다른 거 아무거나 한번 이야기해볼래? 예를 들면 네가 좋아하는 과목, 재미있게 읽은 책, 친한 친구에 대한 이야기, 좋아하는 가수, 잘하는 운동, 싫어하는 선생님, 좋아하는 선생님, 뭐 아무거나 다 괜찮아.

희찬: 별로 말할 게 없는데……

상담자: 생각이 안 나니?

희찬: 아니, 그건 아닌데요. 그게 뭐 별로 중요한 것도 아니고 그냥 그건 내 생활이라……

상담자: 아, 개인적인 이야기라 하고 싶지 않은 모양이다.

희찬: 아니요, 해도 되는데요, 그게 뭐 지금 중요한 것도 아니

고…… 별거 없는데……

상담자: 희찬아, 나는 지금 너의 반응에 조금 당황했어.

희찬: 왜요?

상담자: 네가 조금 전까지 부모님이 뭘 좋아하고 뭘 싫어하고, 어떤 성격이고 뭘 못하고 그러면서 자신들은 스스로를 얼마나 잘하고 있다고 생각하고, 이런 거는 아주 자세하게 다 기억하고 이야기했었잖아. 부모님에 대해서는 그렇게 잘 알면서 막상 너 자신을 어떻게 생각하느냐고 물으니까 전혀 생각해본 적도 없고 잘 모른다고 해서. 그리고 또 별로 중요한 게 아니라고 해서. 너는 너보다 다른 사람에 대해서 아주 많이 생각하고 기억하나봐. 그리고 너의 생활 이야기는 별로 안 중요하다고 생각하는 것 같다.

희찬: ……

엄마: 만날 부모 잘못만 들추고 있고 너 자신에 대해선 모르는 거네. 아이고, 오늘 너 아주 잘 걸렸다. 선생님이 딱 짚으셨네.

상담자: 어머니는 어머니 자신에 대해서 얼마나 알고 있다고 생각하세요?

엄마: 네?

상담자: 제가 보기에는 어머님도 온통 어떻게 하면 아들을 공부하게 만들까 하는 생각만 하고 계신 것 같아요. 그리고 온통 아들만 지켜보고 있고요. 아들은 부모만 쳐다보면서 결점을 찾으려 하고, 부모는 아들만 쳐다보면서 야단칠 것만 찾고 있네요. 어머님은 어머님

자신을 어떻게 생각하세요? 아들과 관련된 것 말고 무엇을 하고 싶으세요?

두 사람은 말이 없었다. 엄마는 굳어진 표정으로 다소 화가 난 듯했고, 희찬이는 엄마의 얼굴을 힐끗힐끗 쳐다보면서도 약간 어리둥절한 표정이었다. 첫 상담이 끝나고 다음 날짜를 예약하는데 희찬이는 엄마의 일정을 물어보면서 조정을 하려고 했다. 고등학생인데 주말에 엄마가 바쁘면 혼자 오면 되지 않느냐고 했더니, 아무렇지 않게 "원래 엄마가 상담하면 데려다주고 데리러 온다고 해서 하겠다고 한 건데요?"라며 엄마를 쳐다봤다. 엄마는 멋쩍은 웃음을 지으며 아이를 데리고 갔다.

그렇게 애완견처럼 사육된 희찬이는 겉으로 보이는 유창한 말솜씨와 놀랄 만한 기억력에 비해 안은 텅 비어 있었다. 뭘 물어도 자신의 생각을 묻는 질문에는 어리바리한 표정을 지으며 힘들어했다. 설사 자신의 생각이 있더라도 그것이 틀린 답이 되지 않을까 걱정이 되는지 말하지 못했다. 상담실에 대한 첫인상을 묻는 질문에도 머뭇거리더니 한참이 지나서야, 생각보다 너무 작았는데 그렇게 말하면 안 될 것 같아 말을 못 했다고 했다.

그렇게 자신이 느낀 대로 말하기까지 다섯 번의 만남이 더 필요했다. 첫 상담에서 부모에 대한 비난과 흉을 거침없이 내뱉던 그 당당했던 아이와 같은 사람이라고 보기 힘들 정도로 아이는 주눅이 들어 있었다.

아이가 자신에 대해 관심을 갖는 것이 남에 대해 관심을 갖는 것보다 훨씬 재미있고 흥미 있는 일이라는 것을 알게 되기까지는 제법 시간이 걸릴 것이다. 그리고 그 과정에서 자신이 생각한 것보다 더 낯설고 불안하고 힘든 시간을 겪어내야 할 것이다.

사육당하는 아이들은 자신의 내면이 텅 비어가는 줄은 모른 채, 오로지 사육사가 오늘은 밥을 적게 주나 많이 주나, 오늘은 채찍을 휘두르나 안 휘두르나, 훈련을 많이 시키나 적게 시키나, 어려운 훈련이 얼마나 있나 이런 것만을 걱정하고 있다.

자신의 삶을 상상하지 못하는 아이

이처럼 부모에게 사육당하는 청소년들을 상담할 때 늘 나누는 이야기가 있다.

"아이는 무조건 울타리 밖으로 나가려고 안간힘을 쓰고, 부모는 아이의 옷자락을 단단히 붙잡고 못 나가게 하고 있어. 이 실랑이 속에서 부모가 붙잡고 있던 손을 놓고 그냥 나가게 내버려둔다면 너는 어디에 가서 무엇을 하겠니?"

그러면 신이 나서 대답할 것 같지만 실제 대부분의 아이들은 머뭇거린다. 자신이 어디를 갈 것인지 미처 생각해놓지 못해서, 막상 가려고 하면 어디에 가서 무엇을 해야 할지 막막한 것이다. 심지어는 "그렇게 완전히 놓아주기를 바라는 것은 아니고요……"라며 갑자기 불안해져 돌변하는 아이도 있다.

지금의 아이들은 자신이 원하는 것이 무엇인지 상상하는 일조차 귀찮아한다. 자신의 욕구가 현실에서 이루어지지 못하리라는 무력감 때문이기도 하지만, 더 근본적인 이유는 아이들에게 상상하고 싶은 자기 삶에 대한 욕망이 없기 때문이다. 부모만 쳐다보고 있으니 자신을 쳐다볼 시간이 없는 것이다.

물론 성적이 상위권인 아이들 중에는 목표가 뚜렷한 아이들도 많다. 그러면 이들에게는 자기 삶에 대한 욕망이 있는 것일까? 적어도 내가 만난 아이들은 아주 소수를 제외하고는 그렇지 않았다. '성공한 삶'에 대한 욕망이 있을 뿐 자기 삶에 대한 욕망은 없다. 목표가 뚜렷한 의대 지망생들에게 왜 의사가 되려고 하는지 물으면, 의사가 돈을 잘 버니까, 사회적으로 인정을 받으니까, 부모님이 원하셔서, 또는 부모님도 의사니까 같은 대답이 돌아온다. 어떤 의사가 되고 싶은지 물어보면 많은 아이들은 질문 자체를 이해하지 못한다. 한마디로 어떤 의사가 되고 싶은가라는 질문이 도대체 무엇을 묻는 질문인지 이해하지 못하는 것이다. 보충 설명을 들은 후에도 한참 생각을 하고 나서 거의 90퍼센트 이상이 '실력이 있어서 돈 많이 벌고 유명한 의사가 되면 좋은 일도 좀 하고 싶다' 정도로 대답을 한다.

지금까지 이런 질문을 받아본 적이 있느냐고 물으면 한 번도 없다고 한다. 소수를 제외하고는 아무리 물어도 부모나 사회가 원하고 인정해서가 아니라 '나는 왜 의사라는 직업에 매료되었는가'에 대해서는 말을 하지 못한다. 사실 아이들은 의사라는 직업에 매료된 경험조차 없다는 것이 더 정확한 이해인 듯하다. 이런 아이들이 어디 의대 지망생뿐이겠는가.

'엄마에 의해 주도된 자기주도학습'을 하는 상위권 아이들이나 공부를 억지로 '비주도적으로 해드리는' 아이들이나 속이 텅 비어 있는 것은 마찬가지다. 자신의 삶을 주도하지 못하고 공부 스케줄만 주도하고 있는데 어떻게 자신의 삶에 대한 욕망이 생기겠는가. 자신의 삶에 대해서 상상하지 못하기는 마찬가지다.

'목표'만 있는 상위권 아이들의 공허함

자신의 삶에 대한 욕망이 없음에도 상위권 아이들이 겉으로는 그다지 텅 비어 보이지 않는 것은 이들이 목표 지향적으로 살기 때문이다. 어릴 때부터 무언가를 향해 달려가는 삶만을 살아온 아이들은 목표가 없는 삶을 오히려 불안해한다. 기분이 우울하고 불안하면 자신에게 '나는 지금 왜 이렇게 힘이 드는가?'를 묻지 않고 '나는 지금 무엇을 해야 하는가?'라고 질문을 던진다. 늘 무엇을 해내고 이루어내는 것이 제대로 사는 것이라고 들어왔기 때문에 무엇을 못 하고 안 하고 있는 상태를 곧 뭔가 잘못되고 있는 상태로 받아들인다. 어떤 것을 안 하는 쪽이 다른 어떤 것을 제대로 하기 위한 과정일 수도 있다는 생각을 해본 적이 없는 아이들이다.

자기 안이 텅 비었다는 생각에 불안하면 바로 이를 해결하기 위한 목표를 세운다. 하루 세 번 거울을 보고 "잘될 거야"라고 이야기하기, 아침식사 때에는 가벼운 마음으로 스포츠 기사를 읽기, 일요일 오전에는 한 시간 동안 음악 듣기, 성적이 떨어지는 과목에 1.5배 더 많은 시간을 투자하기, 이만하면 됐다는 생각이 들 때 마지막으로 한 번 더 보기, 한 시간 이상 운동하지 않기…… 상담에 온 어느 상위권 학생이 시험불안을 달래기 위해 자기주도적으로 세운 계획표에 나오는 내용이다. 아이는 이렇게 목표를 세워놓고 지키면서 불안을 달랜다고 했다. 그러다 결과가 안 좋으면 계획표상의 어떤 수칙을 빼고 새로운 수칙을 넣는 일을 반복한다. 하지만 불안은 점점 커지고 자포자기의 무력감은 늘어간다고 하소연했다. 그럴 수밖에 없는 것이 자신의 불안에 대해 알려고 하지 않은 채 그 불안을 잠재울 계획표상의 목표에만 관심이 있기 때문이다. 책상에 계획표를 붙여두고 그 계획표대로 반드시 실행하는 아이를 보면서 부모는 아이가 내면으로는 점점 무기력해지고 있다는 것을 전혀 상상도 하지 못했으리라.

이런 아이들이 더욱 문제인 것은, 겉으로는 목표를 달성하지 못할까 봐 불안해하는 것처럼 보이지만 사실은 목표를 달성하게 될까봐 불안해한다는 점이다. 목표를 달성한 순간 더 높은 목표를 만들어야 하고, 그것을 달성하기 위해 자신을 채찍질해야 하고, 그렇게 달성하고 나면 더 높은 목표를 또 만들어야 하니 말이다. 끝없이 더 높은 목표를 세워야 한다는 압박 때문에 실은 불안한 것이다. 가정과 학교와 사회에서는 이런 아이들을 삶의 목표가 뚜렷하고 리더가 될 수 있는 자질을 가진 엘리트로 칭송한다. 하지만 이들은 사실 자신이 정한 목표로부터 자신이 소외되는 삶을 살고 있을 뿐이다. 그래서 어느 순간 목표가 없으면 사는 이유가 없어질까봐 너무나 두렵다.

결국 이들에게 목표는 반드시 있어야만 하고 동시에 영원히 달성되어서는 안 되는 것이다. 자신의 생각, 자신의 느낌, 자신의 가치, 자신의 욕구, 자신의 경험처럼 자신의 삶이 무엇인지 진지하게 고민도 해보지 못한 채 목표를 세우고 달려가고 또 세우는 반복 속에서 강박적 불안을 되풀이할 뿐이다. 어느 순간 그 목표마저 세울 수 없는 상황이 닥칠 때 이 아이들이 어떤 선택을 할지는 아마 아이 자신도 알지 못할 것이다.

이대로라면
아이들의
미래는 없다

아이들의 병이 깊어졌다는 것은 이제 더이상 감출 수 없는 사실이다. 다만 부모들이 보지 않으려 할 뿐이다. 대한민국에서 공부 잘하는 아이가 되려면 한두 가지 병리적 증상은 가질 수밖에 없다. 이제 아이들은 의미 없는 삶이 빚은 정신적 긴장과 고통을 더는 억누르기 힘든 지경에 이르렀다. 자살, 살인, 폭력, 가출은 단순한 일탈이나 범죄가 아니라 살아남기 위한 몸부림이다.

부모들이 원하는 아이의 응답

몇 년 전 한 친척 아이의 돌잔치에 참석했을 때 일이다. 돌잡이 순서가 되자 아이는 청진기를 잡았고, 잔치에 참석한 가족과 친척들은 환호성을 지르며 손뼉을 쳤다. 엄마는 아이의 볼에 뽀뽀를 했고, 아빠는 아이가 대견하다는 듯 머리를 쓰다듬었다. 아이는 부모의 반응과 친척들의 환호성에 잠시 놀랐으나 곧 초롱초롱한 눈으로 그들을 바라보았다. 놀라움으로 휘둥그레졌던 아이의 눈에는 사람들이 왜 이러나 하는 호기심이 가득했다.

몇 해 지나지 않아 아이는 사람들이 보인 반응의 의미를 알게 될 테고, 의사란 직업에 대해 진지한 고민을 해보기도 전에 청진기를 가져야겠다는 다짐부터 하게 될지 모른다. 돌상에 놓인 연필과 청진기, 마이크, 돈은 바로 부모들이 아이에게 바라는 응답이다. 부모는 이렇게 공공연히 자신의 욕망을 드러내면서 아이가 대답하기도 전에 응답을 규정한다.

연필과 청진기로 상징되는 아이의 응답은 학교에 들어가면서 명문대와 사회적 성공으로 대체된다. 아이의 의사와는 무관하게 학교와 사회는 그 응답만이 정답이라고 노골적으로 주입하거나 암묵적으로 동조한다. 아이는 그 응답을 현실화하기 위해 자신만의 응답을 찾으려는 의지도, 용기도 내지 못한다. 명문대와 사회적 성공이 과연 나의 응답인가라는 질문을 던져보기도 전에, 스스로 생각하고 자신을 탐색해볼 수 있는 가장 기본적인 삶에 대한 감각을 상실했기 때문이다.

이제 대한민국 아이들은 두 부류로 나뉘는 것 같다. 이미 증상이 나타난 아이들과 아직은 증상이 나타나지 않은 아이들. 이렇게까지 단순화하여 주장하는 근거는 아이들이 보이는 증상의 유형과 정도가 다양함에도 그 원인과 기능이 유사하기 때문이다. 아이들의 병은 개별 가정의 문제가 아니다. 아이들이 보이는 증상의 원인을 들여다보면 결국은 하나다. 자신의 삶을 누릴 자유가 없다는 것, 삶에 대한 감각을 상실해버렸다는 것이다.

좀비처럼 살아가는 아이들

자신의 감각으로 느끼고, 상상하고, 욕망하고, 그 욕망을 현실에서 표현할 수 있을 때 우리는 살아 있는 존재라고 느낀다. 삶에 대한 자유와 감각을 잃어버리도록 강요당하는 상황에서 아이들은 스스로 살아 있음을 확인할 수도 없다. 어디까지가 나의 생각이고 나의 느낌인지 경계가 희미할 뿐 아니라, 자신에 대한 인식조차 희박할 수밖에 없다. 감각 기능마저 마비돼 마치 좀비처럼 살아가는 아이들에게 인간다운 존재로 성장하기를 기대하기는 어렵다.

어디에서도 자신을 확인할 수 없는 아이는 결국 자신을 신뢰하지 못한다. 성적이 상위권인 아이들조차 문제가 생길 때마다 누군가에게 물어보고, 누군가 알려주지 않으면 자신의 생각과 느낌을 믿을 수 없어서 불안해하고 초조해한다. 자신을 믿지 못하는 아이들은 부모와 사회의 요구에 더욱 맹목적으로 순종한다. 비대해진 머리를 지탱하는 자신의 가냘프고 병든 몸은 그렇게 하면 안 된다고 경고하지만, 감각이 마비돼가는 아이들에게는 다른 대안이 없다. 이렇게 대한민국 아이들은 산 채로 죽어간다.

이것은 대한민국 부모와 사회의 증상이 만들어낸 고통을 아이들에게 전가한 결과다. 태어나기 위해, 잉태되기도 전에 부모와 일방적 계약을 맺은 아이를 상상할 수 있는가? 불행히도 대한민국 아이들은 자신의 의사와는 무관하게 그렇게 태어나고 길러진다. 이것이 아이들을 구하기 위해 대한민국 부모들이 가진 증상을 들여다볼 수밖에 없는 이유다. 상담실을 찾는 아이들의 증상은 결국 일그러진 대한민국 부모의 자화상이기 때문이다.

2부 부모 실종 시대

: 대한민국 가정의 자화상

부모는 언제 상담실을 찾는가

아버지가 상담실을 찾을 때

아이 문제로 부모님이 상담실을 찾을 때 보통은 어머니가 먼저 전화를 하고, 아버지는 부모가 함께하는 상담에 합류한다. 아버지가 상담에 참여하면 부모와 자녀의 관계가 호전될 가능성이 높아진다. 그러나 부모는 상담을 받지 않고 아이만 보내놓고서 아이를 '수리'해주길 바랄 때 결과는 가장 안 좋기 마련이다.

상담을 의뢰할 때 대부분의 부모는 아이에게 겉으로 드러난 문제만 나열하고는 답을 구한다. 피부에 난 부스럼도 오랫동안 지속되면 심각한 신체적 질병의 증상일 경우가 많은데, 아이가 2년 이상 부모와 심각한 갈등을 빚었다면 이 역시 증상만 없앤다고 해결될 문제는 아니다. 아버지가 아이 문제로 상담실을 찾는 일은 드문 편인데 이 경우에는 대부분 상황이 아주 심각하다. 이미 돌이키기 어려운 상황에 이르러 자포

자기한 심정으로 문을 두드리는 경우가 많다.

"아들이 고 3인데 작년부터 학교를 안 가기 시작해 결국 자퇴하고, 지금은 집을 나가 혼자 자취하며 학원에 다니고 있습니다. 그런데 아무래도 믿을 수가 없어 집에 가보면 게임하고 있거나 술 취해 자고 있어요. 아무리 기다려도 집에 안 돌아올 때도 많고요. 어떻게 해야 합니까?"

아이 문제로 조언을 구한다며 한 아버지가 전화를 걸어왔다. 부모님 두 분이 상담실에 오시는 것이 좋겠다고 말하자 아버지는 알겠다며 시간을 맞춰보고 다시 연락하겠다고 하고는 전화를 끊었다. 그러고는 열흘이나 더 지나 다시 전화가 걸려왔다. 아이가 그렇게 지내는 것을 더 이상 못 참겠는데 어떻게 해야 할지 모르겠다는 것이다. 전화로 상담할 내용이 아니니 상담실에 와서 이야기를 하자고 했지만, 끝내 상담실에는 올 수 없다며 전화로 이야기할 수 없겠느냐고 말했다. 결국 한 시간 넘게 전화로 상담을 하게 되었다.

아버지는 대기업 이사급 임원, 어머니는 전업주부, 자녀는 두 명이라고 했다. 겉으로 보기에는 아무런 걱정이 없을 것 같은 가정이었다. 실제로도 큰아이가 중학교 2학년이 되기 전까지는 그랬다. 그러나 지금은 두 아이 모두 말썽인데 큰아이가 워낙 골치를 썩이는 터라 세 살 터울인 동생에게는 신경도 못 쓰고 있다고 했다.

아이가 공부를 못해서 엄마가 아이를 많이 닦달했다고 한다. 학원에,

과외에, 문제지에, 학교를 마치고 집에 오면 붙잡아 앉혀놓고 숙제까지 챙겼지만 아이의 성적은 영 신통치 않았다. 아이 문제로 아내와 의견이 대립할 때 아버지는 공부는 때가 되면 알아서 할 테니 애를 좀 놀게 하자고 했다. 그럴 때마다 아내는 속 편한 소리 할 때가 아니라고, 애가 지금 얼마나 공부가 안 되고 못 따라가는데 그런 물정 모르는 소리를 하냐며 쏘아붙이곤 했다.

사교육비 때문에 살림은 늘 쪼들렸고, 아버지는 사교육비를 좀 줄이자고 해봤지만 아내는 씨알도 안 먹힌다는 듯 그의 말을 무시했다. 좀 강하게 말할라치면 '애 앞길 당신이 책임질 거냐, 그렇게 잘하면 공부라도 좀 봐주고, 공부하라고 말이라도 제대로 해줘라'라고 되받아쳤다. 거기다 한술 더 떠 '요즘 애들이 얼마나 열심히 공부해야 남들 겨우 따라가는지 알지도 못 하면서, 옛날 시골에서 자랄 때만 생각하고 그런 속 터지는 소리나 한다'며 타박했다.

늘 일에 쫓겨 파김치가 되어 집에 들어오는 아버지는 아이들에게 제대로 신경을 써주지 못하는 데다 아내의 태도가 워낙 단호해 뭐라고 더 말할 엄두를 내지 못했다. 아이는 중학교 2학년에 올라가면서 부쩍 덩치가 커지고 목소리도 저음으로 갈라지면서 슬슬 남자 태가 나기 시작했다. 초등학교 때까지만 해도 엄마의 협박과 회유가 아이의 마음을 '조작'하는 데 효과가 있었지만 아이는 이제 대놓고 엄마를 무시했다. 키도 어느새 엄마보다 훌쩍 컸고, 힘도 더 세졌다. 엄마의 협박은 더이상 통하지 않았다. 엄마가 팔짝팔짝 뛸 때마다 아이는 더욱 엇나갔다. 흡사 미친년 쳐다보듯 하는 아들이 미워 엄마는 어쩔 줄 몰랐다.

아이가 중학교 3학년을 지나면서 엄마의 스트레스는 극에 달했다. 아들하고 크게 한판 붙은 날이면 퇴근하고 들어온 남편에게 화를 내기 시작했다. 이 모든 일이 큰아이 때문이라는 것을 알게 되면서 아버지도 화가 나기 시작했다. 무엇보다 화를 돋운 것은 아내의 비난이었다. 다른 집 아버지들은 애들 공부도 봐주고 같이 놀러 다니는데, 당신은 바쁘다면서 아이들 교육에는 신경도 안 쓴다고 아내가 퍼부을 때마다 억울한 생각이 들면서 화가 치밀었다.

그러다 아버지의 화가 폭발하게 된 결정적인 사건이 발생했다. 어느 날 퇴근해서 집에 돌아오자마자 아내는 미친 듯 소리치며 달려들었다.

"당신은 도대체 아버지라는 사람이 뭐 하는 거야, 애는 나 혼자 낳았어? 나는 이렇게 만날 미친년 되고 악역만 맡는데 당신은 뒤에서 좋은 소리만 하니까 애가 나만 미워하고 더 날뛰잖아. 돈만 벌어다주면 다야? 쟤 좀 어떻게 해보라고!"

아내는 그날도 아들과 심하게 싸웠는지 거의 이성을 잃은 듯했다. 아내의 악다구니는 남편의 어느 부분을 심하게 자극했다. 가족들 잘되라고 힘든 일도 참고 지금껏 열심히 살아왔는데 결국 아내도 아이도 하나도 행복하지 않았던 것이다.

그날 아버지는 속수무책이었다

그 순간 아버지는 정말 아들이 미워서가 아니라 그냥 이 상황 자체가 다 싫어졌다. 아내의 말이 채 끝나기도 전에 옷도 제대로 벗지 않고 아들 방으로 들어가 마구잡이로 아들을 때리기 시작했다. 아이가 어릴 때 잘못하면 가끔 혼도 내고 엉덩이도 한두 대 살짝 때리긴 했지만 그날처럼 때리기는 처음이었다. 아버지는 그날 이성을 잃고 아들을 팼다.

그날 이후 많은 것이 달라졌다. 아이는 입을 닫았고, 그나마 아버지에게 곁을 주던 것마저 거둬버렸다. 대꾸도 제대로 하지 않았고, 뭐라고 하면 방에 들어가 문을 잠가버렸다. 학원이 끝나도 친구들과 어울리다 늦게 들어오거나 집에 들어와서도 바로 자기 방으로 들어가버렸다. 아버지는 아이의 표정이나 태도에 더 화가 났지만 이미 아이는 마음을 닫아버린 뒤였다. 아들도 아들이지만, 아내가 원망스럽고 세상이 싫어졌다. 머리가 좋지 않은 아이를 붙잡고 하도 닦달하기에 좀 살살 하라고 하자 속 모르는 소리 한다고 무시하더니, 이제는 애들 교육에 신경 쓰지 않는다고 구박하는 것이 화가 나고 억울했다.

아버지는 아들과 화해하려고 여러 번 시도했지만 이미 마음을 닫은 아이는 본 척도, 들은 척도 하지 않았다. 결국 아버지의 인내심도 한계에 이르렀고 자꾸 아이에게 화를 내거나 손을 대게 됐다. 그런 상황이 몇 번 더 반복되자 아이는 더이상 통제할 수 없는 상황에 이르렀다. 결국 학교를 자퇴했고, 혼자 공부하겠다며 집을 얻어 나갔다. 이 꼴 저 꼴 안 보는 게 차라리 낫겠다 싶어 그러라고 했지만, 그래도 미덥지 않아

한 달에 두어 번 아이가 사는 집에 찾아가보면 엉망진창으로 지내는 모습을 다시 확인하고 온다는 것이다.

한 시간 넘게 이야기를 하는 동안 아버지의 하소연은 깊었다. 없는 집에서 노력해 이 자리까지 왔고, 좋은 가정을 만들려고 아내한테 큰소리 한번 안 치고 참고 살아왔단다. 장남이 저 모양이 된 것은 자기 탓도 있지만 아내 탓도 큰 것 같아 많이 원망스럽다고 했다. 이제 중학교 3학년이 된 작은놈도 큰놈과 비슷한 상황이라 너무 답답하고 그동안 뭘 하고 살아왔는지 알 수 없을 정도로 절망스럽다고 했다. 아버지의 상태가 좋지 않은 느낌이 들어 상담을 받거나 가까운 상담센터를 찾아가보라고 신신당부했다. 그러나 아버지는 여전히 상담실에 오겠다는 약속은 하지 않고, 상담비를 송금하겠다면서 계좌번호를 물었다. 그러면서 아버지는 아이와 한 번만 상담을 해줄 수 없겠느냐고 간곡하게 부탁했다. 아드님이 직접 와야지 그렇지 않으면 어떻게 상담을 하겠냐고 하자, 부모 말은 아예 들을 생각을 안 하니 선생님이 전화해서 상담을 권해주시면 좋겠다고 사정했다.

아버지의 전화를 끊고 일러준 휴대폰 번호로 여러 번 전화를 건 끝에 늦은 밤 아이와 겨우 통화가 됐다. 전화를 받자 아이는 퉁명스럽게 누구냐고 대뜸 물었다. 조심스럽게 아버지 이름을 대면서 아버지가 전화로라도 이야기를 좀 나누면 좋겠다고 부탁하셨다고 말했다. 그러자 아이는 "아저씨는 뭐 하는 사람인데요?"라고 물었다. 아이가 상담에 대해 잘 모를 것 같아 간략하게 설명하고 너무 부담을 갖거나 불쾌해하지 말라는 이야기를 덧붙였다. 그러자 아이는 말했다.

"씨발놈이 이제 별지랄을 다 하네. 아저씨, 그 새끼한테 좆같은 소리 하지 말고 니들이나 잘하라고 그러세요. 아저씨도 뻘짓 말고 끊으시구요."

그 말을 던지고 아이는 전화를 끊었다. 나는 전화가 끊어진 뒤에도 한참 동안 멍하니 앉아 있을 수밖에 없었다.

차마 아이가 한 말을 전할 수가 없었다. 열흘쯤 지나 용기를 내어 아버지에게 전화를 했다. 어떻게든 시간을 내어 상담을 받으러 오시라는 이야기를 하기 위해서였다. 사실 아버지가 걱정이 되기도 했다. 그런데 아버지의 휴대폰으로 전화를 걸었지만 전원이 꺼져 있었다. 할 수 없이 직장 연락처라고 알려준 전화번호로 전화를 걸었다. 누구누구의 아버님을 바꿔달라고 하자 직원은 주저하면서 지금 이사님은 전화를 받을 수가 없다며 그 이유도 설명드릴 수 없다고 말했다. 언제쯤 통화가 가능하냐고 물었지만 "언제 회복될지 알 수 없다"는 모호한 말만 남기고 직원은 전화를 끊었다. 어떤 문제로 회복을 기다려야 하는 상황에 놓였는지 모르지만 아이와 관련된 상황이 영향을 주었으리라는 짐작을 지우기 어려웠다.

이제 아이들의 교육에 관한 전권은 엄마가 행사한다. 엄마는 사교육을 중심으로 한 아이의 모든 교육에서 주인공이다. 아버지는 그저 돈이나 벌어오고 옆에서 엉뚱한 소리나 안 하면 다행인 엑스트라일 뿐이다. 자기 힘으로 도저히 안 되겠다 싶을 때, 그제야 엄마는 아버지를 '교육'에 끌어들인다. 이때 아버지에게 요구되는 역할은 아이들을 휘어잡는 '군기반장'에 지나지 않는다. 그러나 그 역할도 제대로 해내지 못해 아버지들은 좌절한다. 물론 많은 아버지들이 바쁘다는 이유로 자녀와 함께하지 못하고, 자녀들에게 정서적으로 반응하지 못하는 자신의 무능력과 경직성을 감추려고 권위적인 태도로 일관하거나 때로 강압적인 모습을 보이기도 한다. 하지만 아버지들 중에는 아이들이 좀더 뛰어놀고 좀더 여유 있게 커주기를 바라는 사람들도 많다. 그러나 자신들의 생각을 제대로 설득할 여유도, 그럴 영향력도 없다. 가정에서 이미 설 곳을 잃은 아버지는 무기력하기만 하다.

엄마가 상담실을 찾을 때

아이 때문에 상담실을 찾는 많은 엄마들은 이야기가 어느 정도 진행되면 남편 이야기로 넘어간다. 상담은 아이 문제로 시작하지만 결국 남편이나 시댁에 누적된 불만을 토로한다. 그 불만의 대부분은 많이도 못 벌어오면서 돈 벌어오는 일 말고는 할 줄 아는 것이 없는 남편에 대한 비난이며, 시댁의 무리하고도 일방적인 요구를 막아주지 못하고 자신을 지켜주지 않는 남편에 대한 분노다.

공부 안 하고 놀기만 좋아하는 아들 때문에 상담실을 찾은 재현이 엄마도 그랬다. 아들에 대한 불만과 화를 한참 털어놓더니, 집안이 이 지경인데 남편이란 작자가 아무런 도움이 안 되고 오히려 문제를 더 만들고 있다면서 분통을 터뜨렸다. 상담이 끝나갈 무렵 재현이 엄마는 남편이 자신을 사랑하지 않는 것 같다고 말했다.

간신히 인문계 고등학교에 입학한 재현이는 게임만 하고 친구들과 놀러만 다니는, 공부에서 손을 뗀 아이다. 중학교 때에도 공부를 아주 잘하는 편은 아니었지만 그래도 이 정도는 아니었다. 엄마한테 살갑게 굴기도 하고 공부를 안 한다고 야단치면 며칠이라도 게임을 자제하고 공부하는 시늉이라도 했다. 공부를 하는지는 모르겠지만 그래도 학원에도 가고 주말에 가족끼리 외식할 때 따라나서기도 했다. 그런데 고등학교에 올라가면서 아들은 완전히 달라졌다. 조금만 잔소리를 해도 벌컥 화를 내는가 하면, 짜증을 내고 무조건 집을 나가서 늦게까지 들어오지 않았다. 그런 자신 때문에 엄마가 속이 상해 우는 모습을 보이면, 전에는 미안하다고 했는데 지금은 왜 자꾸 우냐고 짜증을 낸다. 이제 재현이는 외식은커녕 집안 행사에도 아예 관심이 없다. 밥도 같이 먹으려 하지 않는다.

아직 나이가 어린 둘째아들이 그나마 마음을 달래주고 위로해주지만 그것으로는 부족하다. 속을 썩이는 첫째보다 말 잘 듣고 곰살맞은 둘째가 더 예쁘고 귀엽지만 이상하게 엄마의 마음은 큰아이한테 가 있다. 첫아이라 더 기대를 많이 해서인지, 아니면 바로 작년까지만 해도 엄마를 배려하고 의지가 돼주던 아이의 모습이 남아 있어서인지 엄마는 자나 깨나 큰아들 생각이다. 적어도 엄마에게는 착하게 행동했던 아이가 이렇게 된 이유는 다 남편 때문이라고 생각하고 있다.

　남편은 연구소에 근무하는 박사다. 공부하랴 연구하랴 힘이 들어 그런지 나이에 비해 머리가 많이 셌고 늘 일에 치여 피곤한 얼굴이다. 찌푸린 양미간은 아예 평소 표정이 되어버렸고 술 담배에 찌든 피부는 푸석푸석하기만 하다. 일하면서 학위를 마치느라 공부하는 기간이 오래 걸렸고, 아내는 그 옆에서 힘들게 내조를 했다. 정식 연구원이 되기 전까지 박봉에 시달렸지만 없는 살림을 쪼개서 아이를 키우고 저축을 했다. 그렇게 고생을 하면서도 학위를 받고 전문직을 가지게 되면, 일반 회사에 다니는 것보다 경제적으로도 더 나은 생활을 하게 되고 좀더 자유로운 삶을 살 수 있으리라고 기대했다. 그런데 막상 연구원이 되고 보니 그렇지가 않았다. 일은 늘 산더미처럼 많았다. 주말에 가족끼리 외식을 하거나 어디를 놀러 가도 머릿속으로는 늘 일을 생각하느라 심각한 표정이 펴지지 않았다. 친구를 만나는 일도 없고 취미생활도 없고 그저 일 말고는 관심이 없었다.

　남편이 집에 와서 하는 말이라고는 늘 '피곤하다' '정말 피곤하다' '죽겠다' '힘들다' 이런 말들이었다. 요즘 들어 뭔가 뜻대로 되지 않는 게 많은지 작은 일에도 툭하면 화를 냈다. 아내가 반찬에 신경을 쓰지 않는다며 신경질을 부리고 아침을 안 먹고 나가기도 했다. 아이 학원을 바꾸어야겠다고 하는 말에 그런 것까지 일일이 내가 알아야 하느냐면서 소리를 지르기도 했다. 큰아이가 너무 노는 것 같아서 붙잡고 이야기를 하라고 하면 큰 소리로 야단치고 훈계만 해서 아이가 질색을 하게 만들었다. 그러고는 아이가 영 버릇이 없고 생각이 없다면서 집에서 그동안 아이 교육 제대로 안 시키고 뭐 했느냐며 비난했다.

그런 남편에게 아내는 늘 외롭고 쓸쓸하다고 불평을 했고 화가 났다는 표시로 말을 잘 안 했다. 남편의 별다르지 않은 말에도 쏘아붙이는 것이 습관이 됐다. 아내가 보기에 남편은 밖에서는 박사님이고 전문가이지만, 집에서는 불뚝불뚝 화를 잘 내고 늘 피곤에 찌들어 있으며 책만 보면 어느새 잠들어버리는 한심한 중년 남성이었다.

괜히 집에 와서 큰소리치고 짜증을 내면서도 밖에서는 화도 못 내고 성격 좋은 사람으로 인정받는 남편을 보면서 아내는 속으로 참 병신 같다는 생각을 했다. 그러다보니 자신도 모르게 아이들 앞에서 남편의 흉을 보고 싫어하는 감정을 내보이게 되었다. 그런 엄마를 그동안 큰아이가 위로해주고 맞장구를 쳐주었다. 아빠를 보면 싫은 표정을 짓고 아빠가 집에 들어와도 인사만 꾸벅하고 아예 방에서 나오질 않았다. 어쩌다 술을 마시고 들어온 아빠가 이야기라도 하려는 듯한 낌새가 보이면 얼른 불을 끄고 자는 척했다.

남편은 포기해도 아이는 포기할 수 없다

그렇게 부부 사이가, 아빠와 아들의 사이가 점점 더 멀어지고 있는 와중에 사건이 터졌다. 큰아이의 담임 선생님이 집에 전화를 해서 아이가 그동안 야간자율학습을 빼먹고 도망갔으며 가끔은 1교시 수업에도 간신히 올 정도로 학교에 늦게 왔다는 사실이다. 더욱 놀라운 것은 그동안 아이가 보여주었던 성적이 가짜였다는 것이다. 담임 선생님이 말한 실제 성적은 더 형편이 없었는데 아이가 부모에게 보여줄 성적표를 조작해왔던 것이다. 집안은 발칵 뒤집혔고, 이를 알게 된 남편은 아이를 집에서 내쫓았다.

이 일로 부부싸움이 크게 일어났고 다투는 와중에 아내는 처음으로 속에 있던 말을 했다.

"나는 남편이 없어. 과부 같아. 오히려 큰아이가 남편처럼 나를 위로해주고 내 마음을 이해해준다고. 당신은 나보다 일을 더 좋아하니 파출부만 있어도 될 것 같아. 도대체 왜 내가 필요하고 가족이 필요해? 당신 머릿속엔 일밖에 없어. 당신이 못 해준 거 아들이 대신 해주는데 뭘 잘했다고 애를 내쫓아? 나가려면 당신이 나가, 당신 없이는 살아도 아들 없이는 못 살아!"

아내가 그동안 참았던 말을 다 쏟아내자 남편은 차분하면서도 차갑게 말을 이었다.

"언제까지 그렇게 사랑 타령만 하고 있을 거야? 난 연구소에서 어느 정도 지위에 오를 때까지 계속 노력할 거야. 그게 그렇게 잘못됐어? 사회적으로 성공하는 것이 결국 가족한테도 좋은 일인데, 늘 나만 보면 힘들다, 외롭다, 그런 것 말고 다른 이야기는 왜 못 해!"

충격을 받은 것은 아내였다. 사랑 타령이라는 말이 귓가에 맴돌면서 자꾸 눈물이 났다. 사랑받고 싶은 게 그렇게 잘못된 것인지 억울했다.

삐치면 좀 달래주면 안 되나, 토라지는 걸 좀 모르는 척하면서 봐주면 안 되나, 남자는 그러는 거 아닌가. 좀 봐주고 양보하고 손해 보고 너그럽고…… 그게 남자 아닌가. 무엇보다도 그나마 의지했던 아들마저 자기를 싫어하게 된 것이 남편 때문이라고 생각하니 무척 화가 났다.

돈만 아니라면 이혼하고 아들과 살면 행복할 수 있을 것 같았다. 그런데 아들마저 자기를 싫어하니 이제 정말 옆에 아무도 없고 외롭다는 생각이 들었다. 마음을 기대기에 둘째아들은 아직 어렸다. 이런 생각을 할수록 아내는 결혼을 잘못했다는 생각이 들었다. 하지만 이제 와서 어쩔 수도 없었다. 이혼을 한다고 생각하면 복잡한 일이 너무 많았다. 생각에 생각을 거듭하다가 결국 아내가 도달하는 지점은 늘 같았다. 남편은 돈 갖다주는 사람 정도로 포기한다 해도 아들만큼은 어떻게든 다시 예전처럼 돌려놓아야겠다는 것이다.

상담 중에 그녀는 자신이 마음을 다스려서 아들하고 관계를 회복하는 것이 가장 중요한 과제인 것 같다고 했다. 아빠를 미워하더라도 엄마는 미워하지 않게 만들어야겠다는 것이다. 그러지 않으면 자신의 인생이 너무 비참하다는 생각이 들고 아들의 인생도 가엾게 느껴진다고 했다. 적어도 엄마는 아빠와 다르다는 것을 보여주어야겠다면서 어떻게 하면 아이와 사이가 좋아질 수 있는지 대화 기법을 가르쳐달라고 했다. 아이가 자신의 남편이었음을 깨닫고 그 남편을 다시 찾아와야겠다고 마음먹은 것이다.

가족의 소중함을 모른 채 일에만 매달리고 식구들과 정서적 교감은 커녕 그저 사회적 성공만을 좇느라 진짜 중요한 것을 놓치고 있는 대한 민국의 남편들에게 아내들은 나를 좀 사랑해달라고 투정을 부리다 지쳤다고 한다. 그러고는 결국 아들을 남편으로 키우기로 마음먹는다. 적어도 아들은 지치고 슬픈 엄마를 그냥 모른 척하지는 않으니까.

그런 엄마들은 아이 문제로 힘들다고 말하지만 실은 아이의 마음이 아니라 자신이 얼마나 힘든지, 얼마나 희생하고 있는지 공감해주길 바라며, 자신의 행동을 변호하고 정당성을 강변하는 것으로 이야기를 맺는 경우가 대부분이다. 엄마들은 아이가 행복해지길 바란다고 말한다. 아이들이 행복해지는 방법도 잘 알고 있다고 말한다. 그러나 아이의 행복을 원한다면서 정작 아이의 마음은 알려 하지 않고, 그런 자기 자신의 마음은 들여다볼 생각도 하지 않으면서 엄마는 아이를 손아귀에서 놓으려 하지 않는다. 그러면서 아이를 붙잡는 것 말고는 정작 자신의 행복이 무엇인지 생각해본 적도 없고, 알려고 하지도 않는다.

아이는 부모의 증상이라고 한다. 부모의 문제로 증상을 나타내고 고통을 받는 사람은 바로 아이다. 상담실을 찾는 아이들을 통해 우린 아이의 고통뿐만 아니라 부모의 문제, 가정의 문제와 마주하게 된다. 남편과의 관계에서 절망하고 마음을 접은 다음, 남편에게 갈 몫까지 쏟았건만 결국 아이와의 관계마저 파국으로 치달을 때 엄마들은 상담실을 찾는다. 그들에게 위기의 근원과 마주할 용기가 있는지 묻지 않을 수 없다.

아이를 삼키는 엄마

아이의 공부는 엄마의 과업

'아이의 행복'을 위한 일이라면서 자신을 희생하며 아이를 뒷바라지하는 대한민국 엄마들의 숨겨진 불안과 욕망은 무엇인가? 왜 이들은 아이의 매니저를 자청해 하루를 그리 바삐 살면서 내 인생은 없다고 한탄하는 것일까? 왜 이들은 그렇게까지 아이를 '훌륭하게' 키우는 것에 자신을 다 던져 희생하는가? 그런데 아이러니하게도 엄마들의 이런 행위를 희생이라 부르기는 어렵다. 희생이라는 말이 지닌 '보상 없는 결과를 감내하기'라는 본래 뜻과는 무관한 행위이기 때문이다.

대한민국 엄마들이 말하는 훌륭한 엄마는 '자녀를 좋은 대학에 보내고 사회적으로 성공시킨' 엄마를 말한다. 아이가 입학하는 대학의 등급은 곧 엄마 자격의 등급과 같다. 공부 잘하는 아이는 그 아이의 엄마가 얼마나 엄마 역할을 잘하고 있는지를 공인해주는 증명서다. 이는 곧 엄마 자신의 존재감을 확인시켜주는 것이기도 하다.

상담에 오는 많은 엄마들은 만약 자식이 대학입시에 실패하게 되면 자신은 정말 허무하고 힘들 것 같다고 이야기한다. 아이가 실망하고 힘들까봐 자신도 불안하다고 아이를 먼저 생각하는 척하지만, 사실은 대학입시에 실패한 아이의 엄마로서 존재해야 하는 것이 불안하고 두려운 것이다.

직장도 안 다니고 집에만 있으면서 아이 뒷바라지도 못 했느냐는 소리를 듣는 것이 싫으면서도, 마음 깊숙이 자리 잡은 더 큰 두려움은 자신도 그 생각에 동의하고 스스로를 그렇게 낙인찍는 것이다. 아이를 통하지 않고서는 나의 존재를 확인할 방법이 없기에 불안은 두려움이나 공포의 수준으로까지 발전한다. 아이의 성적이 떨어지거나 아이가 공부를 안 하려고 하거나 엄마와 멀어지려고 하면 엄마들의 불안과 공포는 광적인 집착으로 변한다. 자신의 존재가 소멸될 것 같은 공포 때문이다.

'아이들이 자기가 원하는 삶을 살도록 돕는 엄마가 되고 싶다'는 점잖은 엄마들도 그 속내를 들여다보면 사실은 자신도 망가질까봐 두려워하고 있다. 그렇게 점잔을 뺌으로써 아이에게 집착하는 엄마들의 대열에 합류하지 않았다고 자위하면서 사실 더 교묘하고 더 어리석은 방법으로 아이들을 집어삼키려 한다.

희생자와 포식자로서의 엄마

상담을 의뢰한 영규 엄마에게도 불안은 서서히 공포로 변하고 있었다. 고등학교에 들어간 아들은 중학교 때와 달리 성적이 저조했다. 1학년 때까지는 그런대로 상위권을 유지했는데 2학년에 가서는 서서히 상위권을 벗어나더니 3학년에 올라온 지금에는 확실히 중위권으로 떨어졌다.

영규를 데리고 상담실을 찾은 엄마의 얼굴에는 수심이 가득했으며 토요일에 상담을 받으러 온 아이의 얼굴에는 피곤이 가득했다. 눈자위가 빨갛고 부스스한 머리를 보니 잠을 자다가 허겁지겁 나온 것 같았다. 아이에게 피곤해 보인다고 하자 별다른 표정 없이 "네"라는 대답만 했다. 엄마는 전날 학원 수업이 늦게 끝나 피곤한 거라고 했다. 늦게 끝난다는 것이 몇 시냐고 묻자 집에 오면 새벽 1시 반이 넘는다는 것이다. 그러면서 엄마는 그때 바로 자면 되는데 축구를 보고 자니까 더 피곤한 거라며 아이를 슬쩍 쳐다봤다. 그 말에도 아이는 무표정하게 책상만 보고 있었다.

어떤 음료를 마시겠는지 물었더니 아이는 "아무거나요"라고 대답했다. 이것저것 음료의 종류를 대면서 선택해보라고 하자 아이는 그냥 또 "아무거나요"라고 한다. 그러자 엄마는 "너, 코코아 좋아하잖아. 코코아 마실래?"라고 물었고 아이는 고개를 저었다. 엄마는 또다시 "그럼 녹차 마시든지, 정신 좀 차리게"라고 하였고 그 말에 아이는 조용하지만 강하게 엄마를 쨰려봤다. 엄마는 "왜? 상담해야 하는데 정신 좀 차려야지.

오면서 차 안에서 계속 자고 비몽사몽이잖아. 무슨 축구를 그렇게 새벽까지 봐, 수험생이"라며 화난 표정을 지었다. 엄마는 망설이던 말을 작심하고 하는 듯 강한 목소리로 불만을 내보였지만, 한편으로는 아이의 반응을 은근히 걱정하는 듯 아이를 정면으로 쳐다보지는 못했다. 아이는 약간 화가 난 듯한 표정으로 책상을 바라보다가 한숨을 쉬며 창밖을 내다봤다. 짧은 순간이었지만 모자간에 팽팽한 긴장감이 느껴졌다.

상담에 처음 온 사람을 위한 간단한 서류를 작성해줄 것을 부탁하자 엄마는 아이를 보면서 "아이가 상담을 받을 거니까 아이가 써야 하나요?"라며 물었다. 아이는 "엄마가 써"라며 물을 마셨고 엄마는 마지못해 서류를 작성했다. 그러면서도 계속 "상담은 내가 받는 게 아니고 네가 받는 건데 왜 내가 이걸 써야 하는지 모르겠다"며 볼멘소리를 냈다.

엄마는 상담실을 찾은 이유를 묻는 질문에 아이가 점점 무기력해지고 성적이 떨어져서 왔다고 했다. 같은 질문을 아이에게도 하자 아이는 아무 주저함 없이 "하도 가자고 하니까 왔어요"라고 대답했다. 그러면서 바로 엄마에게 "나, 아빠 차에 가 있으면 안 돼?"라며 물었다. 엄마는 당황하면서도 화가 난 표정으로 "너 진짜 여기까지 와서 또 이럴래?" 하면서 아이를 쨰려봤다. 나는 아빠가 차에 계시냐고 물으면서 이왕 같이 오셨으면 아빠도 같이 올라오시지 그랬냐고 했다. 엄마는 곤란한 표정으로 웃었다. 그러나 아이는 계속해서 엄마에게 자신은 처음부터 상담하기 싫다고 했고 여기 왜 와야 하는지 도저히 모르겠으니까 하고 싶으면 엄마가 하라고 언성을 높였다. 엄마도 언성을 높이면서 그렇게 상담받기 싫으면 공부를 제대로 해야 할 것 아니냐고 받아쳤다. 아이는 벌떡 일어나더니 상담실을 나가버렸다.

엄마는 핏발 선 눈에 눈물을 머금고 화가 잔뜩 난 표정이었다. 잠시 침묵이 흘렀다. 곧 자세를 가다듬은 엄마는 아이 아빠와 통화를 했는데 아이가 절대로 상담을 받지 않겠다고 하는 모양이었다. 부부는 약간의 언쟁 끝에 결국 아이와 아빠는 먼저 집으로 가고 엄마만 상담하는 것으로 마무리를 지었다.

마주 앉은 엄마는 넋이 나간 듯 아무 말도 없었다. 그러고는 혼잣말처럼 이야기를 시작했다.

"늘 이런 식이에요. 잘해보려고 애를 쓰는데 남편도 애도 남의 일처럼 협조를 안 해주니까……"라며 눈물을 글썽였다. 아이가 공부를 안 하는 것을 엄마는 '협조'를 안 한다고 표현했다. 그것은 엄마의 일에 아이가 협력하지 않고 있다는 생각을 드러내는 표현이었다. 아이가 공부를 하는 것이 엄마의 과업인 것이다. 엄마는 아들의 인생이 점점 엉망이 되어가고 있는데 자신이 아무리 도와주려 해도 아이가 받아들이지 않으니 차라리 어디 가서 죽어버리고 싶다고 했다.

자기를 희생한다고 믿는 엄마

늦게 얻은 아이는 어릴 때부터 총명했다. 뭐든지 가르쳐주면 금방 익혔고 기억력도 좋았다. 교육자로 정년퇴직한 시아버지는 기대했던 것과 달리 크게 출세하지 못하고 평범하게 사는 큰아들에 비해 일찍 두각을 나타내는 장손에게 기대가 컸다. 영규가 경시대회에 나가 대상을 받아와서 온 식구가 축하 외식을 한 날에는 아이에게 노벨상을 받을 수 있는 과학자가 되라고 했다. 시어머니는 엄마가 저렇게 쫓아다니며 뒷바라지를 하니 애가 잘된다면서, 괜히 직장 그만둔 거 후회하지 말고 애 성공시키는 게 돈 버는 거라 생각하고 열심히 뒷바라지나 하라고도 했다. 영규가 다니는 학원 원장도 엄마가 직장에 다니는 아이들은 상위권은 해도 최고까지는 절대 못 간다고 장담하면서 엄마가 아이에게 '올인'해줄 것을 당부했다.

영규 엄마는 명문대 출신이 많은 시댁 식구들을 생각하면 주눅 드는 일이 많았지만 그래도 공부 잘하는 아들이 있어서 당당하니 얼마나 다행인가 싶었다. 영규가 경시대회에서 우승한 날은 시어머니가 수고했다며 금일봉까지 주셨는데, 아이 때문에 돈을 받는다는 것이 조금 민망했지만 가만히 생각해보니 직장도 포기하고 여기저기 운전수 노릇하며 수고한 자신이 받을 만한 것 같았다. 그리고 앞으로 더 열심히 뒷바라지를 해야겠다는 다짐도 했다. 아이 덕에 별볼일 없던 자신의 인생도 보상을 받는 것 같았다. 아이는 각자 다른 이유로 부부의 자존감을 높여주는 보물이었다.

이렇게 승승장구하던 영규가 고등학교에 가면서 서서히 무너진 것이다. 시험을 잘 봐야 한다는 긴장과 기대와 욕심이 커질수록 어이없는 실수가 생겨났고, 한 번 실패는 더욱 심한 긴장과 불안을 불러왔다. 놀란 엄마는 여기저기 수소문해서 학습동기를 높이는 유명한 자기주도학습 상담에 데리고 갔다. 아이는 처음에는 조금 나아지는 듯하더니 몇 주가 지나자 오히려 더 불안해하면서 힘들어했다. 이제는 자기주도학습이 제대로 되지 않는다는 걱정과 불안까지 더해졌다.

처음에는 성적이 계속 떨어지는 손자를 걱정하던 시부모님은 시간이 지나면서 며느리의 능력을 못 미더워하는 것 같았다. 학교 선생님과 상담은 해봤는지, 학원 선생님을 만나서 이야기는 해봤는지, 다른 엄마들은 이럴 때 아이를 어떻게 뒷바라지하는지 알아봤는지, 부모가 집에서 책을 많이 읽어야 한다는데 그렇게 하고 있는지…… 이것저것 캐묻기 시작했다. 엄마는 자존심이 상했지만 아이의 성적이 떨어지고 있는 판국에 기분 나빠할 자격이 없다고 생각했다. 오히려 그럴수록 자신의 시간을 더욱 아이에게 투자하고 아이에게 집중했다.

엄마는 새벽기도에도 더 열심히 나가고 맛있는 음식도 더 신경 써서 장만했다. 책도 수험생을 위한 것만 골라서 읽고 친구들과의 약속에도 일절 나가지 않으면서 더욱 자신의 삶을 희생했다. 그리고 이렇게 희생하면 할수록 다른 한편으로는 아이의 일상에 더 깊숙이 개입하고 간섭하고 통제했다.

이런 '희생'을 치를수록 아이가 조금 더 늦게까지 공부를 해주었으면, 조금 더 일찍 일어나주었으면, 조금 더 치밀하게 복습을 해주었으면, 일요일에 농구하는 시간을 조금만 더 줄였으면, 아침밥을 조금만 더 먹었으면, 수학문제 푸는 속도를 조금만 더 빨리했으면 하는 엄마의 간섭과 요구는 점점 많아졌다. 그러다보니 일주일에 서너 번은 아이와 심한 갈등을 겪게 되었고, 그럴수록 영규는 점점 더 말이 없어지고 짜증이 늘었으며 기분이 나쁘면 무조건 잠을 잤다.

결국 아이들을 포식하는 엄마

그렇게 서서히 어긋나는 아이를 보면서 무슨 생각을 했느냐고 엄마에게 물었다. 엄마는 자신이 매달려 있는 동아줄이 점점 썩어가는 느낌이었다고 했다. 이러다가 아이와 같이 추락할지도 모른다는 생각이 들었고, 실제 꿈에서도 비슷한 장면이 나타났다. 추락하면 떨어지는 곳이 어디일 것 같으냐는 질문에는 잠시 말이 없더니 눈물을 글썽이면서 대답했다.

"그냥 사는 거요, 아무도 알아주지 않는 것? 그냥 별볼일 없이 사는 삶이죠."

'동아줄이 썩었다'는 표현은 너무나 정확하고 적나라해서 섬뜩하기까지 하다. 엄마는 교육자 집안의 맏며느리로서 아들을 명문대에 보내고 사회 지도자를 만들어서 화목하고 성공적인 가족 이야기가 여성잡지에 실리는 상상을 하며 뿌듯해했다. 그런데 그 동아줄이 썩었고 이제 곧 끊어지려 한다. 그것은 엄마에게 공포였다.

엄마는 아이가 혹시 주의력결핍 과잉행동장애(ADHD)가 아닌지, 어릴 때 장난치다가 소파에서 떨어져 머리를 바닥에 부딪힌 적이 있는데 혹시 그때 뇌가 조금 손상된 것은 아닐지 등을 물었다. 아이한테 어떤 선천적 결함이나 증상을 발견하려고 애를 쓰고 있었다. 공부를 못할 수밖에 없는 뚜렷한 변명거리를 찾아내서 엄마 역할에 실패했다는 비난을 피하고 싶은 것 같았다.

엄마에게 아이가 이른바 명문대학에 진학하지 못하는 것은 한마디로 실패한 인생이었다. 엄마에게는 명문대학을 나와 사회 지도층이 되는 성공한 삶과 그러지 못한 떨거지들의 삶, 이렇게 두 가지 삶만 존재했다.

엄마에게 "아이가 공부를 열심히 해서 최상위에 속하는 것이 가족 모두에게는 행복한 길인데, 정작 아이 자신은 그 길이 행복하지 않다고 하네요"라고 하자 "그러니까 문제죠"라는 답이 돌아왔다. 그런데 이야기를 하는 동안 엄마의 눈빛은 점점 살아나고 표정은 단호해졌으며 허리도 꼿꼿해졌다. 좌절했던 감정을 추스르고 새롭게 의욕이 생긴 것 같았다. 이런저런 이야기를 하면서 아이가 공부를 하는 것이 자신과 가족에게 얼마나 중요한 일인지를 다시 절실하게 느낀 것이다. 그러면서 엄마는 아주 놀랍게도 문제의 핵심을 바로 짚어냈다.

"선생님하고 이야기하다보니까 결국 아이를 위해 제가 욕심을 포기할 것인지, 아니면 아이와 식구들 모두가 잘 살기 위해 일단은 아이가 좀 참고 견뎌내야 하는 것인지 그게 문제라는 생각이 드네요. 그리고 그건 제가 결정해야 할 것 같아요. 이 상담은 아이가 하기 싫어하는 그 욕구를 중요하게 생각하는 것 같은데, 사람이 때로는 자신과 가족을 위해 좀 참고 자신을 희생할 줄도 알아야 하는 것 같아요. 아이만 참는 게 아니라 사실 엄마인 저도 지금 아이를 위해 엄청 희생하고 있는 거잖아요."

마지막으로 엄마에게 그것이 결국 아이 자신을 희생시키는 일이 된다면 그래도 하시겠냐고 물었다. 엄마는 아이가 똑똑하니까 그렇게까지 되지는 않으리라 믿는다고 했다. "선생님도 아까 그러셨잖아요, 우리 애 ADHD 아니라고요." 엄마는 이 말을 남기고 감사하다는 인사와 함께 상담실을 떠났다. 결국 이 엄마는 텅 빈 속을 채우기 위해 아이를 삼키기로 결정했다. 아이를 놓아주면 아무것도 아닌 자신의 삶을 어떻게 받아들여야 할지 너무 불안하고 막막해서 그 공포를 감당할 수 없었을 것이다. 그래서 아이를 희생시켜 자기가 살아야겠다고 결정한 것이다. 그리고 그 죄책감을 스스로 합리화하고 위안한다. '아이도 나중에는 행복해할 거야. 아이가 똑똑하니 잘해나갈 거야'라고.

아이를 포식하는 것이 반드시 쥐고 흔들고 무지막지하게 통제하는 것만은 아니다. 부모가 이루지 못한 꿈을 대신 이루어주기 위해 공부하는 '철난' 아이로 만드는 것, 성적이 떨어지면 슬퍼하는 엄마를 보며 죄책감을 느끼는 '효자' 아이로 만드는 것, 부모의 칭찬과 인정이 사라질까 불안해서 열심히 공부하는 '착한' 아이로 만드는 것, 자신이 엄마에게 유일한 기쁨인 것 같아서 외롭고 힘들어 보이는 엄마를 늘 걱정하고 살피려는 '속 깊은' 아이로 만드는 것, 이것이 모두 아이를 포식하는 방법이다.

자신이 가진 것이라고는 아이밖에 없다고 생각하는, 삶의 공허를 느끼지 않으려 발버둥치는 엄마들이 하는 일이 바로 아이를 잘 길들여서 삼키는 것이다. 이것이 바로 아이의 성공으로 자신의 삶을 증명하려는 대한민국 엄마들, 아이를 자기 속으로 욱여넣어 자기 마음대로 움직이는 복제물로 만들려는 대한민국 포식자 엄마들의 이야기다.

그러나 이런 포식자 엄마들도 아이들의 이야기를 마무리할 때면 득도한 선승의 표정을 지으며 천편일률적인 후렴구를 갖다붙인다.

"결국은 애들도 자기 인생 살고 나도 내 인생 살아야지 언제까지 부모가 붙잡고 있겠어요. 저도 알아요. 그래서 지금부터 마음에서 놓는 연습을 하고 있어요. 호호호."

정처 없는 아버지

개가 되고 싶은 사람들

지금, 한국의 가족을 이해하기 위해서는 '애완견'을 빼놓고 이야기할 수 없다. 불과 10여 년 사이 개는 한국의 가족 내에서 정서적 욕구를 충족시키는 가장 중요한 대상이 되었다. '애완견'이라는 이름 대신 반려자와 동등한 지위로 격상되어 '반려견(반려동물)'이라고 부르는 것만 봐도 그렇다. 개가 최소한 정서적 반려자가 되었다는 것이다. 심지어 많은 아이들은 다시 태어난다면 개로 태어나고 싶다고 말한다. 잠만 자는 개가 부럽단다. 그렇다면 한국의 가정에서 '개'는 무엇일까? 답은 간단하다. '아무것도 안 하고 먹고 놀기만 해도 사랑받는 존재'다. '개'는 지금 우리 모두가 바라는 상태를 은유하는지도 모른다.

그런데 개를 정서적인 반려자로 삼는다고 하지만 개는 여전히 함부로 대해도 상관없고 심지어 귀찮으면 마음대로 내다버려도 괜찮은 존재로 취급된다. 1년에 유기견이 적어도 5만 마리 이상은 된다니 크게 틀린 말은 아닐 것 같다. 뼈 빠지게 일하고, 깨지고, 상처받고, 다치고, 낙오될까봐 전전긍긍하면서 제대로 인정도 못 받는 '개 같은 세상'에서 우린 개처럼 먹고 놀아도 사랑받는 존재가 되고 싶어한다. 참으로 역설적인 상황이 아닐 수 없다.

애완견이 온 가족의 사랑을 듬뿍 받고 있을 때 개보다도 못한 존재로 취급받는다고 느끼는 사람이 있다. 바로 아버지, 남편이다. 공교롭게도 몇 주 사이 비슷한 사연을 거푸 듣게 되었는데 먼저 상담을 받던 40대 중반 남자의 이야기다. 상담실에 들어오는 얼굴이 무척 어둡고 힘들어 보였다. 며칠 전에 겪은 일이라면서 이야기를 털어놓았다.

그는 거나하게 술에 취해 밤늦게 집에 들어갔다. 많이 늦었던 터라 다들 자는지 아무도 나와보지 않았다. 잠에서 깬 아내만이 부스스한 머리를 하고 나와 날선 목소리로 잔소리를 늘어놓았다. 좋다고 뛰어와 안기는 놈은 기르는 몰티즈 두 마리밖에 없었다. 개들은 신나게 뛰어와 주변을 맴돌며 재주를 부렸다. 그 모습이 얼마나 예쁜지 몰랐다. 그중 한 마리를 먼저 안았다. 그러자 다른 한 마리가 자기도 안아달라고 다리에 올라타고 난리도 아니었다. 술에 취해 몸을 가누기도 어려운 판에 버둥거리는 한 마리를 안고 또 한 마리를 안으려니 넘어질 것 같았다. 중심을 잃지 않으려고 허우적거리다 자신도 모르게 팔에 힘을 꽉 주게 되었다. 안겨 있던 개가 아팠던지 깨갱 하면서 발을 버둥거렸다. 그 서슬에 개 발톱에 얼굴을 할퀴었고, 깜짝 놀라 개를 떨어뜨렸다.

순식간에 일어난 일이라 옆에 있던 아내도 어찌할 바를 모르다가 바닥에 떨어진 개가 죽을 듯 깨갱거리자 비명을 지르며 개를 안아들었다. 그는 미안하기도 하고 당황스럽기도 했지만 얼굴이 쓰리고 화끈거려 손을 대보니 피가 제법 묻어났다. 그런데 아내는 개를 안고 죽일 듯 그를 쏘아보며 "술을 먹으려면 곱게 먹고 들어가 잠이나 잘 것이지, 괜히 주책 떨다가 우리 애기 죽일 뻔했다"며 소리를 질렀다. 그 소리를 듣고 방에서 자는 줄 알았던 고등학교 다니는 아들이 나왔다. 떨어뜨렸던 개가 놀라서 부들부들 떨고 있는 모습을 본 아들은 아버지를 매섭게 노려보며 "아빠는 술 먹고 들어와서 웬 행패야?" 하고 큰 소리로 힐난했다. 아빠 얼굴에 난 상처도 보았을 텐데 거기에 대해서는 일언반구도 없이 오직 아픈 개 타령이었다.

그는 갑자기 마음이 서늘하게 식으면서 대거리할 마음도 생기지 않아 방으로 들어갔다. 대충 씻고 상처에 연고를 바른 뒤 밴드를 붙였다. 그날부터 마음이 우울해지기 시작해 상담하러 오던 날까지 내내 그런 기분이었다. '저 개를 누가 번 돈으로 샀고, 누가 번 돈으로 사료 먹이고 접종시키는데 왜 나는 개보다 못한 대접을 받을까?' 그다음 날 아침에 일어나서도 울적하게 가라앉은 기분은 어쩔 수 없었다. 단순히 울적한 게 아니라 자신이 너무 초라하게 느껴져 슬펐다.

갑자기 시골에 계신 노모가 생각났다. 전화를 했더니 어머니는 그저 아들 걱정뿐이었다. 일흔을 훌쩍 넘겨 몸을 가누기도 쉽지 않은 분이 철철이 농사지어 수확한 것들을 꽁꽁 싸서 손자놈 잘 먹이라고 보내주신다. 힘든데 뭐하러 그런 거 챙겨 보내냐며 다음부턴 그러시지 말라고 하면 "애들 먹이라고 농약 안 치고 지은 농사이니 잘 챙겨 먹이라"고 당부만 하신다. "애비 네가 건강해야 모두들 든든하게 마음먹고 잘 산다. 그러니 네가 건강하게 잘 지내야 한다"며 늘 애틋한 목소리가 잠길 듯 말씀하시는 어머니였다.

이번에도 더운데 몸 상하지 않게 잘 지내라는 당부가 가슴 아팠다. 아들 목소리가 가라앉은 걸 눈치채고는 "어디 아프냐, 무슨 일이 있냐"고 몇 번이나 묻고, 괜찮다는 대답에 "정말이지?" 하고 거듭 확인하셨다. 전화를 끊고 가슴이 찢어지는 것 같아서 화장실에 가서 한참을 울었다고 한다. 상담을 하면서도 그는 이렇게 사는 것이 맞는지 모르겠다며 눈물을 흘렸다.

개보다 못한 서열

또다른 아버지의 이야기다. 그는 연년생 사내아이만 둘을 두었는데 큰아이가 고등학교 3학년, 작은아이가 고등학교 2학년 무렵이 되자 가족 간에 대화가 없어졌다. 사내아이들이라 재미도 없고 하루 종일 같이 있어도 웃음소리 한번 나지 않았다. 아내가 적적하다며 개를 키우자고 했다. 내키지는 않았지만 개라도 돌아다니면 덜 심심할 것 같아서 그도

동의했다. 그렇게 개를 키우기 시작한 지 3년이 지났고 이제는 개가 없으면 못 살 지경이 되었다.

가족의 생활은 개를 중심으로 돌아갔다. 휴가도, 주말 외출도 개를 데리고 가지 못하는 곳이면 안 갔고, 지방에 있는 부모님 댁을 방문할 때는 개를 돌볼 당번을 정해놓고 갔다. 특히 그는 개가 예뻐서 어쩔 줄 모를 정도로 푹 빠지게 되었다. 1년 전 퇴직하고 집에 있는 시간이 많아지면서는 더했다. 가족들은 뿔뿔이 각자의 생활을 하느라 바빴다. 군대에 간 첫째는 그렇다 치고 대학에 들어간 둘째놈은 얼굴 보기도 어려웠다. 아내는 애들 다 키워놓으면 공부를 한다고 벼르더니 결국 대학원에 진학했다. 다행히 연금도 나오고, 부모님이 도와주신 돈에 퇴직금을 보태 구입한 상가에서 나오는 월세 수입 등으로 생활은 크게 지장이 없었다. 하지만 외로움과 적적함은 어떻게 할 도리가 없었다. 공허한 마음을 채워주고 위로해주는 유일한 존재가 개 두 마리였다. 흡사 딸처럼 여겨져 사랑하는 마음이 사무치기까지 했다.
집에만 갇혀 지내는 개들을 밖에서도 목줄로 묶고 다니는 것이 안쓰러워 집 밖에 나오면 줄을 풀어주었다. 엘리베이터에서 개를 묶고 다니라고 말하는 이웃이 있으면 "줄을 묶지 않아서 뭐 피해 주는 거 있느냐"며 퉁명스럽게 대꾸하곤 했다. 아파트의 같은 라인에 아토피와 개 알레르기가 심한 아이가 있었는데, 특히 그 집 부모는 개를 묶지 않고 다니는 것에 대해 평소에도 좋지 않은 이야기를 해서 서로 신경이 날카로웠다.

어느 날 개 두 마리를 데리고 산책을 다녀오다가 엘리베이터를 타려고 기다리던 그 아이의 부모와 마주쳤다. 아내한테 그가 개를 묶지 않고 다닌다는 말을 들었는지 그를 보자 아이 아빠가 항의를 했다. 큰 소리가 오가고 싸움을 하는 와중에 개 한 마리가 슬그머니 밖으로 나갔다. 잠깐 눈 밖으로 벗어난 것이라 생각하면서도 걱정이 되었다. 싸움은 뒤로하고 밖으로 나가보니 개가 보이지 않았다. 눈앞이 캄캄해져 목이 터져라 개의 이름을 부르며 아파트 단지 주변을 뒤지고 다녔다.

결국 개를 찾지 못한 그는 참담한 심정으로 집으로 돌아왔다. 아내와 아들이 집에 들어와 개 한 마리는 어디 있냐고 묻기에 아무 생각 없이 자초지종을 말했다. 그러자 아내와 아들은 펄펄 뛰면서 어떻게 하다 개를 잃어버리고 왔냐며 죄인 취급을 했다. 처음에는 어안이 벙벙하다가 정신을 차리고 보니 아내와 아들이 개만 걱정하는 데 화가 났다.

사실 지난 1년간 개를 돌본 건 전적으로 자신이었고, 아내와 아들은 집에 들어와서 잠깐씩 예뻐해준 것밖에 없었다. 엄마처럼 개를 돌본 것은 자신이고, 따지고 보면 개들에 대한 애정과 정성은 그들보다 몇 배나 더 컸다. 개를 잃어버려서 가장 힘든 사람은 자신인데 가족들은 그런 자신의 감정 따위는 아랑곳하지 않고 개를 잃어버린 죄목에 대해서만 끊임없이 읊어댔다. 그다음 날도 가족들은 자신에게 눈길조차 주지 않았다. 개를 잃어버려 아픈 마음보다 가족들의 냉대가 더 크게 다가오기 시작했다.

그래도 잃어버린 개는 찾아야겠기에 남은 개는 집에 두고 하루 종일 집 근처를 돌아다니면서 개의 행방을 묻고 다녔다. 그러기를 사흘째, 몇 블록 떨어진 동물병원에서 실종된 개를 맡고 있는데 그의 개가 맞는지 보러 오라는 연락이 왔다. 반가운 마음에 허겁지겁 달려나갔지만 가는 길에 갑자기 그런 생각이 들었다.

'내가 개보다 못한 인간이구나. 가족들도 개를 잃어버려 마음 아픈 나는 안중에 없고 개만 걱정하니, 내가 개보다 낫다고 할 게 없구나.'

동물병원에서 맡고 있는 개는 그의 개가 맞았다. 감사하다고 사례를 하고 개를 안고 돌아오는 길에 목줄을 사서 개의 목에 묶었다. 잃어버릴 것이 걱정돼서가 아니라 안고 싶지가 않아서였다. 갑자기 오만 정이 다 떨어졌다. 전에는 딸처럼 키운다고 생각했는데 이제 보니 자신은 개를 돌보고 키우는 베이비시터, 아니 도그시터였던 것이다.

집안에서 자신의 서열이 분명하게 드러나 보였다. 입시를 위해 공부하는 아들들이 항상 상전이었다. 그다음 서열에는 아들들을 정서적으로 묶고 있는 아내, 그다음이 개들이었고, 자신은 가장 서열이 낮았다. 그것은 가정 내에서 애정의 분배를 좌지우지하는 아내의 애정서열 순위이기도 했다. 문득 개와 내가 같이 없어지면 가족들은 나를 찾을까 개를 찾을까, 개를 찾기 위해 나를 찾지 않을까 하는 생각에 미치자 개도 꼴 보기 싫고, 모든 것이 혼란스러웠다. 개에 대한 애정이 사라진 것은 물론이고, 가족에 대한 섭섭함으로 집에 들어가기조차 싫어졌다.

반려자인가 반려견인가

두 아버지 모두 개와 관련된 사건을 겪으면서 가족 내에서 자신의 위치를 깨달았다고 했다. 실은 개에게 마음을 뺏기기 전부터 자신은 가족에게서 소외되었다는 것을 감지한 것인지도 모른다. 다만 그 사실을 적나라하게 드러낼 수 없었을 뿐이다. 침묵하는 것은 불편했지만 말하면 우스워질 테니 말이다. 물론 이야기한다고 나아질 것 같지도 않았다. 무엇보다 소외된 자신이 느끼는 감정을 어떻게 말해야 할지 아버지 자신도 알지 못했다.

집이라고 들어오지만 마음 둘 곳이 없고 가족들의 냉대도 아니고 무관심도 아닌, 그저 심드렁한 태도에는 이골이 났지만 그렇다고 그것을 받아들일 수는 없었다. 가족 중에 자신에게 꼬리를 흔들며 반기는 존재는 개밖에 없었으니 사랑하지 않을 수 없었다. 사랑과 애정을 쏟으면 재롱과 애교로 돌려주니 자식처럼 여기는 것이 이상할 게 없었다. 하지만 결국 우연한 사건에 의해 가족 구성원 중 자신이 개보다도 낮은 서열이었다는 현실을 보게 된 것이다.

가족에게 쏟아야 할 애정과 관심을 개에게 쏟고, 가족은 사랑하지 않으면서 동물을 반려자로 격상시켜 사랑하는 것은 과연 온당할까? 가족 구성원 중 누군가를 이렇게 소외시키면서 개에게 온갖 정성을 쏟는 사람들은 '가족'을 무엇이라고 생각하는 것일까? 어쩌면 개를 가족으로 격상시킨 것이 아니라, 가족을 개보다 못하게 보게 된 것은 아닐까?

한국의 가정에서 개는 가족 간의 정서적인 소통과 지지가 불가능해진 현재의 상황을 가려주는 존재가 아닐까? 가족이라는 이유로 서로를 향해 온갖 과잉 요구를 앞세우면서 이를 만족시켜주지 않는다는 이유로 애정을 철회하고, 정작 자신들이 누리고 싶은 정서적인 위안이나 애정은 표현하지 못하면서 자기 마음대로 할 수 있는 고분고분한 대상에게 그 사랑을 쏟는 것은 아닐까? 그러나 개는 개일 뿐이다. 가족 내에서 이루어져야 할 정서적인 소통을 대신할 수는 없다.

"아빠는 찌질해"

깨인 아빠인 줄 아는 깨는 아빠

요즘 아버지들은 자신이 무척 개방적이라고 자평한다. 아내와 아이들과 슈퍼마켓이나 마트에 장 보러 다니고, 아이들과 놀아주기도 하고, 가끔씩 외식이나 여행도 한다. 때로 아이들에게 고민거리가 있는지 먼저 수작도 걸고, 밥상머리에서 썰렁한 농담도 던져본다. 물론 돌아오는 건 아이들의 '썩소'나 마지못한 헛웃음이 대부분이지만 말이다.

이렇게 하는 것을 아버지 자신들은 대단한 노력이라고 생각한다. 자신은 '깨인 아버지' '개방적인 아버지'라고 철석같이 믿는다. 맞다. 아버지들, 개방적이고 깨인 분들 맞다. 다만 당신의 아버지에 비해 개방적이고 깨인 분들일 뿐이다. 자신이 가장 오랫동안 겪어온 자기 아버지와 비교해보면 엄청나게 개방적일 테니 말이다. 아버지와 같이 슈퍼마켓을 가고, 장난치는 것을 감히 상상이라도 했단 말인가? 어린 시절 자신은 친구들과 어울려 놀다 늦게 들어오면 아버지한테 얻어맞고 몇 시간씩 벌을 서거나 책이 마당으로 다 던져지는 꼴을 당했다. 그런데 자신은 썰렁하지만 애들하고 농담도 하고 장난도 쳐준다. 아이들이 어쩌다 늦게 들어와도 조금밖에 화를 안 내고 가끔 용돈도 먼저 주면서 대화도 하니 얼마나 대견한 아버지인가 말이다.

아버지는 자녀들도 당연히 자신을 그렇게 생각해줄 것이라 믿어 의심치 않는다. 그런데 과연 우리 아이들은 아버지를 개방적이라고 생각할까? 2010년 여성가족부에서 실시한 전국가족실태조사에서 고민이 있을 때 누구와 상담할 것인가라는 질문에 오직 0.9퍼센트의 아이들만이 아빠와 상담하겠다고 응답했다. 0.9퍼센트의 아이들만이 아빠를 대화 상대로 생각할 때, 대한민국 아버지들의 약 60퍼센트는 아이들이 자신을 대화 상대로 생각한다고 믿는다. 아, 그 개방적이고 깨인 아버지들은 다 어디로 갔을까? 우리 아이는 안 그럴 것이라고 믿으며 아직도 환상에서 깨어나고 싶지 않은 아버지들을 위해 이야기 하나를 들려드리겠다.

친구가 강남에서 영어학원을 운영하게 되었다. 근처에 일이 있어 인사도 할 겸 학원에 잠시 들렀다. 안부를 묻는 의례적인 이야기를 마치자 친구는 하소연하듯 학원에서 겪은 황당한 경험담을 쏟아냈다. 그러면서 요즘 아이들을 어떻게 이해해야 할지 모르겠다며 답답한 심정을 토로했다. 친구는 학원 경영을 맡았을 뿐 그동안 교육과 관련된 일을 해본 경험이 없었다. 게다가 자기 아이들도 아직 나이가 어려 중학생 연령의 아이들을 가까이 대하기는 처음이라고 했다.

학원 운영을 맡게 된 후 경영상태를 파악하고, 분위기를 익히면서 새로 들어오는 학원생을 상담하기 시작했는데 아이들의 학원 수강은 예외 없이 어머니들이 결정했다. 때로 아이 없이 어머니만 학원을 방문해 상담하고 수강을 결정했다. 그렇게 신입원생 상담 업무를 시작한 지 며칠째 되던 날, 중학교 3학년 여자아이가 어머니와 함께 상담을 받으러 왔다. 20분 정도 이야기를 나눈 후 어머니는 수강을 결정하고 자리에서 일어났다. "오늘 첫날이라고 대충 하지 말고 처음부터 잘해!" 하며 어머니가 방을 나가자 아이는 "에이, 씨발년, 짜증나 죽겠네"라고 낮은 목소리로 내뱉었다. 그 말에 깜짝 놀란 친구가 "너, 방금 뭐라고 했니?"라고 묻자 아이는 "아, 몰라요. 아, 씨발" 하고 혼잣말처럼 중얼거렸다. 다시 친구가 "너, 그거 누구한테 한 말이니?" 하고 조심스럽게 묻자 아이는 되레 웃긴다는 듯 태연하게 "누구긴 누구예요, 방금 나간 그년이죠"라고 말하고는 쌩하니 방을 나가버렸다.

친구는 충격을 받아 한참 멍하니 있었다. 그러다 그 아이만 그런지 아니면 다른 아이들도 그런지 궁금해서 학원 강사들에게 물었다. 경력이 꽤 오래된 한 강사가 대답 대신 "원장님, 그러지 말고 쉬는 시간에 화장실에 한번 가보세요"라고 했다.

친구는 그때까지 아이들이 붐비는 쉬는 시간을 피해 화장실에 갔다. 하지만 그 말을 듣고는 작정하고 쉬는 시간 직전에 화장실 한 칸에 들어가 기다려보았다. 그렇게 며칠 동안 화장실에서 아이들이 하는 이야기를 들어보았다. 더 큰 충격을 받았다. 중학교 2, 3학년 여학생들이 욕을 하는데 그중 절반은 부모, 특히 엄마를 지칭한 것이었다. 엄마를 욕하는 말들은 너무나 다양해 말로 다 옮기기도 어렵지만, '미친년'이 압도적이었다. 아버지를 두고 하는 말은 충격을 넘어 마음을 아프게 했다. "아 씨발, 어제 지(아빠)한테 인사 안 했다고 뭐라고 막 지랄하는 거야. 너는 아빠가 퇴근하고 왔는데 인사도 안 하냐고. 근데 내가 지랑 친하지도 않은데 왜 인사를 해야 해? 웃기지 않냐?" 중학교 2학년 여자아이가 친구에게 하는 말이었다.

"지(아빠)랑 친하지도 않은데 왜 인사를 해야 해? 웃기지 않냐?" 요즘 청소년들에게 이 말은 그리 이상하게 들릴 것 같지 않다. 많은 아이들이 아버지에 대해 '제가 나한테 해준 게 뭔데, 나한테 이래라저래라야?'라고 생각한다. 아버지들은 "내가 왜 해준 것이 없냐?"고 항변할지 모르지만 아이들의 생활과 관련된 대부분의 일은 엄마가 결정권을 쥐고 있으니 아버지의 영향력은 거의 없다고 말할 수 있다. 아이들은 아빠가 돈을 벌어오는 것도 엄마가 시켜서 하는 일로 알기도 한다.

엄마한테 기죽어 사는 찌질한 아빠

엄마들이 아이들의 아버지로서 남편에게 요구하는 역할은 크게 두 가지 정도인 것 같다. '애들하고 좀 놀아줘라.' '돈 벌어와서 부양해라.' 그런데 아이들과 놀아주라는 말은 그야말로 놀아주라는 뜻이지 아이의 교육에 대해 직접적인 영향력을 행사하라는 뜻은 아니다. 더 정확히 말하면 '나 대신 잠시 보모 역할로 애를 봐달라'는 뜻이지 실제로 아이와 정서적인 유대를 돈독히 맺는 것은 원하지도 않는다. 그렇게 아버지와 시간을 보내면 공부할 시간이 모자라고, 아버지들이란 대체로 공부는 '스스로' '때 되면' 하는 것이라며 쓸데없는 소리만 늘어놓기 때문에 한창 공부할 나이에는 아버지와 굳이 같이 지내지 않아도 좋다고 생각하는 엄마들도 상당히 많다.

그나마 '공부를 열심히 하라'는 메시지를 효과적으로 전달해주면 좋겠지만 사실 그 역할도 주연은 엄마 차지고, 아빠는 엑스트라급 조연일 뿐이니 안 해도 그만이다. 아이들과 놀아주라는 요구도 아이들이 초등학교 저학년일 때나 하는 말일 뿐, 고학년만 되어도 학원 때문에 문제가 되니 더이상 하지 않는다.

결국 아버지에게 남겨진 역할은 경제력뿐이다. '경제력은 할아버지'라는 말도 있지만 일부 '강남 서민들' 이야기고, 대다수의 서민들은 여전히 아버지의 경제력에 의존한다. 그러니 사교육이 아이의 미래를 결정한다고 '처절'하게 믿는 엄마들에게 아버지의 경제력은 아이의 성공을 가르는 결정적 요인일 수밖에 없다. 보내고 싶은 학원과 과외는 많은데 남편의 수입은 늘 부족하다. 결국 부부싸움의 주된 원인은 사교육비로 인한 갈등이고, 결과는 학원비를 감당하지 못하는 가장의 KO패로 끝날 때가 많다.

이런 상황에 대해 아이들은 가감 없이 표현한다. '아빠는 찌질이'라고 말이다. 상담을 받으러 온 고등학교 1학년 남자아이는 이렇게 말했다.

"엄마한테 아빠가 당하는 거 찌질해 보이죠. 솔직히 쪽팔려요. 그냥 우리 아빠 아니었으면 좋겠어요. 말 걸면 짜증나요. 열 받으면 나한테 막 화내고 더 열 받으면 때리고. 씨발, 내가 뭐 지 화 받아주는 대상인 줄 아나. 그것도 꼭 맨정신에는 못 하고 술 취하면 그래요."

아이는 어릴 때부터 그런 부모님을 보고 자랐다고 했다. 상담하러 온 것은 물론 성적 때문이었다. 아들이 집에서 거의 입을 닫고 사는 것도 속 터질 일이지만, 엄마를 무엇보다 미치게 하는 건 고등학교에 들어가면서 아들의 성적이 수직 하강했다는 사실이었다.

하지만 아이의 말을 들어보니 성적이 문제가 아니었다. 아이의 가장 큰 불만은 '드센 엄마한테 기죽어 사는 찌질한 아빠 때문에 쪽팔린다'는 것이었다. 아이가 내뱉는 말이 적나라했다.

"공부 열나게 하면 뭐해요. 울 아빠도 지 옛날에 공부 잘했다고 엄청 자랑하는데, 그래봤자 결혼하면 여자한테 만날 당하고 살 건데, 아빠처럼 공부 잘해서 회사 들어가서 저렇게 살 바에야 차라리 고등학교 졸업하고 그냥 장사 같은 거 할래요."

아버지가 그렇게 '쪽팔리는 것'이 아이의 마음에 어떤 영향을 주었는지 궁금했다.

"엄마가 만날 아빠 잡거든요. 몰라, 내 생각에는 일주일에 적어도 한두 번은 돈 이야기 하는 것 같아요. 진짜 존나 빡쳐요. 근데 빙신처럼 당하기만 해요. 뭐, 첨에는 아빠도 자기주장하고 그러지만 결국 엄마한테 안 돼요. 그때 내 학원비 가지고 이야기하면 씨발, 정말 열 받거든요. 결국 나 때문에 싸우는구나. 근데 아빠는 그 이야기만 나오면 젤 기죽어요. 엄마는 만날 돈 적다고, 돈 더 벌어오면 뭐도 더 하고, 영어 연수도 보낼 수 있다는데…… 그러면 아빠는 완전 깨갱 해가지고 방으로 들어가요."

아이들이 아버지를 '인사하지 않아도 될 만큼 친하지 않은 존재'라고 생각하게 된 데는 서로 간의 정서적 유대가 희박해진 것도 중요한 요인임이 분명하다. 하지만 그 이전에 아버지는 '정서적 유대를 맺고 싶지 않은 존재' '친하게 지내기에는 너무 찌질한 존재'라는 인식이 아이들의 마음속에서 아버지를 몰아내고 있는 것은 아닐까? 누가 이렇게 아버지들을 '찌질이'로 전락시킨 것일까? 아이들이 파악한 바로는 '미친 교육열'이다. 미친 교육이 아이들을 잡는 것으로도 부족해 아버지를 아버지의 자리에서 내몰았다. 아이 사교육비도 제대로 대지 못한다며 아빠를 비난하는 엄마와 그 말을 들으면 금방 찌질이로 변하는 아버지를 보며 아이들은 가장 중요한 존재 하나를 잃어가고 있다.

이렇게 아버지는 무엇하러 있는지 모르겠다는 아이들이 점점 늘어나고 있다. 1년 전쯤, 이른바 일류대학에 다니는 대학생이 상담을 받으러 왔다. 아버지는 대기업 임원으로 사회적으로 성공한 사람이라고 할 만한 가장이었다. 하지만 아이가 스무 살이 되도록 아버지와 나눈 대화는 엄마와 하루 동안 나눈 대화만큼도 되지 않았다. 그런데 아버지가 이제 나이가 들고 자신이 대학생이 되니 점점 자신에게 관심을 기울이고 말을 걸어 불편하다며 집을 나가 살아야겠단다. 아버지가 말을 거는데 "토가 나올 것 같아" 견딜 수가 없다고 했다.

그 학생과 몇 번 상담을 진행한 후 부모가 상담실을 찾았다. 아버지는 당당하게 말했다. "나는 애들한테 참 개방적이고, 대화도 많이 하려고 노력하는 사람인데요. 우리 아이가 왜 저렇게 힘들어하는지 모르겠네요." 아이의 생각과 감정에 대해 어떻게 이 정도까지 무지할 수 있는지 놀랍기만 했다.

대한민국 아버지들은 감정을 느끼는 회로가 차단된 것일까? 그렇지는 않은 것 같다. 아버지들이 퇴근 후 술집에서 하는 행동을 보면 말이다. 밤 9시나 10시쯤이면 어느 술집에서든 대한민국 아버지들의 전혀 다른 모습을 만날 수 있다. "부장님, 제가 부장님 사랑하는 거 아시죠?" 술기운이 제법 오른 아버지들은 아내에게도 아이들에게도 결코 하지 않는 말을 직장 상사나 거래처 담당자에게 서슴지 않고 해댄다. "사랑하는 우리 사장님, 제 술 한잔 받으십시오." 사장을 진심으로 사랑하지 않는다는 건 사장도, 말하는 본인도, 그 자리에 있는 다른 사람들도 모두 안다. 아버지는 '사랑하는' 가족을 먹여 살리기 위해 사랑하지도 않는 사람에게 '사랑'이라는 말을 쓴다. 그러나 자신이 진정으로 사랑하는 가족들은 아버지의 사랑을 확인할 기회가 없다.

지금의 아버지들에게 아버지는 무섭고 엄해서 가까이하기조차 어려운 사람으로 기억될 법하다. 그러면서도 아버지가 친구들과 술을 마시며 놀거나 동네 사람들과 어울릴 때면 수다스럽게 떠들고, 흥이 나면 춤도 추고 노래도 하는 모습을 보았을 것이다. 그럴 때 아버지는 자식들을 대하는 것과는 너무 달랐다. 아버지가 내게 조금만 더 친절하게 대해준다면, 아버지가 조금만 더 따뜻하게 말을 걸어준다면, 아버지가 나를 데리고 여기저기 다니며 맛있는 것도 사주고 신기한 것도 자주 구경시켜준다면, 아버지가 내 생활에 조금만 더 관심을 가지고 살펴봐준다면 얼마나 좋을까? 지금의 아버지들이 어린 시절에 가졌던 바람을 지금 아이들도 똑같이 갖고 있다.

인간은 이래야 한다 저래야 한다, 뻔한 잔소리는 좀 그만하고, 아버지가 살아온 삶이 얼마나 힘들고 어려웠는지 징징대는 소리도 좀 그만하고, 이 세상이 얼마나 험한 곳인지 겁주는 소리도 하지 말고, 술 취하거나 화나면 윽박지르는 소리도 좀 그만하면 얼마나 좋을까? 어린 시절 아버지 앞에 앉아 저린 다리를 꼬집으며 잔소리는 귓등으로 흘리고 머릿속으로는 온갖 공상을 하면서 가졌던 이런 바람을 지금 아이들도 갖고 있단 말이다.

집을 나가야겠다던 대학생도 어린 시절부터 아버지에게 들은 것은 모두 지겹기 짝이 없는 이야기들이었다고 기억했다. 세계정세가 어떻고 물가동향이 어떻고 경제구조가 어떻게 바뀔지, 아버지가 잘 아는 이야기만 했다고 한다. "결국 자기가 얼마나 많이 알고, 얼마나 대단한지 뻐기려는 거잖아요. 전 잘 알지도 못하는 용어를 쓰면서 무슨 강의하듯 하는데, 그게 무슨 뜻이냐고 물으면 친절하게 설명하지도 않아요. 잘못 알아들으면 답답하다면서 화만 내고." 일에 바빠 일주일 내내 얼굴 한번 제대로 본 적도 없는데 어쩌다 시간이 나면 이렇게 자기 자랑만 늘어놓거나, '정신상태가 글러먹지 않았는지' 시험하는 질문이나 던지는 아버지가 점점 싫어졌고 이젠 곁에만 와도 '토가 나올 것 같은' 지경이라는 것이다.

결국 돈만 버는 아버지로 키워지는 아이들

이렇게 대한민국 아버지들은 회사에서는 상사에게 치이고 집에서는 아내에게 치인다. 현관문을 나서면 부당함과 모욕을 참아내야 하는 생존경쟁의 시장으로 뛰어들어야 하고, 현관문을 들어서면 돈만 벌어오는 기계라는 모욕도 모자라 왕따를 당한다. 아이를 앞세워 권력을 휘두르는 아내들은 아이에게 감정 표현을 해라, 아이와 놀아줘라, 아이 공부를 봐줘라, 가족에게 관심을 가져라, 그리고 더 많은 돈을 벌어와라 하며 남편들을 몰아세운다.

어떤 일이든 가족을 버리면 버릴수록 돈을 벌 수 있는 한국 사회구조에서 아버지들은 우왕좌왕한다. 돈과 성공을 위해 가족을 뒷전으로 밀어내기도 했다가, 또 가족이 너무 멀어졌다 싶으면 말 걸기와 외식으로 가족을 붙잡으려 하기도 한다. 하지만 결국 그 어느 것 하나도 제대로 이루지 못해서 어정쩡한 아버지들은 마음의 허기와 고통을 술로 마비시키며 하루하루를 연명한다.

가족을 버린다고 해서 꼭 돈을 많이 버는 것은 아니라는 것을 알고 있는 어떤 아버지들은 처음부터 가족을 선택하기도 한다. 그러나 대다수 아내는 남편이 아이들과 잘 놀아주지만 학원비를 풍족하게 대주지 못하는 '무능한' 아버지로 남는 것을 절대 허용하지 않는다. 어차피 한국 사회에서 돈 많이 버는 아버지와 가족과 시간을 보내는 아버지 둘 중에서 어느 하나도 허투루 하는 것을 원하지 않는 아내를 만족시키기란 불가능하다. 이렇게 하든 저렇게 하든 아버지는 찌질한 아버지가 되고 가족을 위해 희생하는 삶을 살면 살수록 가족은 아버지를 떠나고 조롱하고 버린다.

아버지들이 이런 삶을 지속하고 있는 이유는 무엇일까? 남편에게는 아이와 놀아주지 않는다고 불평하면서도 막상 주말이면 아이를 이 학원 저 학원으로 끌고 다니면서 아버지와 같이 보낼 시간이 없게 만드는 아내들에게 아버지들은 왜 무기력한 것일까? 아이의 얼굴에서 핏기가 사라지고 짜증이 늘어나고 무기력해지는 것을 보면서도 학원을 그만두지 못하게 하는 아내들로부터 왜 아이를 지켜내지 못하고 모른 척하는 것일까? 아니, 오히려 왜 아이에게 더 열심히 살지 않는다고 화풀이를 하는 것일까? 아이들은 놀면서 자라야 한다고 주장하던 아버지들도 왜 아이가 중학교에만 들어가면 아이와 얼굴 맞댈 시간도 없이 일하면서 아이의 사교육비를 벌어대는 희생자로서의 삶에 박차를 가하게 되는 것일까?

상담에 온 아버지들은 이 질문에 두 가지로 답한다. 하나는 돈을 많이 벌어다주고 가족이 돈에 쪼들리지 않도록 해주는 것이 바로 가장 중요한 아버지 노릇이라는 것이다. 또 하나는 아내가 심하다는 생각은 하지만 점점 가혹해지는 경쟁사회에서 살아남기 위해서는 자신도 아내가 하는 일에 동의할 수밖에 없다고 생각한다는 것이다. 결국 아이의 사회적 성공을 위해서 돈을 많이 버는 것이 바로 아버지 노릇이라는 말이다.

그런데 아버지들이 아버지로서의 자신이 점점 소멸되는 것도 불사하면서까지 자식을 위해 희생하는 대가로 아이들은 어떤 가정과 가치와 세상을 물려받게 되는 것일까? 아이들은 돈 버는 사람이라는 것 말고는 아버지가 왜 필요한지 모르게 될 것이다. 그리고 자신도 돈만 벌어대면 아버지 노릇을 잘하고 있다고 착각하는 아버지가 될 것이며, 아이의 사회적 성공을 위해 남편을 돈 버는 기계로 만드는 아내가 될 것이다.

아이들은 자신이 진정으로 원하는 삶이 무엇인지는 아예 생각조차 하지 않고 남들보다 더 높은 사회적 경제적 지위를 차지하는 길이 성공하는 길이라는 가치를 갖게 될 것이다. 그래서 가난한 자는 무능력하고 게으른 자들이라 멸시하고 짓밟는 기업가가 될지도 모른다. 혹은 공부를 못하는 아이들은 문제아라 생각하는 교사가 될지도 모른다. 아이들은 경쟁에서 살아남으려 애를 쓰다가 결국 99퍼센트가 1퍼센트를 위해 희생하는 세상을 공고히 하는 데 기여하게 될 것이다. 그렇게 아이들은 자신의 아버지처럼 성공을 위해 자신을 소멸시키는 삶을 살게 될 것이다.

상사에게 마음에도 없는 '사랑'을 팔고 아내에게 무능하다는 모욕을 당하고 자식들에게 찌질하다며 조롱받으면서도, 그것이 다 자식의 성공을 위해 아버지로서 어쩔 수 없이 감내해야 하는 것이라고 믿는 아버지들은 스스로에게 질문을 던져볼 때가 된 것 같다. 나는 누구를 위해, 무엇을 위해 이러고 있는가, 아버지 노릇이란 어떤 것인가, 아버지는 어떤 어른이어야 하는가?

마음을
희생하지 않는
부모들

대한민국 가정은 이처럼 처참하게 망가지고 있다. 돈은 벌어오지만 뭐하러 있는 지조차 모를 정도로 권위도 영향력도 없는 아버지는 찌질하기만 하고, 가족을 위해 자신의 삶을 희생했노라며 억울함으로 가득 찬 엄마는 자식을 포식하면서 자신의 공허함을 채운다. 성적과 대학 말고는 아이들에게 할 말도 없고, 돈 벌어 학원비 대주며 숙제와 시험공부 신경 쓰는 것 말고는 부모 노릇을 할 줄 모르는 대한민국 부모들은 과연 부모를 어떤 존재로 생각하는 것일까?

어머니의 희생이 지닌 속물근성

현대인이 마주하는 일상의 다양한 문제와 감정의 실체들을 유려하고 세련된 문체로 분석해내는 소설가 알랭 드 보통이 2009년 옥스퍼드 대학에서 가진 TED*

TED(Technology, Entertainment and Design)는 미국의 비영리 재단으로 기술, 오락, 디자인에 관련된 강연회를 미국, 유럽, 아시아 등지에서 정기적으로 개최하고 있다.

강연은 전 세계적으로 커다란 화제를 모았다. 공식적인 강연 주제는 '직업의 위기'였지만 보통이 말하려는 이야기의 핵심은 '현대인의 불안'이라고 할 수 있다.

그는 청중에게 왜 오늘날 그토록 많은 사람들이 자신을 실패자로 여기며 괴로워하는지 그 이유를 물었다. 보통이 첫번째 이유로 꼽은 것은 우리 주변에 '속물'들이 너무나 많다는 것이다. 속물 하면 일반적으로 사회적 지위나 재산에 집착하는 사람을 말한다. 보통이 생각하는 속물은 타인의 사소한 일부분을 가지고 그 사람 전체를 판단해버리는 사람들이다. 그러면서 그는 자못 진지하게 속물에 반대되는 말이 바로 '당신의 어머니'라며 어머니는 성공 여부에 따라 자식을 판단하지 않는다고 말했다. 순간 청중 사이에서 폭소가 터져나왔다. 보통은 특별히 '누구의 어머니'를 지칭한 것이 아니고 그저 '이상적인' 어머니를 말한 것뿐이라고 재치 있게 덧붙이며 의미심장한 미소를 지어 보였다.

보통이 속물의 반대말이 '어머니'라고 말했을 때 청중 사이에서 터져나온 폭소의 의미는 무엇일까? 사소한 행동 하나에 트집을 잡고 작은 실수도 그냥 지나치지 않으며, 때로 다른 누구보다 자신을 혹독하게 평가하고 깎아내리는 사람이 다름 아닌 '엄마'라는 사실을 모두 잘 알기 때문이었을 터다. 보통이 청중을 향해 던진 미소 또한 당신 주변에 있는 속물은 바로 '엄마'라는 것을 잘 알지 않느냐고 넌지시 동의를 구하는 제스처가 아니었을까?

사람에겐 모두 조금씩 속물근성이 있기 마련이고, 나의 어머니에게도, 당신들의 어머니에게도 속물근성은 있을 수 있다. 하지만 문제는 다른 곳에 있다. 보통이 강연에서 속물근성이 오늘날 전 세계적인 하나의 현상이라며 물질적인 것에 너무 큰 가치를 두는 세태를 경계한 것처럼, 아이의 가치와 미래를 사회적 성공이나 물질적 가치와 동일시하는 부모들의 마음이 문제인 것이다.

부모의 욕망이 자신의 욕망인 아이들

세계적인 명문 옥스퍼드 대학에서 하필이면 속물을 소재로 이야기를 풀어나간 보통의 속내 또한 흥미롭다. 사회적 성공을 보장받은 그들에게 과연 이보다 더 좋은 소재가 있을까? 속물과 어머니를 비교한 대목에서 청중 속에서 때마침 터져나온 폭소 역시 예측 가능한 반응은 아니었을까? 자식의 사회적 성공에 목매는 엄마들이 그들 뒤에 과연 없었겠는가. 옥스퍼드 대학생들은 즉각 냉소적인 폭소로 반응했지만, 같은 이야기를 한국의 대학생들에게 들려준다면 어떤 반응이 나올까? 아마 폭소가 바로 터져나오지는 않을 것 같다. 그보다는 더 복잡 미묘한 반응이었을 것이다.

옥스퍼드 대학생들은 엄마가 자신에 대해 어떤 기대와 욕망을 가져도 그것은 엄마의 기대와 욕망일 뿐이라고 신경 쓰지 않을 수 있지만, 한국의 대학생들은 자신을 위해 희생하고 뒷바라지하는 부모에게 보답해야 한다는 생각에 마음껏 웃을 수만은 없었을 것이다. 부모의 희생이 단순히 희생이 아니라는 사실을 알고 있기 때문이다.

물론 자식은 모두 부모에게 미안함을 느끼고, 길러준 은혜에 보답하고 싶고, 빚지고 있다는 느낌을 품기 마련이다. 그건 어찌 보면 자연스러운 감정에 속한다. 하지만 한국의 아이들이 자신의 부모에게 느끼는 감정은 그렇게 단순하고 자연스러운 것이 아니라 어떤 부채감에 가깝다. 피를 나눈 부모와 자식 관계가 채무자와 채권자의 관계로 변질되었다고 해야 할까. 채무자가 채권자에게 투자 원금을 갚고 거기에 이자까지 상환해야 할 의무가 있는 것처럼, 부모의 기대를 이루어줘야 하고 부모의 욕망을 자신의 욕망으로 받아들여야만 하는 의무감으로 살아간다는 점에서 말이다. 물론 어떤 부모와 자식 관계든 이런 관계에서 완전히 자유로울 수는 없다. 하지만 부모에 대한 부채감과 채무를 갚지 못하는 데 대한 불안에 잠식될 정도로 극한으로 치닫게 된 상황은 문제가 아닐 수 없다.

부모에게서 물려받은 마음의 가난

보통은 강연에서 속물들은 대부분 손해를 보지 않기 위해 타인에게 투자하는 시간과 사랑을 철저히 계산한다고 지적한다. 언제부터인가 부모들은 조금이라도 손해를 보려 하지 않는다. 자식 뒷바라지의 어려움과 고생을 말 그대로 자식을 통해 보상받으려 한다. 내가 너를 위해 이렇게 희생했으니 네가 무엇을 돌려줘야 할지 당당하게 요구한다. 옛날 부모들도 자식들에게 지독스럽게 집착했고 자식의 성공을 위해 희생했다. 그러나 배운 것도 사회적 경험도 없어 자식을 어렵게 여겼고, 자기보다 더 잘 배우고 더 좋은 집에 살고 더 좋은 것을 누리는 자식에게 아득바득 나서서 자기 몫을 요구하지 않았다.

그러나 대처에 나와 배울 만큼 배우고 자기 안의 욕망을 직시해온 요즘 부모들은 바보같이 자식에게 눌려 살지 않으며, 그 무엇도 포기하지 않는다. 끝까지 자식을 놓지 않고 자신들이 부모에게서 받지 못한 것, 누리지 못한 것, 이루지 못한 것을 충족시켜줄 수 있는 대리자로 장성한 자식들의 시간과 에너지를 요구한다. 자신의 희생과 뒷바라지로 자신은 결코 누려보지 못한 안락한 삶을 자식에게 누리게 해주었노라며 그 대가를 요구한다.

자식을 통해 자신의 결핍을 채우려는 부모를 바라보는 자식의 마음은 과연 어떠할까? 그들은 부모 덕분에 누리게 된 안락한 삶에 만족하기보다 더 많은 결핍을 느낀다. 충족될 수 없는 부모 마음 깊은 곳의 허기를 느끼고, 자신들이 그 허기를 채워줄 수 없음에 좌절한다. 어쩌면 자신의 삶 또한 그리 다르지 않으리라는 불안을 애써 잠재우며 부모를 실망시키지 않으려는 소망과 자신을 지키려는 욕망 사이에서 힘겹게 갈등한다. 물질적으로는 더 많은 것을 누렸을지 모르지만 결국 그들은 부모에게서 결핍과 불안을 대물림받는다. 허기라는 절대적인 가난에서는 벗어났지만 우리 아이들은 누구도 결코 채워줄 수 없는 마음의 가난을 앓고 있다.

소설가 박완서는 부모의 사랑은 아이들이 더우면 걷어차고, 필요할 땐 언제든 끌어당겨 덮을 수 있는 이불과 같아야 한다고 말했다. 그런데 갑갑하면 옆으로 밀쳐내고 원하면 끌어당기는, 그런 자리로 만족할 부모가 요즘 과연 있을까? 그저 져주고 눈감아주는 것이 아니라 언제 물러나고 언제 다가갈지를 일방적으로 정하지 않고 아이의 마음에 맞출 수 있는 부모가 되어야 하지 않을까?

헌신적이고 희생적인 옛날 부모를 다시 살려내자는 말이 아니다. 희생과 부채감, 상실과 결핍으로 얼룩진 부모와 자식 관계를 언제까지 계속할 셈이냐는 말이다. 부모와 자식 관계를 떠나 모든 인간 사이의 관계는 결국 마음을 나누는 것이다. 그것이 돈을 주고받는 거래와 다른 이유는 때로 먼저 마음을 더 내어주고, 때로 자신의 마음을 접기도 하는 어떤 배려가 존재하기 때문이다. 이는 인간에게 결코 없어서는 안 될 소중한 가치이기도 하다. '또다른' 의미의 희생이라고 불러도 좋다. 마음의 희생 말이다.

부모가 자신의 마음을 희생한다는 것은 아이의 마음을 온전히 받아들이는 일이다. 아이에겐 아이만의 삶이 있음을, 아이의 욕망이 있음을 온전히 받아들이는 일이다. 마음은 결코 희생하지 않고 돈으로 희생했다고 당당히 말하는 부모에게 아이들은 과연 무엇으로 보답할 수 있을까? 돈으로 키운 아이들이 부모에게서 받지 못한 마음을 돌려줄 수 있을까?

마음을 희생할 줄 아는 부모가 되기 위해서는 부모 이전에 제대로 된 어른이어야 한다. 어른이 되지 못하고서 어떻게 아이의 마음을 온전히 수용하고 이해할 수 있겠는가. 그렇다면 대한민국 부모들은 과연 어른다운 어른이라고 말할 수 있을까?

3부 어른이 되지 못한 우리,
사랑할 수 있을까

: 대한민국 부부들의 이야기

그 여자의 복수혈전

두 얼굴의 엄마

대한민국 엄마들을 보면 누군가에게 복수를 하고 있는지도 모른다는 생각이 들 때가 종종 있다. 복수를 꿈꾸는 사람은 일단 희생의 경험, 억울함으로 가득한 기억을 가지고 있다고 보아도 좋을 것이다. 그만큼 삶은 서럽고 두려웠을 것이다. 대한민국 엄마들의 삶이 '복수혈전' 같다는 생각을 하게 된 것은, 상담 중 아이에 대해 말할 때와 자신의 삶을 말할 때 전혀 다른 얼굴을 보여주는 엄마들이 너무나 많기 때문이다.

그들은 두 얼굴을 가지고 있다. 먼저, 야무지게 다문 입술과 부릅뜬 눈으로 아이와 남편을 통제하며 조금도 양보하지 않겠다는 성취 욕구와 의지로 충만한 얼굴이 있다. 그러나 한편으로는 공허하게 허공을 바라보며 넋 나간 표정을 짓거나 자기 삶의 좌절과 고통을 눈물로 호소하는 얼굴도 있다. 딸이라는 이유로 희생과 좌절을 감내해야 했던 여성의 삶과 아이를 틀어쥐고 아이의 삶을 삼키는 포식자로서의 엄마라는 삶. 이 두 가지가 중첩돼 기괴한 모습을 한 사람이 한국 사회의 엄마라는 이들이다.

그녀의 얼굴 하나, 매니저

강남에서 유능한 사교육 강사로 일하는 후배가 들려준 이야기다. 가정으로 방문해 수업을 하는 후배는 아이들의 집에 가면 수업이 끝나고 붙잡는 엄마들 때문에 종종 애를 먹는다고 한다. 수업이 끝나기를 기다려 안주와 술을 준비해놓기도 하고, 밖에서 만날 약속을 잡자고 하기도 한다. 말은 선생님을 대접하고 싶다는 것인데 사실은 이야기할 사람이 필요하기 때문이다. 처음에는 남편 이야기, 시부모 이야기, 아이 이야기 등을 하다가 더 친밀해지면 심지어는 남편과의 성생활에 대한 불만, 직장에서 당하는 부당함, 친정엄마에 대한 섭섭함 등 온갖 이야기를 다 한다고 했다. 후배는 엄마들이 외로워서 말벗이 필요한 것 같다고 했다.

낮에는 마치 연예기획사 매니저처럼 아이의 스케줄을 조율하고 열심히 하라고 아이를 채근하면서 아이의 무대와 사생활을 총괄하는 추진력과 당당함을 보이지만, 시시때때로 우울하고 쓸쓸해지는 마음을 감당하지 못해 하소연할 상대를 찾아 기웃거리는 것이다.

은솔 엄마 김지순씨도 두 얼굴을 가졌다. 그녀의 일과는 은솔이의 일정에 따라 움직이고 다른 일들은 그 막간을 이용한다. 틈내서 둘째아이도 챙기고 시장도 보고 미장원도 가고 아이들 치과도 데려가고 정신없이 바쁘다. 동선을 잘 고려하지 않으면 하루에 일을 다 볼 수 없기 때문에 아침마다 동선을 짜고 시간을 배분하는 것이 일이다. 시장도 아무 곳이나 가는 것이 아니라 은솔이가 학원에 간 사이 근처에 가서 필요한 것만 대충 사고 다시 아이를 데리러 간다.

그뿐이 아니다. 엄마도 공부를 해야 한다. 요새는 무조건 윽박지르고 명령한다고 될 일이 아니다. 그래서 은솔 엄마는 요즘 부모교육도 받으러 다니고 여기저기 강연도 들으러 다닌다. 몇 가지 교육을 받아봤지만 그래도 지금까지 잘 써먹는 것은 '아이메시지I-message'라는 대화법이다. 아이에게 화가 나도 꾹 참으려 애썼던 엄마는 화를 참지 말고 표현하라는 교육을 듣고 살 것 같았다. 그래서 자주 써먹게 되었다. "네가 이렇게 엄마 말을 안 들으니 엄마가 속이 상해" "네가 이렇게 공부를 안 하니 엄마는 화가 나" "네가 이렇게 잠만 자니 엄마는 속이 상하고 슬퍼"…… 처음에는 좀 어색했는데 자꾸 쓰다보니 자연스러워졌다. 만날 꽥 소리를 지르던 엄마가 이렇게 말을 하니 은솔이도 좀 고분고분해지고, 미안하다고 사과도 하고 효과가 만점이다.

그런데 자꾸 쓰다보니 아이가 짜증을 낸다. 한번은 왜 엄마는 내가 조금이라도 엄마가 시키는 대로 안 하면 슬프다, 속상하다 그러냐면서 너무 싫다고 화를 냈다. 순간 당황했지만 교육에서 배운 대로 "아, 엄마가 그런 말을 하니까 네가 속이 상한 모양이구나"라고 공감기법을 응용해 대꾸했다. 하지만 아이는 "그래!"라며 소리를 지르고 방으로 들어가 버렸다. 교육을 받는 것은 좋은데 이렇게 조금만 상황이 달라져도 혼자 응용할 수 없으니 그게 정말 답답하다.

게다가 감정코칭만 하고 있을 수는 없다. 입시제도에 대해서도 알아야 한다. 학원에서 전문적으로 브리핑을 해주지만 알고 듣는 것과 전혀 모르고 듣는 것은 다르다. 입시설명회는 빠지지 않고 찾아다닌다. 그것도 미리미리 정보를 입수하고 일찍 가서 줄을 서야 자리를 얻는다. 여기에 엄마들 모임이 또 있다. 무엇보다 중요한 것이 엄마들 모임이고 정보 입수를 위해서는 이 모임에 빠져서는 안 된다. 자칫 잘못하면 중요한 정보는 다 놓치고 쓸데없는 잔챙이만 건지게 되기 때문이다. 특히 좋은 사교육 선생에 대한 정보는 대충 기웃거려서는 절대 얻을 수 없다.

최근에는 공부 이외의 것에 대해서도 신경을 써야 한다. 매사 의욕이 없다고 하던 은솔이 친구가 어디서 상담을 받았는데 그 뒤로 공부를 열심히 한다는 것이다. 당장 그 집에 전화해서 자세한 내용을 물어봤다. 말을 들어보니 귀가 솔깃하다. 가격이 좀 세기는 하지만 그 엄마 말이 상담을 받고 오더니 아이가 좀 달라진 것 같다고 한다. 인터넷에 들어가 프로그램을 담당하는 박사의 약력을 보니 자신이 나온 대학 심리학과 출신이다. 교육학과를 나온 은솔 엄마는 나도 공부를 계속해서 이런 거나 했으면 떼돈을 벌었겠다, 하고 생각하면서 다시 좀 우울한 기분이 든다. 아이 대학 보내고 나면 대학원에 가서 상담이나 공부해볼까 하는 생각이 요새 부쩍 든다. 이런저런 교육을 들으면서 이상하게 마음이 더 싱숭생숭해지고 우울해지는 것 같고 마음속의 무언가를 건드리는 것 같기도 하다. 하지만 그건 나중, 아주 나중의 일이다.

이제 밤이다. 은솔이는 마지막 인터넷 강의를 듣고 있다. 듣기 싫다고 신경질을 내더니 오늘은 어쩐지 엄마의 아이메시지 "네가 그러면 엄마는 속상해" 버전에 금방 "알았어요" 한다. 지쳐서 목소리를 좀 작게 냈더니 그게 통했나? 평소에는 너무 강하게 말했나보다 생각하면서 곯아떨어진 둘째를 봐주고 나오니 은솔이가 공부를 다했다며 거실로 나온다. 그러고는 엄마 옆에서 텔레비전 예능 프로그램을 보려고 한다. 엄마는 내일 못 일어난다며 억지로 아이를 방으로 들여보내려 한다. '속상해' 버전을 다시 사용했는데 이번에는 잘 먹히지 않는다. 은솔이는 입이 잔뜩 나와서 눈물을 글썽이며 "엄마는 만날 엄마 마음대로만 해" 하며 소리를 지른다. 모른 척하면서 얼른 양치하고 세수하라고 하니 싫다고 꽥 소리를 지르고는 방으로 들어간다. 방문이 쾅 닫힌 뒤 안에서 뭘 집어던지는 소리가 난다.

갑자기 욱하고 화가 올라온다. 하루 종일 내가 누구 때문에 이렇게 동분서주하고 돌아다녔는데 제가 어떻게 나한테 이럴 수가 있나 싶다. 아이의 방문을 노크도 없이 확 열고 소리를 지른다.

"너, 어디서 배워먹은 버릇이야? 엄마가 그렇게 만만해? 엉? 뭔데? 뭐가 문젠데? 이게 아주 보자 보자 하니까 엄마를 지 종으로 알고 있어.

엄마가 오늘 하루 종일 뭐 했는지 너 말해봐? 엄마가 오늘 하루 종일 한 일 중에서 엄마를 위해서 한 일이 한 가지라도 있으면 내가 말을 안 해. 다 너희들 일이야. 근데 엄마 수고하셨어요, 말은 못 할망정 어디다 대고 문을 쾅 닫고 물건을 던져? 내가 만날 엄마 속상하다 어쩌다 하면서 좋게 좋게 말하니까 배알도 없는 줄 알아? 응? 엄마는 속도 없는 줄 알아? 너 한 번만 더 이딴 식으로 해봐! 예쁘게 말하고 부탁하고 이런 거 없어. 그냥 무조건 하라고 하면 해. 안 할 거면 대학이고 뭐고 다 때려치워. 아빠한테 다 이를 거니까."

은솔이는 울면서도 화가 난 얼굴이었지만 서슬이 퍼런 엄마 앞에서 차마 대들지 못하고 양치를 하러 갔다.

거의 일주일간을 참은 화가 쏟아져나온 것 같았다. 아무리 힘들어도 참고 아이메시지를 시도하며 아이에게 공감해주려고 했다. 그런데 오늘은 도저히 그게 잘 되지 않는다. 교육에서는 잠시 자리를 뜨고 심호흡을 하고 천천히 숫자를 세라고 했지. 지금에야 생각이 나는데, 다 귀찮고 미리 알았어도 그리했을 것 같지 않다. 한바탕 소리를 지르고 나니 속이 좀 후련하다. 다른 건 몰라도 이렇게 아이들을 위해서 살고 있는데 그런 자신을 무시하고 함부로 대하는 것은 참을 수가 없다.

그녀의 얼굴 둘, 희생자

전쟁 같던 하루가 이렇게 끝이 난다. 남편은 아직 돌아오지 않았다. 이때부터 희생자 김지순의 시간이 시작된다. 엄마는 와인을 꺼내들고 식탁에 앉는다. 늦는다며 먼저 자라는 문자를 보낸 걸 보니 남편은 오늘밤 작정하고 마실 모양이다. 집 안의 불을 다 끄고 식탁 불만 켜놓은 채 와인을 마시며 하루 일과를 생각한다. 아까 은솔이한테 퍼부었던 말들이 하나하나 또렷이 떠오른다. 그래, 하루 종일 나를 위해서 한 일이 없네. 부모교육 따위도 나를 위해 받은 것이 아니다. 아이들하고 자꾸 부딪히니까 들은 것뿐이다.

자신의 어린 시절이 불현듯 떠오른다. 부모로서 어떤 도움도 주지 못하던 친정 부모를 보며 나중에 결혼하면 절대 아이를 낳지 않으리라 결심했었다. 부모가 뭔가. 아이를 지원해주고, 이끌어주고, 안내해주고, 아이가 하고 싶어하는 이야기를 들어주고 공감해주고 그러는 게 부모인데 자신의 부모는 그러지 못했다. 막일을 하던 아버지는 그나마 자주 아팠고, 엄마는 공장에 나갔다. 두 분 다 죽어라 일을 했지만 늘 간신히 먹고사는 정도였다. 부모님이 학교 준비물 한번 신경 써준 적이 없었다. 당신들의 미래는 그저 장남인 오빠만 믿는다고 했다. 어린 나이에도 부모지만 어쩌면 저렇게 무능력할 수 있을까 하는 생각에 치가 떨렸다. 부모 노릇을 하기에 그들은 너무 무지하고 가난했다.

하지만 오빠는 고등학교도 졸업하지 못하고 집을 나갔다. 우리 장남, 우리 장남 하면서 기대려고 하는 부모가 징그러웠을 것이다. 어릴 때는 오빠를 원망했지만 커서는 잘했다는 생각이 들 정도였다. 오빠는 일찌감치 외국으로 이민을 가서 그 뒤로 한 번도 한국에 들어오지 않았다. 오빠 다음이 지순씨였다. 장녀로 두 동생을 돌보면서 부모가 벌어오는 돈으로 살림을 꾸렸다. 공부를 잘하는 자신을 예뻐해주던 고등학교 담임 선생님이 대학 입학금을 마련해주었고 교사가 되려고 교육학과에 진학했다.

대학생활은 고통과 눈물의 나날이었다. 두 번이나 휴학을 했고 장학금을 받으려고 악착같이 공부하면서 그 와중에 아르바이트를 해 집에 보태기도 했다. 너무 힘들어서 학교를 그만두려고 몇 번이나 생각했지만 그때마다 고등학교 담임 선생님이 용기를 주었다. 부모는 입학하자마자 언제 교사가 되냐면서 교사 월급을 물었다. 연탄도 떨어지고 쌀도 채워넣어야 하고 밀린 전기세도 내야 하는데, 아르바이트로 어렵게 벌어온 돈을 내놓으면 아버지는 담배부터, 엄마는 계속 먹고 싶었다며 게장부터 사왔다. 그런 부모를 보면서 저러니 평생 가난할 수밖에 없다는 생각이 들어 동정조차 하기 싫었다. 거의 고아로 자란 아버지와 계모에게 시달린 어머니의 성장사를 생각하면 그들이 유난히 배불리 먹고 따뜻하게 입는 것에 집착하는 모습이 이해도 되었지만, 그래도 부모를 떠올리면 아직도 울컥하고 서러움과 억울함이 밀려온다.

한번은 아르바이트해서 번 돈으로 러닝셔츠 한 벌을 사서 담임 선생님을 찾아갔다. 작은 선물로나마 고마운 마음을 전하고 싶었다. 선생님은 네가 어떻게 해서 번 돈인데 내가 이걸 받겠느냐면서 눈물을 글썽였다. 부모한테서 한 번도 들어보지 못한 말이었다. 지순씨는 그동안의 설움과 억울함이 한꺼번에 밀려와 그 앞에서 엉엉 울었다. 태어나서 처음으로 누군가에게 받아본 이해였다. 부모교육에서 강사가 내 생애 최고의 공감이 무엇이었느냐고 물었을 때 지순씨는 바로 이 장면이 떠올랐다. 하지만 발표는 하지 않았다. 너무 가난하고 비참했던 과거를 드러내기 싫었기 때문이다. 어찌 되었든 겉으로는 괜찮은 대학을 나와서 강남에 사는 중산층 주부였으니까.

교직을 얻기 전에 남편을 만나 결혼했고, 은솔이를 낳던 날 그녀는 남편에게 선언하듯 말했다. 나는 몸이 부서지는 한이 있어도 애들 열심히 뒷바라지해서 공부 잘하는 훌륭한 사람으로 키워 나중에 호강하며 살게 할 것이다. 김지순이라는 여자로서는 몰라도 은솔 엄마로서는 절대 부끄럽지 않은 삶을 살겠으니 당신이 할 일은 열심히 일해서 돈을 벌어오는 것이다. 나를 위해서는 한 푼도 허투루 쓰지 않겠지만 아이들을 최고로 키우기 위해서는 아무것도 아끼지 않을 테니 당신은 그저 돈만 벌어오라고. 남편은 감동한 것 같았다. 두 사람은 그렇게 아이들을 위해 살기로 약속했고 지금까지 그렇게 살아왔다.

순도 100퍼센트의 강남 아이를 만들기 위해

지순씨는 요즘 점점 삶이 허무하고 우울하다. 낮에는 괜찮은데 밤이 되면 부쩍 그런 생각이 든다. 아이하고 싸우는 날은 더 그렇다. 아직 중학생이라 공부는 그런대로 잘하지만 아이가 엄마를 좋아하지 않는 것 같다. 그게 영 마음에 걸린다. 나도 엄마를 싫어했는데, 아이가 나를 싫어하면 어쩌나 하는 생각에 불안하기만 하다. 삶의 목표 중 하나가 '내 엄마 같은 엄마가 되지 않는 것'인데 말이다.

나는 저를 위해 사는데 아이는 왜 나를 싫어할까? 사실 지순씨는 은솔이가 부러울 때가 많다. 어떤 때는 딸이지만 은근히 질투가 날 때도 있다. 필요한 것은 다 마련해주고 학원이니 뭐니 엄마가 미리 다 알아놓으니 저는 그냥 엄마를 믿고 따르면 된다. 생각만 해도 좋고 든든할 것 같다. 이런 엄마에게 나 같으면 매일 안기고 떼쓰고 투정 부리고 칭찬도 받고 싶을 것 같다.

이런 생각이 들자 지순씨는 자신이 너무 불쌍하게 느껴졌다. 그런 가정환경에서 살아남아 이 자리에 온 자신이 가엾게 느껴지기도 했다. 은솔이는 아직 엄마가 얼마나 비참하게 살았는지, 외할머니가 얼마나 무지한 엄마였는지 모른다. 그런 건 아이가 알 필요도 없다. 그런 아프고 창피한 과거를 아이가 왜 알아야 하는가. 아이들은 자신과 다르다. 아니, 달라야 한다. 아이들은 강북에서 태어났지만, 지금은 강남에 살고 있다. 나는 반은 빈민이고 반은 강남 아줌마지만 아이들만큼은 강남 아이나 다를 바 없다.

생각이 여기에 이르자 지순씨는 이곳에서 또 살아남아야 한다고 다짐한다. 정말 기적같이 비록 전세지만 강남에 아파트 한 채를 차지하고 앉아서 아이를 강남에 있는 학원에 보낼 정도가 되었다. 아직 빚도 많고 생활비에 허덕거리지만 그래도 유지는 하고 있다. 은솔이 세대에서는 강남의 유전자로 완전히 탈바꿈할 것이다. 진짜 순도 100퍼센트 강남 아이들이 태어나는 것이다. 적어도 거기까지는 가야 한다.

그래서 지순씨는 여기서 멈출 수가 없다. 걱정되는 것은 오직 하나, 은솔이가 자신을 싫어하는 건데 만약 아이와 사이가 더 나빠져서 이 모든 걸 포기해야 한다면 어떻게 될까? 은솔이가 지금부터 문제를 일으키면 어쩌나, 만약 아이가 일류대학에 입학하지 못한다면? 이런 생각을 하면 지순씨는 우울해서 견딜 수가 없다. 지순씨에게 그것은 간신히 벗어난 빈민의 굴레로 다시 떨어지게 될지도 모른다는 공포. 자신이 태어난 곳으로 다시 돌아가는 일 따위는 절대 일어나서는 안 된다. 다시는 그곳으로 돌아가지 않도록 아주 멀리 달아나야 한다. 그래서 지순씨는 자신을 더욱 담금질한다. 강해져야 한다고. 아이의 엄살에 속아넘어가선 안 된다고. 지순씨의 복수혈전의 밤은 이렇게 깊어갔다.

그런데 지순씨는 누구에게 복수를 하고 있는 걸까? 지순씨가 자신의 삶을 고통스럽게 한 대상에게 복수를 해야 한다면 그것은 바로 사회구조가 아닐까? 나라의 희망이니, 국가의 장래니 말로만 떠들고 실제로는 젊은이들을 전혀 돌보지 않았던 이 사회와 국가, 그리고 그것을 장악하고 있는 사람들이 복수의 대상이다. 부정과 부패로 사리사욕을 채우는 데는 눈에 핏발을 세우지만 가난과 소외는 자신들이 해결할 몫이 아니라며 외면했던 재벌과 관료와 정치인, 그들이 복수의 대상이다. 지순씨가 살았던 그 고통스러운 세상은 그들이 만든 세상이기 때문이다.

그러나 지금 지순씨의 복수에는 대상은 없고 희생자만 있는 것 같다. 그 희생자가 바로 우리 아이들이다. 아이들은 마음 깊은 곳에서 병들고 있다. 그들이 자라면 순도 100퍼센트의 강남 사람이 될지는 모르겠지만 영혼이 표백된 마네킹 같은 인간이 될 것이 거의 확실하다. 은솔 엄마가 키운 은솔이가 어른이 되었을 때의 세상은 상상만으로도 공포스럽다.

은솔 엄마는 한때 희생자였을 수 있다. 그러나 지금은 많은 것을 가지고 풍요로운 생활을 누리고 있다. 그럼에도 여전히 희생자 코스프레를 하고 있다. 아이를 자기 속에 집어넣어 자기 마음대로 요리하려는 포식자 행태를 보이는 엄마들이 대한민국에는 너무 많다. 이제 아이는 또다른 희생자가 되어 몇십 년이 지나면 엉뚱한 사람에게 다른 형태의 복수를 할 것이다.

그 남자의 발기불능

어느 가장의 토요일 아침

아, 이 숙취. 미칠 노릇이다. 지난밤에 규형씨는 첫 잔을 들이켜면서 자제해야지, 살살 마셔야지 다짐을 했건만, 대여섯 잔 술이 들어가고 몸에 피가 돌자 에라, 되는대로 마셔보자 싶었다. 맛있는 안주는 많고 많았다. 씹어도 씹어도 술판의 안주는 넘쳐났다. 게다가 금요일이라 방심했다. 오래간만에 3차까지 달렸으니 이건 미친 짓이다. 예전에는 토요일 출근이 한 달에 한 번 정도 될까 말까 했는데, 1년 전부터 위에서 슬슬 분위기를 잡아가더니 이제는 당연한 일이 되어버렸다. 심지어는 일요일에도 나가야 할 때가 있다.

전무가 바뀌고는 직장이 전쟁터가 되어버렸다. 전에는 체면이라도 좀 차렸는데 이제는 아예 대놓고 서로를 비난하고, 아부가 난무한다.

그러면서 '에이, 나만 그런 거 아니잖아' 이런 분위기다. 이번 주 내내 각 부서에서 소설 쓰느라 한바탕 난리가 벌어졌다. 간부회의에서 사장이 새해 계획은 미리미리 잡아서 앞서나가는 전략을 짜야 하는 거 아닌가, 한마디 던졌더니 밑의 이사들이 부장들을 닦달해서 각 부서마다 충성경쟁하느라 일주일 동안 직원들을 쥐 잡듯이 잡았다. 새해 손익 예상 및 시장동향 예상 보고서, 매출 신장 전략 등등 재정팀, 기획팀, 영업관리팀, 생산관리팀, 연구실, 비서실, 덩달아 인사팀까지 난리법석을 떨었다.

어제 술자리 안주는 단연 이 난리통에 유탄 맞고 쓰러진 이야기, 백병전으로 상대를 쓰러뜨린 이야기, 심리전으로 속여 넘긴 무용담이었다. 하지만 술이 더 들어가고 입심도 바닥날 무렵이 되자 김과장도 박대리도, 부장인 규형씨도 일주일 동안 자신들이 한 일이 너무 씁쓸하고 허탈해서 말에 자꾸 헛바람이 들어갔다. 김과장의 한마디가 폐부를 찔렀다.

"아, 나 옛날 꿈이 신춘문예에 당선돼서 소설가 되는 거였는데, 박부장님, 저 우리 회사 들어와서 꿈 이뤘습니다. 지난 일주일 동안 우리 소설 쓰느라 정말 개고생하지 않았습니까? 와, 난 또 우리 회사가 이렇게 직원들 작문 실력 기르는 데 신경 써줄 줄은 몰랐네. 아, 아직 올해 3분기도 안 끝났는데 내년도 손익계산을 어떻게 예상해. 미친 거 아닙니까?"

규형씨는 김과장의 이야기를 들으며 할 말을 잃었다. 자신도 기획팀에서 독촉전화를 여러 번 받았다. 재정팀에서 예결산 자료가 나와야 자기들도 내년도 기획을 할 수 있는데, 자료가 안 넘어와 일을 못 하고 있다며 하루에도 서너 차례 전화를 해왔다. 영업관리팀에서 각 지사와 대리점 자료를 수합하지 않으면 만들 수 없는 자료라고 몇 번을 말해도, 그건 그쪽 사정이고 우린 우리 사정이 있으니 빨리 해내라고 억지를 부렸다. 영업관리팀은 각 대리점과 지사에 판매상황을 종합해서 올리라고 했지만 아직 보고 시점이 아니라 준비가 안 되었다니, 또 그 나름대로 사정이 있었다. 그러니 각 부서마다 '소설'을 쓸 수밖에 없었고, 김과장의 말대로 모든 자료는 다 '뻥'이다. 그렇게 어찌어찌해서 만든 자료를 모두 수합해 금요일 밤 10시가 다 돼서야 기획팀에 전달했다. 이러고도 회사가 굴러가는 게 신기할 따름이다. 일의 보람은커녕 최소한의 상식조차 찾을 수 없다.

게다가 한 번씩 임원진이 바뀌면 그 밑으로 최소한 과장급까지는 자리 걱정을 해야 한다. 스카우트된 것도 아닌데 다른 부서로 전출된다는 통보는 결국 회사에서 나가라는 말이다. 가장 위태로운 목숨이 규형씨 같은 부장급이다. 부장들은 이사 진급이냐 낙오냐 기로에 서 있으니 항상 애가 탄다. 입사 동기 중 유일하게 같이 살아남은 옆 부서 김부장도 매일매일이 노심초사다. 김부장은 올해 둘째까지 대학에 들어갔는데 딸만 둘이라 한 명이 군대 가 있는 동안 한 명이 졸업하는 이른바 '순환

보직'도 불가능하다. 그 상황에서 회사에서 '나가주세요' 문자라도 받으면 콱 죽어버리고 싶을 것 같다. 하지만 규형씨도 남 걱정할 때가 아니다. 큰놈이 올해 고3인데, 고1인 둘째 딸내미는 심지어 미대를 가겠단다. 집구석 한 방에 망하려면 주식을 하고 서서히 망하려면 자식 예체능 시키라던데…… 다행히 부모님이 결혼할 때 도와주신 덕에 지금 사는 집은 대출금이 없지만 두 아이 사교육비가 많이 들어 아내는 언제나 죽는 소리를 한다.

아내 앞에서 한없이 작아지는 남자

술이 몸에 차오르자 비감한 심사가 술을 타고 온몸에 피처럼 돈다. 하지만…… 언젠가부터 몸의 한 부위에는 피가 전달되지 않는 것 같다. 몇 년 전부터인지 기억이 나지는 않지만 아내와의 잠자리 횟수가 눈에 띄게 줄어들었다. 사실은 첫아이를 낳고부터 현격하게 줄어든 것 같다. 그래도 한 달에 한 번은 했던 것 같은데 바로 둘째를 가지면서 일 년에 두어 번 할까 말까다. 그러다가 언젠가부터 아내는 침대에서, 규형씨는 바닥에서 자는 이른바 '각층 부부'가 되었다. 동창들 이야기를 들어보면 '각방 부부'도 제법 된다. 그래도 아직 방은 같이 쓰니 희망은 있다고 친구들은 너스레를 떨지만, 오십보백보 아닌가.

문제는 무엇보다 아내와는 잠자리를 하고 싶지 않다는 거다. 몇 년 전에는 아내가 의도적으로 좀 다가오는 것 같았지만 규형씨가 내키지 않아 몇 번 밀쳤더니 그다음부터 아내도 다가오지 않는다. 규형씨는 자기 몸에 이상이 있는 게 아닌가 싶기도 했다. 부서 특성상 도우미 아가씨들이 나오는 술집에 갈 일은 자주 없지만 어쩌다 회사 실적이 좋아서 부서 회식을 하거나 가끔 접대 일로 가는 경우가 있다. 그때 두어 번, 이른바 2차를 간 적이 있는데 그 아가씨들과는 문제가 없었다. 길거리에서 예쁘고 섹시한 여자를 보면 피가 확 도는 느낌을 받을 때도 있다. 어쩌다 외국 출장을 가서 호텔방에서 맛보기로 나오는 포르노영화를 보면 일부러 동전을 넣고 시청할 때도 있고, 자위를 할 때도 있다. 그런 걸 보면 육체적으로 발기불능은 아닌 것 같다. 하지만 아내와 잠자리하고 싶다는 생각은 적어도 10년 전부터 거의 사라진 것 같다. 사실 둘째를 낳고부터는 아예 없어졌다고 하는 게 더 정확하니 벌써 15년도 넘었다.

사실 규형씨는 성욕이 느껴지거나 몸이 허하면 차라리 야한 동영상을 보면서 자위행위를 하는 게 더 편하다. 자주는 아니더라도 그렇게 해결하는 게 한두 달에 한 번은 되는 것 같다. 그러니 신체적 발기불능은 아닌 게 분명하고, 아내와 관계하는 데 뭔가 문제가 있는 것이 확실했다. 하지만 왜 그런지 꼬치꼬치 따져 생각하는 것이 뭔가 두렵고 힘들어서 밀쳐두고 사는 것이다.

가족은 어디 가고 식구만 남았나

아, 토요일 아침인데도 출근 준비를 해야 한다. 평소보다 두 시간 정도는 늦게 나가도 된다는 것이 그나마 위안이다. 거실로 나가자 오랜만에 아이들 얼굴이 보인다. 다 큰 아들놈은 이미 중학교 때부터 애비를 어색하게 대한다. 밥을 먹다가 고개를 꾸벅하며 "안녕하세요?"라고 인사한다. 옆집 아저씨한테 하는 인사 같다. 딸은 등을 돌리고 식탁에 앉아 있다가 흘끗 돌아보고는 "아빠, 어제 술 마셨어? 어유 냄새" 하며 고개를 돌린다. 마누라는 쳐다보지도 않고 "밥 먹을래요?" 하고 묻는다. 속은 울렁거리고 머리는 돌덩이가 들어앉은 것 같은데 밥이 입으로 넘어갈 턱이 없다. "아냐, 그냥 꿀물이나 한잔 타줘"라고 하자 "꿀 없어요. 그냥 녹차 마셔요"라는 답이 돌아온다. 아내와 대거리하고 싶은 생각도 그럴 힘도 없다.

화장실로 들어가 변기에 앉는다. 어젯밤의 술기운과 비감함이 채 가시지 않았는데 아이들과 아내의 무표정한 얼굴을 보자 가슴이 횡하다. 언젠가 아버지가 했던 말이 생각난다.

"못 배운 것들이 가족을 보고 식구라고 하는데 그건 상스러운 말이다. 식구가 뭐냐? 식구는 밥 먹는 입이라는 뜻이야. 그러니 식구가 몇 명이라고 하면 밥 먹는 입이 몇 명이라는 말이다. 그러면 기르는 개도 식구고, 돌아다니는 바퀴벌레도 식구란 말이다. 그러니 가족이라고 해야 하는 거다."

규형씨는 생각한다.

'아버지, 지금 식탁에 앉아서 밥 먹는 저 사람들, 제 식구예요. 식구 맞아요. 제가 죽자고 일해서 부양해야 할, 밥 들어가고 돈 들어가는 식구이고, 돈 전(錢) 자, 전구들이라고요. 저 애들, 마누라 아니면 저 이렇게 뼈 빠지게 일 안 해도 된다고요.'

찬물에 세수하고 겨우 힘을 차린 규형씨는 출근을 했다. 하지만 회사에서 딱히 할 일이 있는 건 아니다. 어제 낸 보고서는 기획팀에서 수합해 월요일에 보고할 것이고, 토요일 출근은 그저 위에 찍히지 않으려고 하는 요식행위다. 박대리, 김과장 등등 직원들도 모두 용케 죽지 않고 출근을 했다. 11시쯤 슬금슬금 빠져나와 사우나로 간다. 땀을 좀 빼고 나니 한결 낫다. 감자탕으로 해장까지 하니 술기운이 다 빠져나가고 오후가 되자 또 술 생각이 난다. 하지만 일주일 내내 늦게 귀가한 터라 토요일은 집에 일찍 들어가야 할 것 같다. 직원들도 마찬가지일 것이다. 결국 회사에서 나왔지만 집으로 가는 발걸음이 가볍지 않다. 집만큼 쉬기에 좋은 곳이 또 있겠는가 싶지만, 가족들이 너무나 멀어진 것 같고 아이들도 아빠를 서먹해하는 게 확연히 느껴지니 마음이 무겁기만 하다.

출근해서 일을 하거나 퇴근 후에도 직원들과 같이 있을 때는 잘 느끼지 못하는데, 출퇴근 시간이나 어쩌다 혼자 있게 되는 시간이면 기분이 가라앉고 힘이 없다. 피곤이 쌓여 그러려니 했지만 꼭 그 때문만은 아닌 것 같다. 아내와의 잠자리 문제만 해도 피곤해서 그러려니 했다. 동창들 중에서는 "마누라가 여자냐? 가족이지!" 이런 말을 하는 놈들도 있다. 그러면서 "가족하고는 섹스하는 거 아냐!"라고 농친다. 아내가 너무 친숙해서 성적인 매력을 못 느낄 수도 있겠다. 하지만 왠지 이건 아닌 것 같다. 이게 가족인가, 이게 부부인가 싶기도 하다. 아내도 나쁜 사람은 아닌데, 연애할 때는 꼼꼼히 잘 챙겨주고 자상해서 좋았는데, 결혼하고 나니 아내의 삶은 온통 애들, 애들, 애들밖에 없다. 애들 교육에 인생의 전부를 걸어버린 사람 같다. 아버지 말대로 가족은 어디로 가고 식구만 남았나 하는 생각이 자꾸 든다.

아버지들에게 가해지는 끊임없는 요구

섹스리스(sexless) 부부. 일 년에 두 번 이하의 잠자리를 가졌다면 섹스리스 부부라고 할 수 있다. 규형씨 부부는 섹스리스 부부다. 그의 상태를 보면 가성우울증 또는 경증의 만성우울증이라고 진단할 수도 있다. 이렇게 보면 대한민국 아버지들 중 얼마나 많은 이들이 여기에 해당될지 짐작도 안 간다.

중요한 것은 진단이 아니라 원인일 것이다. 규형씨 부부가 섹스리스인 것은 서로가 더이상 성적으로 매력적이지 않아서, 또는 규형씨가 너무 힘들고 지쳐서일 수 있다. 하지만 대한민국 남편에게 아내는 하나의 '부담'인 경우가 많다. 규형씨가 '식구'라고 표현하는, 가장으로서 부양해야 할 책임의 대상들, 집에 오면 그 '살아 있는 책임들'이 떡하니 버티고 앉아 왜 더 많이 잘해주지 않느냐고 한다. 한마디로 가족은 '끊임없이 요구'하는 존재다.

'끊임없는 요구'. 그 요구의 대부분은 교육과 관련되어 있다. 사교육, 공교육, 예체능교육. 그런데 그렇게 많은 교육을 받으면서 애들은 왜 저렇게 예의가 없을까? 자발적으로 자기 인생의 대부분을 아이들 교육에 희생하면서 왜 아내는 자기 삶이 없음을 한탄하며 이 어려움을 해결할 수 있는 방법으로 더 많은 수입만을 요구할까? 가족이 식구가 되고,

식구가 요구가 된 가정. 이런 상황에서 '살아 있는 책임'과 섹스가 가능하다면 그편이 더 이상한 거다. 누가 아버지들을 이 요구로부터 해방시켜줄 수 있을까? 누가 남편이 성을 건강하게 발산할 수 있도록 해줄까?

사실 집에 들어가도 규형씨의 공간은 없다. 한 인간으로서 규형씨의 삶에서 사적 공간에 대한 이야기를 빠뜨리면 안 된다. 아이들은 자기 방을 하나씩 차지하고 있다. 방에 들어가 문을 잠그면 사적인 자유가 보장되는 공간이라도 있다. 회사에서는 당연히 사적 공간이 있을 수 없다. 집에 오면 안방은 아내 차지, 거실은 공동 공간이다. 오직 한 군데 그가 가끔 차지할 수 있는 공간은 담배 피우러 나가는 베란다밖에 없다. 자신의 노력으로 여러 식구를 부양하고 살지만 결국 가장에게는 한 뼘의 사적 공간도 온전히 허용되지 않는다.

공간이 하나의 상징적 권력을 나타낸다면, 옛날 아버지의 권력은 집 전체였지만 지금 아버지의 권력은 집 어디에도 없다. 사생활은 없고 회사생활과 가정생활만 있는 한국의 아버지들에게, 한 뼘의 공간도 사적으로 점유할 수 없는 그들에게 이제 더이상의 요구는 무리다. 그 요구의 대부분이 투자에 비해 보장은 터무니없는 '대학' '교육'이라는 허울 때문에 발생한다는 것이 이 시대 아버지들이 겪는 발기불능의 비극이다.

가정:외도＝공교육:사교육

어느 엄마의 아침

새벽 5시 30분. 혹시나 싶어 두 개나 맞춰둔 알람이 연이어 울린다. 술 냄새를 풍기면서 남편이 부스스 일어나 무겁게 발을 끌며 화장실로 향한다. 소혜씨도 일어나 어제 미리 끓여둔 국을 데우고 계란 프라이를 만든다. 씻고 나와 겨우 정신을 차린 남편은 깔깔한 입맛에도 국을 몇 모금 뜬다. 하지만 계란 프라이는 손도 안 대고 일어나 옷을 차려입으러 안방으로 들어간다. 아내는 무심히 남편이 남긴 국을 개수대에 버리고 계란은 프라이팬에 다시 옮겨놓는다.

남편의 정식 출근 시간은 9시다. 하지만 입사 이후 15년 동안 9시에 딱 맞춰 출근한 적은 한 번도 없었다. 상사들이 출근하는 시간보다 최소한 5분이라도 더 일찍 출근해야 한다. 그러려면 오늘도 6시 20분에 회사 통근버스를 타야 한다. 예전에는 회사가 집에서 그리 멀지 않은 곳에 있었는데 수도권으로 이전하면서 적어도 한 시간은 더 일찍 일어나 버스를 타지 않으면 안 된다. 집을 옮기려 해도 초등학교와 중학교에 다니는 아이들의 전학 문제가 걸려 있어 쉽지 않다. 결국 남편이 희생하기로 했다.

서로 눈길도 마주치지 않고 "갔다 올게" "다녀와요" 한마디씩 주고받는다. 남편은 이제 이르면 밤 10시경, 늦으면 내일 새벽에 들어올 것이다. 이제 큰아이 차례. 시험이 코앞이니 미리 깨워서 아침 공부를 시켜야 한다. 하지만 어젯밤 학원에서 돌아온 시간이 10시 30분. 학교 숙제와 학원 숙제를 하고 스마트폰으로 친구와 문자를 주고받고 게임을 하다가 잠든 시간이 새벽 1시가 넘었다. 한창 자랄 나이에 잠이 부족하겠지만 그래도 지난 중간고사에서 받아온 성적을 생각하면 봐줄 수가 없다. 곤히 자는 아이를 억지로 깨워 욕실로 밀어넣는다. 아이는 온갖 짜증을 부리고 힘들어하지만 결국 씻고 나와서 책상에 앉는다.

"지난번 중간고사 성적을 생각하면 자다가도 벌떡 일어나 공부해야 하는 거 아니니? 시험이 코앞인데 어쩜 그렇게 태평하게 잠을 잘 수 있어? 엄만 그게 정말 신기하다."

하지만 아이는 소혜씨 말을 귓등으로도 듣지 않는다. 언젠가부터 엄마 품을 벗어난 것 같다. 아무리 잡아두려 해도 열 살 무렵의 그 보드랍고 품에 쏙 들어오던 아들이 아니다. 주변에 몇 살 더 많은 엄마들이 중학교 들어가면 내 아이가 아니라고 생각해야 한다고들 충고했지만 자기 아이는 안 그럴 줄 알았다. 하지만 예외는 없었다.

8시쯤 둘째까지 깨워 아침을 먹이고 학교에 보낸다. 가족들이 다 나가버린 집은 고적하다. 남편이 남긴 계란 프라이로 밥 한술을 뜬다. 설거지를 하고 가족들이 벗어둔 옷을 세탁기에 넣어 돌리며 청소를 한 뒤 샤워까지 마치면 11시쯤이다. 예전에는 이런 고요함과 평안을 즐겼다. 혼자서 조용히 커피를 마시거나 음악을 들으며 일상에서 오는 짧은 희열을 느끼기도 했다. 하지만 이제는 반복되는 일상이 지겹기만 하다. 남편과 대화라는 것을 해본 지가 언제인지 모르겠다. 주고받는 말이 세 마디를 넘기면 싸움이 나지 않는 게 다행이다.

남편은 아침 6시에 나가면 평균 퇴근시간이 밤 11시 무렵이다. 그는 집에 들어오기 바쁘게 씻고 잔다. 어떨 때는 깨어 있는 얼굴로 애들을 보는 날이 하루도 없는 주도 있다. 회사는 직원들을 모두 과로사로 죽이려는지 토요일조차 출근하는 날이 잦아지다가 요즘은 토요일 출근이 당연해졌다. 그나마 저녁식사 전에는 들어오지만 가끔은 스트레스를 푼답시고 직원들과 실내골프장에 가거나 회식을 하고 온다. 일요일은 남편이 밀린 잠을 자는 날이다. 뭐라도 해보기로 하지만 일요일 오후에 할 수 있는 일이란 가까운 곳에 드라이브를 가거나 영화를 보는 정도이다. 그나마 밀리는 길에 지치고 이제는 큰아이가 부모와 같이 나가는 것을 싫어해 저녁 외식 정도가 고작이다.

이미 생활은 안정을 넘어 권태의 세계로 들어섰다. 남편의 고용불안도 아이들의 성적불안도 부부의 노후불안도 모두 익숙한 불안이다. 불안에서 어떻게든 벗어나보려 안달하지만 그 안달마저 이젠 익숙하다. 빠져나갈 수 없는 익숙함이다. 2년 전부터 이런 불안과 안달의 쳇바퀴가 소혜씨를 우울증으로 몰아넣었다. 아무것도 즐거운 것이 없고 짜증만 늘었다. 남편과의 잠자리는 소혜씨가 밀어내지 않더라도 남편이 관심을 접은 지 오래였다. 이러다가는 대통령 선거나 올림픽 열릴 때에나 관계를 갖는다는 농담이 남의 일만은 아닐 터였다. 마음은 가라앉아 있어도 때때로 몸이 어쩐지 들뜰 때면 소혜씨 자신도 당혹스럽다. 자기 삶에 붉은 피를 돌게 할 사람은 아무도 없어 보였다. 여러 계절을 우울증으로 힘들어하다가 결국 죽음이 가까이 있다는 느낌이 들었다. 무엇보다 무서운 사람은 소혜씨 자신이었다. 자신이 무슨 짓을 할지 스스로도 장담할 수 없었다.

불륜이 가정을 지킬 힘을 준다?

신경정신과에 가볼까, 상담을 받아볼까 이런저런 고민을 하던 즈음이었다. 오랜만에 대학 동창에게서 전화가 왔다. 같은 학번 동기들 중에서 유독 친하게 지낸 여섯 명의 친구가 있었다. 졸업하고 나서도 한참 재미있게 어울렸으나 결혼이며 유학 등으로 뿔뿔이 흩어졌다. 특별한 일이 있으면 가끔 만났지만 이제는 각자의 생활에 치여 일 년에 한번 보기도 쉽지 않았다. 그런데 유학을 가서 교수가 된 친구가 이번에 한국의 한 대학에 임용돼 돌아왔으니 오랜만에 뭉치자는 전화가 온 것이다.

유학 갔다가 교수가 되어 돌아온 그 친구는 한국에 군대라는 제도가 없었다면 소혜씨와 어떤 인연이 되었을지도 모르는 사람이다. 뭔가 오고가는 느낌이 있었고 주변에서도 밀어주려는 분위기였다. 하지만 졸업 후에 입대한 그를 휴가 때나 볼 수 있는 상황에서 연애로 발전하기는 어려웠다. 애틋한 마음은 있었지만 그는 제대 후 대학원을 거쳐 유학을 갔고, 졸업 후 직장생활을 하던 소혜씨는 지금의 남편을 만나 결혼했다. 거의 10년, 오랜만에 만난 그는 달랐다. 무엇보다 소혜씨의 남편과 달랐다. 오랜 외국생활에서 익힌 자연스러운 매너와 멋스러움이 몸에 배어 있었다. 그에게는 스무 살 무렵의 풋풋함이 아직 그대로 남아 있었다. 그들은 10년 만에 만났지만 마치 가슴에서 나비가 날아다니는 느낌이었다. 그리고 상대 역시 그렇게 느낀다는 것을 서로 알았다.

연애가 시작되었다. 세상 사람들이 말하는 외도, 불륜관계였다. 하지만 그들은 자신들의 관계를 그렇게 생각하지 않았다. 그들에게는 사랑이었고, 좋아하는 사람과 더 자주 더 많이 같이 있고 싶을 뿐이었다. 몇번은 반가운 마음에 밀린 이야기나 나누자며 만났고, 그러면서 가족을 현지에 두고 기러기생활을 하는 남자가 안쓰러워 챙겨주느라 만났고, 그러다가 손을 잡고 포옹을 하고 육체적인 관계까지 자연스럽게 이어졌다. 그들의 관계는 1년을 넘기고 있다. 하지만 그들은 각자의 배우자와 이혼한 뒤 새 가정을 꾸린다거나 할 생각은 전혀 없다. 둘 다 서로에게 그것을 요구하지도 않았다. 각자의 가정을 지키자는 데 이의가 없었고 서로 암묵적으로 동의했다.

소혜씨는 남편과 이혼할 결정적인 이유가 없었다. 말이 통하지는 않지만 그나마도 할 시간이 없는 남편, 첫아이를 낳은 다음부터 부쩍 멀어진 관계, 1년에 한두 번 될까 말까 한 잠자리, 어느 것 하나 이혼 사유가 아닌 것은 없었지만 마찬가지로 이혼을 납득시킬 만한 결정적인 사유도 없었다. 친정도 시댁도, 무엇보다 남편이 반대할 게 뻔했다.

남편은 연이은 회식과 술자리, 야근과 주말 특근을 하고 있지만 여전히 이를 지탱할 만큼 건강했고, 아이들과 서먹하지만 아주 관계가 틀어진 것은 아니며, 장인 장모에게도 특별히 미움을 사지 않았다. 무엇보다 성실히 일하며, 회사에서도 용케 잘 버티면서 때 되면 승진하고 성과급도 받아온다. 그 나름대로 열심히 살고 있고, 술 먹고 행패를 부리거나 때리거나 하지도 않는다. 가끔 유일한 취미인 컴퓨터게임에 빠져 주말에도 모니터 앞에 앉아 있을 때면 부아가 치밀지만 그것도 비싼 취미로 돈 펑펑 써대지 않으니 감사할 일이다. 벌어다주는 돈이 넘칠 만큼 풍족하지는 않아도 중산층의 삶을 지탱할 정도는 된다.

아이들은? 큰아이는 성적이 썩 좋지 않다. 점점 품에서 벗어나 자기 세계를 가지려 한다. 하지만 어림없다. 무엇을 하건 공부는 해야 한다. 이 험한 세상에서 스스로 지키려면 학벌이라도 좋아야 하고, 사회적으로 번듯한 직업을 가져 자기 삶을 꾸려나가야 한다. 그러려면 아이에게 부모의 이혼 같은 결정적 사건을 겪게 해선 안 된다. 아들 생각만으로도 이혼은 고려의 대상이 아니다.

무엇보다 이혼할 걱정이 없는 외도관계가 유지되자 소혜씨의 삶에 활력이 생겼다. 물론 아프다. 더 많이 더 오래 같이 있고 싶은 고통이 생겼다. 소혜씨는 때때로 생각한다. 그는 내 몸을 존중한다. 그와의 잠자리는 새삼 내가 여자라는 걸 깨닫게 해준다. 남편이 첫 남자여서 잠자리를 비교할 대상이 없었다. 그러나 그를 만나서 잠자리를 하면 몸이 깨어나고 황홀함이 무엇인지 눈물이 날 정도로 느낀다. 그가 나를 소중히 여긴다는 것은 그의 움직임으로도 충분히 느낄 수 있다. 그는 내게 이혼을 요구하지도 않는다. 나의 무미건조하고 불안한 삶 이야기를 잘 들어주고 이해해준다. 고개를 주억거리고 눈을 맞춰준다.

이런 사람은 없었다. 내 생활, 내 아픔, 내 감정에 관심을 기울이고 같이 아파하고 진심으로 위로해주는 사람은 없었다. 그를 잃고 싶지 않다. 그는 내 삶의 대부분이다. 그는 내 삶을, 아니 내 삶의 근본인 내 가정을 지켜준다. 가정이 없다면 그와의 관계가 더 좋을까? 아니다. 가정을 지키는 것은 내 삶을 지키는 것이다. 내 삶을 지키기 위해 이렇듯 힘들게 하루하루를 버티고 있는데 그가 있기에 이 상황을 유지할 수 있다. 그가 있음으로써 내 가정도 지켜지는 것이다. 그래서 남편에게도 아이들에게도 미안하지 않다. 죄책감? 그런 건 없다. 그는 내 삶과 내 가정을 지켜주는 사람이기 때문이다.

공교육과 사교육의 불안한 동거

소혜씨와 같은 아내의 이야기를 듣기란 직업상 어렵지 않다. 적어도 여성 내담자 열 명 중 한두 명 정도는 되는 것 같다. 그들이 상담실을 찾는 경우는 대체로 위와 같은 혼외관계가 끝날 위기에 이르렀을 때다.

인간이 사랑에 빠지는 것은 결혼 여부나 애인의 유무와 상관없이 일어나는 일이라는 데 백 번 동의한다. 결혼은 제도이고 사랑은 본능이다. 제도는 결코 본능을 제압할 수 없다. 일시적으로는 가능할지 몰라도 본능은 원래 제압당할 수 있는 것이 아니기 때문이다. 그래서 소혜씨와 같은 사랑, 혼외관계도 그 자체만으로는 지극히 개인적인 영역일 뿐이다. 이 행위에 대해 비난할 수 있는 단 하나의 사람은 소혜씨의 남편밖에 없을 것이다.

그럼에도 소혜씨와 같은 혼외관계에 있는 내담자와의 상담이 힘든 것은 그들의 관계에 어떤 진정성이 있는지 알 수 없기 때문이다. 더 오래 더 많이 같이 있고 싶지만 각자의 결혼관계를 청산하지 않고 둘만의 관계를 유지해나가는 것을 보면 그들이 정말 이기적이라는 생각이 들기도 한다. 하지만 본인들은 강변한다. 이것이 가정을 지키는 길이라고. 물론 혼외관계를 맺음으로써 가정을 지킬 수 있다는 말을 대놓고 하지는 않는다. 하지만 그녀들은 자신의 경험을 이렇게 말한다.

"오히려 그 사람을 만나고부터 애들한테 짜증을 덜 내고, 남편한테도 기대를 안 하니까 말도 더 부드러워진 것 같아요."

"스트레스를 진짜 제대로 풀 수 있고, 내 말 들어주고 위로해주는 사람이 있으니까 든든하고 마음이 따뜻해져요. 엄마가 달라졌다고 애들도 좋아해요."

"남편하고는 대화가 안 되는데 그 사람하고는 애들 교육문제까지 다 상의하거든요. 그 사람 말 들어보면 애들은 좀 지긋이 오래 지켜보는 것이 좋다고, 자기도 늦게 공부해서 좋은 대학 갔다고 하는데요. 그 말 듣고 애한테도 공부 스트레스 덜 주고, 그러니까 애도 좋아하고, 애들하고 관계가 더 좋아졌어요."

물론 이해하기 어려운 말은 아니다. 충분히 그럴 수 있다. 그러나 이해하는 것과 용납하는 것은 다른 차원이다. 더 기가 막힌 말도 있다.

"남편에 대한 죄책감요? 그 정도는 아니고 좀 미안하죠. 특히 낮에 그 사람이랑 만나고 왔는데 밤에 남편이 은근히 끌어당겨 안으면 밀쳐내게 되거든요. 오랜만에 남편이 그러는데 내가 밀쳐내면 좀 미안하죠. 한번은 낮에 그 사람 만나고 왔는데 밤에 남편이 좀 강하게 요구하길래 그냥 관계를 가졌어요. 그날은 좀 미안하더라고요. 근데 그 사람 만난 이후로 내가 남편한테 더 잘하게 되고, 그래서 그런 미안함이 오히려 우리 부부관계에도 더 좋은 영향을 주는 것 같더라고요."

외도 경험이 있는 아내들이 종종 보이는 태도다.

도대체 이들에게 가정은 무엇일까? 가정을 지킨다고 항변하고 있지만 사실은 가정이 그녀들을 지켜주고 있는 것은 아닐까? 외도의 순간에도 자신이 이렇게 '노력'함으로써 가정이 지켜지고 있다고 말하는 이들은 가정의 무엇을 지키고 있는 것일까? 그들이 항변하는 '가정 지키기 프로젝트'로서의 외도는 흡사 한국의 교육을 지탱하는, 공교육과 사교육의 불안한 동거를 옮겨놓은 것 같다.

사교육에 돈을 쏟아부으며 공교육을 빈사 직전에 몰아넣으면서도 공교육을 살려야 한다고 공허한 말을 남발하는 우리의 현실과 다를 바가 별로 없어 보인다. 남편은 발기불능, 관계불능에 그저 명목상 가장일 뿐이고, 실질적으로 아내의 삶의 역동에 불을 지피며 가정을 지켜주는 건 위험하기 그지없는 외도라는 것. 사교육에 의해 공교육이 지탱된다는 역설과 같은 구조다.

한 번도 공교육이 무엇이며 어떠해야 하는지, 아니 교육이란 무엇이며 어떠해야 하는지 고민해본 적 없는 엄마들과, 사랑이 무엇인지, 관계가 무엇인지 한 번도 제대로 고민해보지 않고 자신이 무엇을 해야 하는지 성찰해본 적 없는 아내들. 그들이 만들어가고 유지해가고 '지켜가는' 이 한국 사회의 가정과 교육은 오늘날 '외도'로써만 가능하게 되었다. 그래서 그들의 아이들 역시 무단결석도 하고, 폭력이라는 의식도 없이 폭력을 저지르고, 일탈을 감행하며 의미 없는 등교행위를 지속하고 있는지도 모른다.

〈아내가 달라졌어요〉는 없다

남편에게 불평만을 일삼는 아내

남자는 인정을 사랑이라 해석하고, 여자는 사랑을 인정이라 받아들인다. 그동안 부부 상담을 하면서 남녀가 원하는 바를 정리해보니 대체로 이렇다. 바꾸어 말하면 남성은 인정받지 못하면 사랑받지 못하는 것이라 여기며, 여성은 사랑받지 못하면 자기 존재가 인정받지 못한다고 생각한다는 것이다. 개인차는 있을 수 있지만 대체로 그러하다는 말이다.

그래서 부부간 갈등의 많은 부분이, 남자는 아내에게서 인정받고 싶어하고 여자는 남편에게서 사랑받고 싶어하는데 서로가 그것을 주지 않는다는 데서 발생한다. 남편은 아내에게 사랑을 주지 않고, 아내는 남편을 인정해주지 않는다. 관계가 아주 나쁜 부부만 그럴까? 그렇지는 않다. 어지간히 성찰하고 사랑하고 희생하는 부부가 아닌 다음에야 거의 대부분의 부부가 상대가 원하는 것을 주지 않는 것 같다. 부부가 왜 서로가 원하는 것을 해주지 않느냐고 반문할지 모르겠지만, 부부생활을 10년쯤 해본 사람이라면 알 것이다. 남편이라면 자신이 아내에게 사랑의 마음을 충분히 표현하지 않고 있으며, 아내라면 자신이 남편의 행동을 온 마음으로 인정해주지 않고 있다는 것을. 사실 부부문제는 어느 한쪽의 책임으로 돌릴 수 없는 것이 많다. 그런데 주변을 돌아보면 '남편이 변해야 한다'고 은밀히 종용하는 분위기다. 그러면서 아내는 아무 잘못이 없다는 것이 암묵적으로 공인되고 무의식적으로 합의된 내용 같다.

부부가 나란히 상담실을 찾았다. 미리 전화로 상담을 의뢰하게 된 이유를 간단히 들었던 터라 만만치 않은 과정을 짐작하고 있던 참이었다. 아니나 다를까 남편은 어색하게, 아내는 꽁하게 말문을 잘 열지 않았다. 문제의 발단은 남편의 외도였다. 당연히 이런 경우 남편은 죄인이다. 자신의 죄를 조목조목 한 번 더 고백하고, 지금도 석고대죄하는 심정으로 살고 있음을 진심을 다해 납득시켜야 한다. 그럼에도 아내는 마음이 풀어지지 않았고, 마음을 잡으려는 노력의 일환으로 상담실을 찾았다. 남편을 향한 아내의 비난은 끝이 없었다. 중간 중간 자신의 참담한 처지를 비감해하며 통곡하고, 극도의 분노를 서슴지 않고 드러냈다.

남편은 30대 후반쯤으로 회사 사정이 좋지 않아 자의 반 타의 반으로 퇴직했다. 다행히 회사에서 명예퇴직금을 생각보다 많이 주었다. 하지만 아이가 둘이고 아내의 수입은 아르바이트비 수준이라 남편의 취업은 절대적인 급선무였다. 재취업을 고민했으나 기술자가 아닌지라 직장인으로서는 장래가 보이지 않았다. 아내는 사업 같은 건 꿈도 꾸지 말고 월급이 좀 적더라도 취업을 해야 한다고 성화였지만 남편은 생각이 달랐다. 작은 가게라도 차려서 자기 일을 해보고 싶었다. 회사에 다닐 때, 아내는 가끔 친구의 남편들이 사업으로 돈 번 이야기를 하며 "돈 벌려면 장사를 해야 해. 역시 장사가 무서워!"라고 남편의 기를 죽였음에도 막상 장사를 해볼까 하자 극구 반대했던 것이다.

남편은 직장에 다시 들어가 조직생활을 하기가 내키지 않았다. 그런 이야기를 아내에게 하면, 아내는 남들도 다 하는 일이고 당신도 10년 넘게 했던 일인데 왜 그걸 못 한다는 것이냐며 화를 내곤 했다.

"올해 다솜이도 학교 들어갔고 몇 년 있으면 다영이도 중학교에 들어갈 텐데, 지금도 애들 학원비며 이래저래 드는 돈이 얼마나 되는 줄 알아? 장사하다 쫄딱 망하면 애들하고 나는 어떻게 살아?"

아내가 이런 말을 할 때면 남편은 가슴이 답답했다. 망하고 나면 남편은 쏙 빼고 '우리 셋'의 안위만 걱정하는 아내의 말이 상처가 됐다.

그래도 남편은 뜻을 굽히지 않고 일을 모색하다가 바리스타 교육을 받고 카페를 내기에 이르렀다. 그 과정에서 아내와 무던히 싸웠지만 결국 남편이 간곡하게 설득했고, 철저하게 준비하는 모습에 아내도 동의하게 된 것이다. 하지만 조금이라도 일이 안 풀리면 "이거 잘못되면 다 당신 탓이다. 난 처음부터 반대했으니까"라는 말을 아퀴 짓듯 해댔다.

처음 몇 년은 괜찮았다. 신도시의 귀퉁이기는 했지만 큰 오피스텔 단지에 입주한 작은 회사들도 많고 주거민도 많아서 목이 좋은 편이었다. 무엇보다 경쟁할 카페가 거의 없어 생각보다 매상이 좋았다. 친절하게 하다보니 시작한 지 얼마 안 됐는데도 단골이 많이 생기고, 처음 2년 정도는 수익이 회사에서 받던 연봉을 훨씬 넘겨 저축도 가능했다.

하지만 레퍼토리만 바뀌었을 뿐 남편에 대한 아내의 불평은 여전했다. 일요일도 없이 일하다보니 애들하고 놀 시간도 줄어들고, 같이 외식이나 외출을 못 한다는 것이 아내의 가장 큰 불만이었다.

"카페 하고 수입이 늘었지만, 그렇게 주 7일, 365일 일하면 그 정도는 벌어야 하는 거 아냐? 시간당 수입으로 계산해봐. 당신 카페에 알바들보다 좀더 나은 정도지."

남편은 또 답답해졌다. 회사 다닐 때는 수입이 적다고 투덜대더니 이제 수입이 많아지니까 시간이 없다고 불만이다. 적게 일하고도 수입이 많아지면 아내는 제대로 행복해질까? 그러나 아무리 생각해보아도 로또에 당첨되지 않는 한 그런 일은 자기 인생에서 벌어질 것 같지 않았다. 그러잖아도 그동안 독점하다시피 해온 상권에 카페들이 한두 개씩 생겨나고 있어 매출이 눈에 띄게 줄고 있었다. 매출이 떨어지는 만큼 근심은 커졌지만 그것을 아내와 나눌 수는 없었다. 비난이 돌아올 게 너무나 분명했다.

남자에겐 인정받고 싶은 욕망이 있다

개업 3년이 넘어가자 매출이 근심의 수준을 넘어 위협감이 들 정도로 떨어졌다. 하지만 아내에게는 마음을 털어놓을 수가 없었다. 그러던 어느 날 카페에 자주 오던 여자 손님과 우연히 술자리를 갖게 되었다. 단골인 그녀와 서로 좋은 인상을 갖고 있던 참에, 마침 그녀의 생일이어서 간단히 한잔하게 된 것이다. 술이 들어가자 서로의 속내를 털어놓으며 위로를 주고받았다.

그날 이후 두 사람은 손님과 가게 주인을 넘어 사적인 관계로 발전하게 되었다. 남편으로서는 얼마 만에 받아보는 위로인지 몰랐다. 무엇보다 그녀는 남편(사장)의 친절함, 가게 운영 능력, 커피 뽑는 실력 등을 칭찬하고 인정해주는 여성이었다. 의기소침해 있던 남편에게 힘을 주는 것 같았다. 아내에게서는 받을 수 없었던 기쁨이고 에너지였다. 그들의 관계는 이른바 불륜으로 넘어갔고, 남편은 아내와 이혼하고 그 여성과 결합하려는 생각까지 하게 되었다. 하지만 남편의 계획도, 매출 증가도 모두 수포로 돌아가고 그들의 관계까지 발각되는 결정적인 사건이 일어났다.

단지 내의 카페 상권을 일거에 제압해버릴 만한 대규모 프랜차이즈 카페가 들어선 것이다. 고만고만한 동네 카페들이 나름의 개성을 살려 운영되고 있어서 어느 한쪽에 매상이 쏠리지 않고 아슬아슬한 균형을 맞춰가며 유지되고 있었는데 그만 모두 문을 닫을 지경이 되었다.

사람의 마음이란 참 알 수 없는 것이었다. 몇 년을 단골로 오던 사람들이 대기업에서 운영하는 카페가 들어서자 너나없이 그리로 달려갔다. 커피값이 훨씬 비싼데도 말이다. 매출은 절반 이하로 떨어지고 당연히 생활비는 늦게 주거나 덜 주게 되었다. 그러자 아내의 비난은 더 거세지고 급기야 모든 통장과 카드를 가져가기에 이르렀다. 이렇게 통장과 카드를 관리하던 아내는 예전 사용명세서에서 이상한 점을 발견하고는 남편을 닦달했고, 급기야 두 사람의 관계를 알아버렸다. 말로 다 할 수 없는 난리통을 겪었다. 남편은 그 여성과 헤어지고 가게도 정리하게 되었다. 결국 사업에서도 실패하고 바람까지 피운 죄인 남편이 되어 돌아온 것이다.

아내들은 또는 여자들은 남자들을 '개'라고 생각할 때가 종종 있다. 남자들은 기회만 되면 바람을 피우고 틈만 나면 바람을 피우고 상대를 가리지 않고 바람을 피우는, 도덕도 윤리도 없는 성적 동물이라고 여긴다. 하지만 내가 알기로는 대부분의 남자들은 그렇지 않다. 여자들이 바람을 피우는 바로 그 이유 때문에 남자들도 바람을 피운다. 아내들이 남편한테 사랑받지 못해 자기 존재를 확인하려 바람피우는 것처럼, 남편도 자신을 인정해주지 않는 아내의 옹색함 때문에 사랑받고 싶어 상대를 찾는다. 물론 두 경우에 똑같이 육체적 인정과 사랑이 포함된다.
사랑과 인정은 많은 부분에서 융합되어 있기 때문에 어느 것이 사랑이고, 어느 것이 인정인지 구별하기란 쉽지 않다. 그런데 남성과 여성은 사랑을 표현하는 방식도, 상대를 인정하는 어법도 다르다. 그래서 오해가 생길 수도 있다. 하지만 대체로 사회적 성취를 통해 타인에게 인정받는 것이 남자들이 자기 존재를 확인받는 방식이다. 위의 남편처럼 아내에게 진정 어린 인정을 받지 못한 남편들이라면 자신을 인정해주고 자신의 실패나 실수를 다독여주는 사람을 필요로 한다.

외도 문제로 이혼 상황까지 갔다가 상담을 받아서 자기 잘못을 제대로 다 알고 오면 용서해줄 수도 있다는 아내의 강권에 떠밀려 상담에 온 한 남편은 이렇게 이야기한 적이 있다.

"언젠가 방송에 보도된 남편 죽인 여자 말이에요. 그 여자 심정이 정말 이해가 돼요. 그 여자가 남편한테 10년 넘게 폭행당했다면서요. 폭력을 참다 참다 남편을 죽인 거잖아요. 그건 정당방위죠. 단순히 살인을 저지른 것이 아니라고요. 사람들은 그 여자가 남편을 죽일 수밖에 없었던 상황은 왜 고려하지 않나요. 제 심정도 똑같아요. 제가 바람피웠으니까 우리 집안도, 처가 집안도 다 저를 나쁜 놈 취급해요. 하지만 그동안 제가 당한 괴로움과 비참함은 아무도 생각 안 해요. 사실 아내한테 일말의 미안함은 있지만 근본적으로 미안하다는 생각 같은 건 없어요. 저만 계속 반성해야 하고, 저만 이렇게 계속 나쁜 놈으로 살아야한다면 차라리 이혼하는 편이 나아요. 얼마 없는 재산이지만 다 털어주고 혼자 훌훌 살면 입에 풀칠이야 못 하겠어요? 애들 때문에 사는 거지. 옆에서 무시당하며 사는 것보다 차라리 무시받지 않고 혼자 사는 편이 나을 것 같아요. 아내는 자기가 잘못했다는 생각은 절대로 안 해요."

〈아내가 달라졌어요〉가 없는 이유

한국 가정의 부부관계를 깊게 들여다보면 실질적인 권력자는 아내라는 것을 알 수 있다. 남편이 아무리 가부장적이고 자기 멋대로 한다고 해도, 가족 내의 역동을 분석해보면 결국 아내가 최종 승리자다. 남자들은 전투에는 이겨도 전쟁에서는 지고 만다. 그런데 남편들이 그런 것처럼 아내들도 부부관계에서 자신들이 어떤 태도를 보이고 있는지 자각하지 못하는 것 같다.

관계에서 상대방을 심리적으로 위축시키는 방법은 여러 가지가 있다. 먼저 어떤 것을 요구한다. 요구는 은밀하거나 요구의 티가 나지 않는 것일수록 좋다. 그런 다음 상대가 그것을 해주면 만족스럽지 못하다고 한다. 물론 이것도 티가 나게 하면 안 된다. 가능하면 약간은 만족하지만 완전히 만족스럽지 않다는 메시지를 전달하면 된다. 문제가 큰 것이면 대놓고 무시해도 된다. 아니면 은근히 두고두고 불만을 표시하면 된다. 그러면 상대는 위축되고 미안해지고 자기 능력에 대해 불신이 들면서 급기야 주눅이 들 것이다.

또 하나는 상대의 노력을 기본적으로 누구나 다 하는 것으로 만들어버리는 것이다. 남편들이 자신의 어려움, 가족을 위해 노력하고 있는 일들을 이야기하면, 아내들은 "제발 생색 좀 내지 마. 그건 남자들이면 다 하는 거야"라든지, "누구네 아빠는 돈도 잘 벌고 애들하고 잘 놀아주면서 여행도 잘 다니던데, 당신은 그중에 하나도 제대로 못하냐?"라든지, "야, 요즘 그런 것도 안 하고 사는 남자들이 어딨냐? 당신만 잘난 거 아니니까 제발 잘난 척 좀 하지 마" 하고 말한다. 이런 말을 한두 달에 한 번 정도만 날려주면 남편 주눅 들게 하는 건 3년이면 충분하다.

아내들이 결국에는 이겨내고 마는 방법 중 또 하나, 가장 흔하고 잘 먹히고 부작용이 없는 방법이 있다. 자기를 피해자로 만드는 것이다. "당신이 나한테 해준 게 뭐가 있는데?" 이런 말은 애교에 속한다. 남편이 행패를 부리거나 비상식적인 행동을 하면 그것으로 비극을 한 편 쓰면 된다. 자기 인생을 나락으로 빠뜨린 사람이 남편이라고, 모든 책임을 남편에게로 돌리고 자신은 불가항력적으로 당할 수밖에 없었노라고, 자기 삶의 모든 고통은 남편에게서 비롯되었다고 하면 된다. 이렇게 자신을 비극의 주인공으로 만들고, 그럼에도 "이 엄마는 너희들만 믿고 산다. 너희들을 위해서라면 이 고통도 다 감내하며 살 것이다"라고 하면, 아이들은 피해자인 어머니의 숭고한 희생정신에 미안해하고 어머니의 삶을 불쌍하게 여겨 아버지를 배척하고 어머니의 편에 설 것이 분명하다. 게다가 아버지는 돈 버느라 바빠서 아이들과 정서적 동맹을 맺을 틈도 없으니 아이들이 엄마 편이 되기란 아주 쉽다.

아내들은 남편이 자신에게 공감해주지 않는다고, 그래서 세상에서 자기가 가장 외로운 사람이라고 서러워한다. 남편에게서 공감받지 못하는 아내의 심정이 얼마나 허전한지 상담실을 찾는 여성들의 이야기로도 익히 알 수 있다. 하지만 아내들 자신은 남편에게 어떻게 하는가. 남편이 뭐라고 불평이라도 하면 "남자가 쩨쩨하게 뭘 그런 걸 가지고 구시렁거려?"라든지, "남자가 좀 남자다워봐라. 밴댕이 소갈딱지처럼 속은 좁아터져가지고, 왜 그러냐?"라든지, "참, 소심하고 뒤끝 작렬이다. 그게 언제 적 얘긴데, 기억력도 좋다. 그 이야기를 지금 왜 꺼내냐?"라고 하면서 남편의 정서는 한껏 무시한다. 남편의 정서와 감정을 공감하고 받아들이려 하지 않으면서 자신은 남편에게서 공감받지 못한다고, 그래서 불행하다고, 그 불행이 다 남편 때문이라고 말한다.

텔레비전에서 방영하는 가족 프로그램 중에 〈우리 아이가 달라졌어요〉라는 것이 있다. 연이어 〈엄마가 달라졌어요〉도 만들어졌고, 급기야 〈남편이 달라졌어요〉도 만들어졌다. 심지어 〈선생님이 달라졌어요〉도 있고, 〈부모가 달라졌어요〉도 있다. 하지만 왜 〈아내가 달라졌어요〉는 없을까?

어떤 사람에게 달라지라고 요구하지 못하는 경우는 크게 두 가지다. 하나는 그 사람이 힘을 가진 권력자이거나, 아니면 아무래도 달라질 가망이 없으니 아예 요구하지 않는 것이다. 가족의 구성원으로서 누구도 완벽할 수 없을 텐데 '아내가 달라졌어요'라고 말하지 못하는 것은 무엇 때문일까? 답은 분명하다. 감히 실질적인 권력자에게 달라지라고 요구할 수 없기 때문이다. 주 시청자층인 여성, 그중에서도 아내의 자리를 위협하는 프로그램이 '아내'들의 지지를 받지 못하리라는 점을 방송 제작진이 감으로 아는 걸까? 아니면 대한민국 아내들은 정녕 바꿀 것이 하나도 없단 말일까?

아이가 달라져야 한다고? 남편이 달라져야 한다고? 선생님이 달라져야 한다고? 맞다. 하지만 '아내'도 달라져야 한다. 남편의 정서는 돌보려 하지 않는 아내가 아이들을 제대로 키울 수 있을까? 아이들을 아바타로 만들어 자신의 삶을 만회하려 하고, 남편을 가해자로 만들어 자신을 비극의 주인공으로 만드는 아내의 희생자 코스프레는 이제 막장드라마만큼이나 지겹다.

어른이 되지
못한 오누이
부부

대한민국 부부들은 아직 어른이 되지 못한 것 같다. 자신의 상처를 돌보는 데 몰두해 자기 자신에게만 집착하는 것 같다. 아내나 남편이나 자신은 희생하고 고통을 감내하고 있는데 상대방이 그것을 알아주지 않는다고 어린아이처럼 투정부리고 억울해한다. 하지만 과연 누구를 위해, 무엇 때문에 그 고통을 감내하고 있는지 정작 자신은 모르고 있다. 배우자나 자식 때문에 고민하는 것처럼 보이지만 사실은 모두 자기 안에 있는 결핍과 공허함으로 고통받고 있는데도 말이다.

그 남자, 그 여자의 속내

상담실을 찾은 한 중년 남성은 아침에 회사에 출근해서 사무실 창문 아래로 개미 같이 지나가는 사람들을 내려다보노라면, '그냥 여기서 뛰어내리면 다 끝인데' 하는 생각이 든다고 했다. 보험도 들어놓았고, 몇 해 뒤면 연금도 나올 테고, 처가도 웬만큼 살고 있으니 자신이 없어도 가족이 살아가는 데 큰 지장은 없을 것이다. 어차피 자기는 가족을 위해 돈을 버는 사람일 뿐인데, 경제적인 문제가 해결되면 군이 살아 있을 이유가 없을 것 같다. 괜히 아내를 귀찮게나 하고 자식들을 짜증나게 할 뿐이다…… 그는 이런 생각이 들면 나락으로 떨어지는 느낌이라고 했다. 꼭 무슨 일을 저지를 것 같아 창가에서 물러나 다른 생각을 하려고 애쓰지만 울컥하는 감정이 쉽게 가라앉지 않았다. 한창 일에 빠져 일주일 내내 가족들 얼굴도 제대로 못 보고 지내던 시절, 아내는 다 접고 이민을 가자고 했었다. 그때 이민이라도 갔어야 했나 후회해보지만, 그렇게 일하지 않았다면 지금까지 잘리지 않고 회사에 남아 있을 수도 없었을 것이다. 그런데 이제 와서 가족에게 왕따를 당하고 천덕꾸러기 취급을 받는다고 생각하니 울분이 목까지 차오른다.

이런 남편의 외로움과 소외감을 아내라고 전혀 이해하지 못하는 것은 아니다. 다만 그 마음을 헤아려주기에는 자신의 억울한 마음과 상처가 너무 크다. 결혼을 하면서, 아니 결혼하기 이전부터 포기해야 했던 것이 얼마나 많았던가. 자신을 위해 살지 못하고 부모나 남편, 자식을 위해 늘 참고 양보하고 물러나야 하는 순간이 얼마나 많았던가. 그런 생각을 하면 남편의 외로움과 소외감쯤은 별것 아닌 것 같다. 그래도 남편은 경제적으로 능력이 있고, 남자라고 대접받고, 사회적으로 인정이라도 받지 않나. 나야말로 가진 게 아무것도 없는데……

결국 아내들이 경험하는 가장 큰 고통은 자기 내면이 공허하다는 것이다. 비슷한 문제로 상담실을 찾는 중년 여성들에게 자신이 어떤 사람인지 이야기해보라고 하면 머리가 하얗게 비고, 시커먼 동굴처럼 끝이 보이지 않는 두려움이 먼저 가슴에 밀려온다고 말한다. 자기 안에 무엇이 있는지, 자기가 무엇을 할 수 있는지 도무지 알지 못한다. 생각해보면 자신의 삶을 어떻게 채울지 제대로 고민해본 적도 없다. 그러니 결국 붙잡을 것은 아이들밖에 없다. 남편을 위로해주고 싶지 않은 것도, 자식에게 지나치게 집착하는 것도, 결국 자기 안의 결핍 때문이라는 것을 모르지 않는다. 그저 그런 자신을 들여다보고 싶지 않을 뿐이다.

문제는 관계의 결핍이 아니다

상담에서 많은 부부들이 어떻게 부부관계를 회복할 수 있는지를 묻는다. 그러면 이런 이야기를 들려준다. "먼저 자신이 상대에게 무엇을 요구하고 있는지를 보세요. 상대에게 요구하는 그것이 바로 당신 자신에게 결핍된 것이고, 그것은 당신 스스로 채워야 합니다. 자신의 결핍을 상대를 통해 채우려는 어리석은 욕망을 멈추어야 합니다. 모든 문제는 관계의 결핍이 아니라 자신의 결핍에서 와요. 자신이 타인의 지옥이 될 수 있음을 알아야 합니다."

결국 이제는 남편은 남편대로, 아내는 아내대로 제대로 된 고민을 시작해야 할 지점에 이른 듯하다. 남편이 아내에게 더 많이 공감해주고, 아내가 자식보다 남편을 위주로 산다고 해결될 문제가 아니다. 각자 자기 삶의 가치에 대해 스스로에게 질문을 던져보아야 한다. 진정 나는 무엇을, 누구를 위해 이렇게 살고 있나? 그것이 나 자신과 가족을 불행하게 한다면 앞으로 어떻게 살아야 하나? 어떤 의미를 찾아야 하나?

이 질문에 답하기 위해 이제 또다른 질문을 던져보려 한다. 자기를 살피고 자신만의 삶의 의미를 찾는 것을 방해하는 이는 누구이고 또 무엇인가? 대한민국 가정이 망가지고 있는 이유가 단지 일에 중독된 남편이나 자식에게 집착하는 아내 때문일까? 아니면 미친 교육열 때문일까? 우리가 '어쩔 수 없이 받아들여야 하는 현실'이라 여기는 것에 정작 어떤 실체가 숨어 있을까?

4부 부모, 무엇을 배우고 가르쳤는가

: 대한민국 부모들의 연대기

1980년의 소묘-난파의 전조

한국판 타이타닉

지금까지 우리가 살펴본 대한민국 아이들과 가정의 모습은 가정에 국한된, 지극히 일부의 경험이 아니다. '대한민국에서 살아가는' 우리 모두의 이야기다. 대한민국에서 살아간다는 것, 그것은 우리가 제도와 시스템 속에서 살아가고 있다는 말이다. 밥그릇에도 정치가 담겨 있다고 했다. 일상의 사소하고 평범한 고통과 갈등 속에 정치의 핵심이 자리 잡고 있다.

지금 대한민국 가정에서 '교육'의 이름으로, '교육'을 위해 행해지는 일은 정치와 자본의 음모로서, 그들이 만들어낸 제도와 시스템이 우리에게 유령처럼 스며들어 우리 삶을 송두리째 불안 속으로 밀어넣고 있기에 가능한 일이다. 이제 그 연결고리를 밝히려 한다. 그것은 제도와 시스템을 유지하기 위해 희생해온 우리의 삶을 변화시키고, 그 제도와 시스템을 우리의 삶을 위한 것으로 되돌려놓기 위한 시작이다.

비바람이 거세게 불고 집채 같은 파도가 몰려와 배는 난파될 위기에 놓여 있다. 구명조끼 몇 개가 던져지자 승객들은 다른 생각을 할 겨를도 없이 그것을 차지하기 위해 미친 듯이 몰려간다. 하지만 구명조끼가 너무 부족하자 사람들은 뭔가 잘못되었다고 생각한다. 상황을 이렇게 만든 선주와 선장, 기관사의 죄를 물으려는 사람들이 생기기 시작한 것이다. 그때 어디선가 훨씬 많은 수의 구명조끼가 던져지고, 사람들은 그것을 차지하기 위해 다시 물불을 가리지 않는다. 심지어 선주와 선장을 찾아내자던 사람들도 더 늦기 전에 구명조끼를 하나라도 잡기 위해 경쟁에 뛰어든다.

그런데 구명조끼를 잡던 사람들은 구명조끼 중에 더 튼튼하고 편리한 것이 있고, 그렇지 않은 것이 있다는 것을 알게 된다. 이번에는 더 좋은 구명조끼를 잡기 위해 더 치열한 싸움이 벌어지고, 허름하고 위험한 구명조끼를 잡은 사람들은 좌절한다. 이렇게 99퍼센트의 사람들이 조금이라도 더 튼튼해 보이는 구명조끼를 쟁취하기 위해 이전투구하고 있는 동안 잘 차려입은 몇 명의 사람들은 유유히 쾌속선을 타고 사라진다. 그제서야 사람들은 정신을 차리고 사라지는 쾌속선을 망연자실 바라본다. 배는 침몰하고 있는데 풍랑은 더욱 거세지고, 구명조끼로 자신을 지키는 것이 터무니없다는 사실을 깨닫는다.

이 이야기는 '한국판 타이타닉'이라고 불러도 좋을 것이다. 영화 〈타이타닉〉에는 계층을 뛰어넘는 감동적이고 숭고한 사랑과 인간애가 넘쳤다. 그러나 '한국판 타이타닉'에는 사랑도 인간애도 없다.

난파하는 배는 한국 사회다. 더 정확히 말하면 한국 가정이다. 난파의 증거는 너무나 분명하다. 중산층의 몰락과 양극화에 따른 가정의 해체, 아이들의 폭력과 자살, 40, 50대 가장들의 자살, 청년실업 등등. 그렇다면 그 풍랑은 어디에서 불어오는가? 두말할 것도 없이 자본의 권력이 유례없을 정도로 강대해진 신자유주의가 그 진원지일 것이다. 멀리서 음울한 소리를 내며 다가오는 자유무역협정(FTA)은 거대한 파도 중 하나일 뿐이다. 국민을 위한 최소한의 보호장치라고 생각했던 국가는 실종되었고, 세상은 대자본과 다국적기업의 지배 아래에 놓였다. 그들의 힘은 우리의 일상 곳곳, 우리가 사는 동네 작은 골목 모퉁이까지 분식점, 슈퍼마켓, 돈가스집, 라멘집의 간판을 걸고 스며들어와 우리의 목을 죄고 있다.

그렇다면 구명조끼는 무엇인가? '대학'이다. 한국의 부모들은 대학이 구명조끼라고 철석같이 믿고 그것을 잡기 위해 모든 것을 던져 '올인'하고 있다. 우리 삶의 유일한 보험이자, 어쩌면 쾌속선에 매달려서라도 갈 수 있을지 모른다는 허망한 꿈을 꾸게 하는 구명조끼로서의 대학. 매일 적어도 1.5명의 아이들이 스스로 목숨을 끊는 나라. 자신이 살기 위해 다른 사람을 죽이는 섬뜩한 아이러니가 일상으로 펼쳐지는 대한민국. 우리는 아이들을 죽여가면서라도 필사적으로 대학, 대학, 대학에 매달리고 있다. 이렇게 부모 자식 사이가 원수보다 더한 관계로 전락해도 대학에 모든 것을 걸고 있다. 그러나 더 무서운 것은 대학이 문제의 핵심이 아니라는 점이다. 대학이 진짜 문제라고 생각한다면 우리는 또 한 번 속는 것이다. 그렇다면 대한민국의 부모들은 너무 순진한, 아니 어리석은 것이다. 이제 더 많은 구명조끼(대학)가 던져졌던 시점으로 돌아가보자.

내신제도의 도입, 친구가 적이다

1980년, 기억이 맞다면 그해 여름방학이었다. 당시 고등학교 2학년이던 나는 공부에는 거의 관심이 없는 학생이었던지라 친구들과 어울려 노는 데 여념이 없었다. 방학을 맞아 5박 6일로 비진도라는 섬으로 여행을 가기로 했다. 친하게 지내는 친구들과 6일 동안이나 같이 먹고 자고 마시고 놀 수 있다는 생각만 해도 가슴이 뛰고 기분이 좋았다.

신나게 캠핑 짐을 싸다가 라디오에서인지 텔레비전에서인지 흘러나오는 뉴스를 들었다. 공부는 안 하는 학생이었지만 대학입학제도가 혁신적으로 바뀌고, 과외를 전면 금지한다는 제법 충격적인 뉴스여서 관심 있게 들었던 것 같다. 하지만 대학은 가고 싶어도 갈 형편이 못 되는 성적인 데다, 과외라는 것은 받아본 적도 없고 그럴 돈도 없던 터라 그 소식은 아무런 감흥도 불러일으키지 못했다. 하지만 1980년 전두환 정권이 만들어낸 그 제도는 나의 삶은 물론이고, 한국의 가정과 한국 사회를 완전히 뒤집어놓기 시작했다.

전두환 정권이 발표한 대학입학제도의 혁신적인 변화는 첫째 내신 제도의 도입이었다. 둘째는 졸업정원제의 도입, 그리고 마지막으로 과외 전면 금지였다. 내신제도가 무엇인지 처음 듣는 나와 친구들은 도무지 감이 잡히지 않았다. 철딱서니 없었던 나는 아무 생각 없이 친구들과 그해 여름 비진도에서 신나게 놀다 왔다. 대학에 갈 생각도 별로 없었고, 학교도 선생님도 우리의 대학 진학에는 크게 관심을 기울이지 않았다.

그러나 2학기가 되자 뭔가 심상치 않은 변화가 일어났다. 그 징조는 선생님들이 우리를 대하는 태도에서 나타났다. 중간고사를 치를 때였다. 시험 때면 으레 커닝을 하던 친구들은 그날도 예외가 아니었다. 사실 공부에 관심이 없었던 친구들의 성적은 고만고만했기 때문에 누가 누구를 보여준다고 덕을 보거나 할 처지들이 아니었다. 커닝은 우정을 나누고 확인하는(?) 행위였다.

아무런 죄의식 없이 그렇게 커닝을 즐기던 철딱서니 없는 우리 중 한 친구가 감독 선생님에게 발각되었다. 한 명을 적발한 후 답안지와 문제지를 압수한 선생님은 아무래도 낌새가 이상하다고 생각했던 것 같다. 우리가 커닝하던 방법은 아예 답안지 자체를 교환하는 과감한 방법이었는데 선생님은 문제지와 답안지를 하나씩 검사했다. 수학시험을 치르던 그 시간, 시험지에는 문제를 푼 흔적이 없는데 답안지에 답은 다

적혀 있는 학생들이 몇 명 있었고 이를 이상하게 여긴 감독 선생님이 우리를 모두 부정행위자로 적발했다.

그런데 선생님이 적발한 학생들을 무릎 꿇려 벌을 주면서 모두에게 훈계한 말이 충격적이었다. "야, 이 돌대가리 병신 새끼들아. 이제부터 니네 친구들이 니들의 적이란 말이다. 무슨 말인지 모르겠냐? 이제부터 같은 반 친구들, 같은 학년 친구들이 모두 너희들이 경쟁해야 할 적이란 말이다."

나는 솔직히 그때 속으로 '씨발, 친구들이 무슨 적이야. 미친 거 아냐?' 하고 생각했다. 하지만 선생님의 말은 틀리지 않았다. 선생님은 더하지도 빼지도 않고 아주 정확하게 친구관계를 재정의해주었다. 1980년 여름 그날 이후 대학을 가겠다고 계획한 학생들이라면 같은 반 친구, 같은 학년 친구들이 가장 직접적인 경쟁 상대가 된 것이다.

이전까지만 해도 학력고사를 치고 대학별로 본고사를 본 뒤 대학에 입학했다. 특정 다수(전국의 모든 같은 학년 학생들)를 대상으로 한 경쟁 제도였던 것이다. 그런데 내신제도는 특정 소수(같은 학교 같은 학년 친구)를 경쟁 상대로 만드는 제도였다. 전쟁으로 비교하자면 백병전이 시작된 것이다. 그날 시험 감독관으로 들어온 그 선생님보다 내신제도에 임하는 학생들이 나아갈 바, 친구들을 대하는 바를 더 정확하게 정의할 수는 없을 것 같다.

대학 수의 절대 증가, 못 가면 병신이다

1981년, 나는 고등학교 3학년이 되었다. 학교는 유례없이 경사스러운 분위기에 들떠 있었고, 우리 학년에 거는 교장 선생님의 기대는 하늘을 찌를 듯했다. 내가 다니던 고등학교는 경북의 작은 군 단위 지역에서 하나밖에 없는 인문계 고등학교로 우리끼리는 군내 유일한 최고의 명문고등학교(?)라고 농담을 했지만, 대학입학률은 말하기 부끄러울 정도였다.

매년 160명 정도의 졸업생 중 4년제 대학 합격생이 세 명을 넘겨본 적이 없으니, 대학 못 가는 걸로 치면 전국 명문이라 자랑할 만했다. 그런데 내신제도가 적용된 바로 한 학년 위 선배들이 경천동지할 진학률을 보였다. 160여 명의 졸업생 중 무려 열 명이 훨씬 넘는 선배들이 4년제 대학에 입학한 것이다. 그중 한 선배는 학교 역사상 최초로 지방 국립대에 합격했고, 교장 선생님은 너무나 기쁜 나머지 교사 전체에게 회식을 제공했다.

내신제도가 적용됨으로써 가능한 결과였다. 예를 들어 우리 학교에서 전교 일등 하는 학생의 학력고사 점수는 340점 만점에 200~210점을 오락가락하는 수준이었다. 그 정도면 지방 이삼류 대학교 비인기학과에 겨우 들어갈 수 있는 점수였다. 그런데 1981학년도 대학입시부터 내신제도를 적용하게 되면서, 우리 학교 전교 일등이 받은 220점 정도의 학력고사 성적에 내신 1등급을 적용하니 학력고사 240~250점대 학생들과 어깨를 나란히 할 수 있게 된 것이다. 이로써 시골의 따라지 고등학교 학생들이 대거 대학교에 입학할 수 있게 되었다. 이런 결과가 생기자 시골 동네가 약간 들썩거리기 시작했다. 부모님들도 우리를 대학에 보낼 가능성이 있다는 기대감을 가지기 시작했다. 대학은 아예 꿈도 꾸지 못할 곳이라 생각했는데 선배들이 선전한 소식을 듣고 기대가 부풀기 시작한 것이다.

게다가 대학 입학정원을 30퍼센트 늘리고 경쟁을 통해 졸업할 때는 30퍼센트를 걸러내겠다는 취지의 대학 졸업정원제가 시행되었다. 전두환 정권이 들어선 이후 한국의 대학은 정원뿐 아니라 수도 엄청나게 늘어나기 시작했다. 아무나 갈 수 없었던 대학이 아무나 갈 수 있는 대학으로 바뀌기 시작한 것이다. 1980년 30퍼센트를 겨우 넘기던 대학진학률은 2011년 기준 80퍼센트를 넘어섰다. 학생 정원을 채우지 못해 학생 유치에 애를 먹는 이름 없는 지방 대학들이 한둘이 아닌 것을 보면 대학은 이제 돈이 없어 못 가는 경우는 있어도 실력이 없어 못 가는 곳은 아니다.

결국 고등학교 동기들은 내신제도의 가장 큰 수혜자가 되면서 학교 역사상 최대 진학률을 기록했다. 무려 서른 명이 넘는 친구들이 4년제 대학에 들어갔다.

고등학교 3학년의 교실 풍경, 특히 시험기간에 바뀐 분위기는 지금도 기억한다. 그전까지만 해도 시험을 칠 때면 공부를 잘하는 아이들도 몇 문제 정도는 짝에게 보여주고 서로 약간씩은 도와주었지만, 선배들을 보면서 내신제도의 중요성을 한번 각인한 이후 공부를 좀 한다는 친구들은 부정행위에 대해 민감하게 변했다. 공부 잘하는 아이들과 못하는 아이들의 부류가 갈라지게 되고, 우리는 그 아이들을 '의리 없는 새끼들' '싸가지 없는 쪼잔한 놈들'이라고 불렀다. 그 친구들은 우리를 '돌대가리'나 '멍청한 놈들'이라고 생각했을 것이다. 그렇게 친구관계가 내신제도라는 보이지 않는 벽을 사이에 두고 갈라지게 되었다. 물론 커닝을 통해서만 우정을 확인할 수 있는 것은 아니며 또 그런 행위를 칭찬하려는 것도 아니다. 교실 풍경이 각박해지는 시점을 말하려는 하나의 예시일 뿐이니 이해해주면 좋겠다.

졸업정원제는 결국 내가 겨우 대학에 들어간 이후 몇 년이 지나지 않아 엄청난 사회적 문제로 떠올랐다. 성적이 나빠서 졸업을 못 하게 된 대학생들이 전국에서 연이어 자살한 것이다. 1986년으로 기억한다. 전국적으로 졸업정원제 반대 데모가 거세게 일어났고 내가 다닌 대학도 전교생 2만 명 중 적어도 절반 이상이 졸업정원제 반대 시위에 참가했다. 학생들이 학교 본관에 몰려가 총장에게 책임 있는 답변을 요구했다. 지금 생각하면 우리가 정말 치기 어리고 순진한 요구를 했던 것 같다. 일개 대학 총장이 어떻게 졸업정원제를 폐지할지 말지에 대해 책임 있게 답변한단 말인가. 그 서슬 퍼런 군사독재 정권에서 바른 소리 하는 사람들은 모두 대공분실에 끌려가 고문당하고 맞아 죽던 시국인데 어떤 총장이 소신껏 말을 할 수 있었겠는가.

어쨌든 그날 학생 시위대 앞에 학생처장이 나와 했던 말을 기억한다. 그는 우리에게 이런 취지의 설득을 했다.

"말이 졸업정원제이지 시험으로 걸러내고 성적으로 떨어뜨리는 것이 아니다. 82년도에 입학한 학생이 52명이면 졸업할 때까지 82학번이 40명만 되면 성적에 상관없이 다 졸업한다. 가정대학을 제외하고 한 과에 남학생이 최소한 30퍼센트는 넘을 테고 그러면 2학년 때 군대 가는 학생들이 대부분인데, 그러면 나머지 학생들은 모두 무사히 졸업할 수 있다."

학생들은 그 대답에 만족하지 않고 졸업정원제 자체를 없애라고 요구했다. 그때 진보적인 학생들은 졸업정원제를 도입해 군사독재 정권에 가장 위협이 되는 학생운동권 세력을 성적을 올가미로 묶어두려는 수작이라고 비판했다. 하지만 그날 학생처장의 해명을 들으면서 이런 의문이 들었다.

'아니, 그럼 애초에 정책 입안자들은 이렇게 될 것을 몰랐단 말인가? 이렇게 이름뿐인 졸업정원제는 왜 만들었지? 실제로 학생운동을 무력화할 도구도 아닐 바에야 졸업정원제는 뭐하러 만들었을까?'

하지만 당시 내 식견과 머리로는 그들의 음모를 파악할 길이 없었다.

모두 대학에 올인하라, 서열은 더욱 강고해질 것이다

그 의문은 결국 대한민국의 교육과 가정, 우리 사회의 욕망을 연구하면서 풀어지게 되었다. 그것은 자본과 정권의 결탁이었고, 대한민국 부모와 자녀 들을 자본의 노예로 길들이는 시초이자 올가미였던 것이다. 전두환 정권부터 늘어난 대학은 지방에서 행세하던 토호들이 사학재단을 거느린 자본가로 성장할 수 있는 계기이기도 했다. 대학을 늘리는 것은 교육의 기회가 커진 것이 아니라 교육이 정권의 비호 아래 자본에 예속되는 과정이었다.

나는 당연히 대학에 갈 수 없을 거라고 생각했다. 물론 집에 돈도 없었지만 무엇보다 그럴 만한 실력이 안 됐다. 그러나 대학 정원이 30퍼센트나 늘어나고 새로운 대학교의 수가 매년 10퍼센트 가까이 늘어나자 대학 입학의 문이 엄청나게 넓어졌다. 내신제도를 통해 도시의 학생들이나 지방 명문고등학교의 성적 좋은 아이들뿐 아니라 시골 학교, 따라지 학교의 나 같은 어중이들도 대학 입학이 가능해졌다.

그렇게 되면 경쟁이 더 치열해지고 원래 공부를 잘하던 아이들은 손해를 봐야겠지만, 그런 일은 아예 벌어지지도 않았다. 졸업정원제를 시행하면서 대학은 30퍼센트나 더 많은 학생을 받아들일 수 있게 되었다. 1980년에 11만 5000명 정도이던 대학 신입생 수가 1982년에는 19만 1000명으로 두 배 가까이 늘어났다. 1980년에 85개교이던 4년제 대학 수는 1982년에 97개교로 늘어났다. 2011년 대한민국의 4년제 대학은 모두 183개교로 집계되어 있다.

이에 더하여 1990년대 들어 문민정부가 시행한 5·31 교육개혁은 대학교육체제가 급격하게 비대해지는 데 본격적으로 기여하게 된다. 자유주의와 경쟁의 시장원리가 대학교육 개혁에 도입됨으로써 대학 설립 기준이 완화되고 정원도 자율화된다. 이는 교육의 공공성 확대를 통해 교육의 질을 담보해야 하는 국가의 책임을 저버린 것이었다. 1996년 47퍼센트이던 고졸자의 대학진학률은 2011년에 80퍼센트가 훌쩍 넘었다. 이제 대학은 아무나 들어갈 수 없는 곳에서 누구나 들어갈 수 있는 곳으로 바뀌었다. 요즘 대학에 못 들어가면 아이가 '바보'이거나 그렇지 않으면 부모가 최극빈층이라는 것을 증명하는 셈이다.

어렵사리 지방의 사립대학에 합격한 뒤 나는 몇 번이나 망설이다 부모님에게 합격 사실을 말씀드렸다. 대학시험에 응시했다는 사실조차 알리지 않았는데 그 이유는 합격해봤자 등록금을 마련할 수 없으리라 생각했기 때문이다. 하지만 아들의 합격 소식을 들은 아버지는 당신이 할 수 있는 모든 방법을 동원하여 입학금을 마련했다. 어머니도 무슨 수를 써서라도 대학교는 마치게 해주겠다며 누이들에게 다짐하곤 했다. 친구들의 가정형편도 나와 별다를 게 없었다. 하지만 대학에 합격한 친구들 중에서 한두 명을 제외하고는 돈을 마련하지 못해 진학을 포기한 친구는 없었다.

결국 대학은 모든 부모들의 바람이고 욕망이라는 것을 내 부모, 내 친구들의 부모를 통해 알게 되었다. 부모들은 아이가 잘된다면 어떤 어려움도 감내할 용의가 있었다. 그동안 문이 너무 좁아 감히 바라보지 못했던 대학의 문이 넓게 열리자 부모들의 욕망도 더 뜨거워진 것이다.

이렇게 1980년 졸업정원제와 내신제도를 시작으로 1995년 5·31 교육개혁에 이르기까지 대한민국의 모든 교육은 본격적인 경쟁제도로 재편되었다. 대한민국 가정도 서서히 이런 경쟁체제에 순응하는 방식으로 몸바꾸기를 시작한다. 현재 전 국민을 무한경쟁, 무한도전에 열광하는 시스템으로 몰아넣은 것은 바로 교육의 공공성에 대한 책무를 방기하고 시장경쟁의 원리를 추종했던 국가다. '한 명의 예외도 없이 모두 다 대학에 올인하라! 그러나 서열은 더 강고해질 것이다. 그러니 더욱 경쟁하라.' 누구도 이렇게 소리내어 말하는 자는 없으나 그 명령은 대한민국을 떠도는 망령, 거역할 수 없는 목소리가 되어 우리 안에서 속삭이기 시작한 것이다.

2012년의 소묘−대졸자 주류사회의 허상

대졸자 주류, 486의 뒤틀린 욕망

이제 풍랑이 거친 바다에서 튼튼한 구명조끼를 잡아채기 위해 악다구니를 쓰는 사람들을 뒤로하고 쾌속선을 타고 사라지는 자들은 누구인지 생각해보자. 그들은 우리에게 왜 굳이 구명조끼를 던져주었을까? 그 질문에 답하지 않는다면 순진하고 어리석은 부모들의 연대기는 〈타이타닉〉의 결말로 치달을 것이다. 그러나 앞서 말했듯이 안타깝게도 '한국판 타이타닉'에는 사랑도 인간애도 없다. 오로지 구명조끼를 낚아채 사라지는 쾌속선의 뒤꽁무니를 따라잡으려는 욕망만이 있을 뿐이다.

한국 사회에서 높은 대학진학률은 성숙한 시민의 등장을 나타내는 지표가 아니라 주류를 향한 모방적인 경쟁의 악순환을 나타낼 뿐이다. 대학은 모방경쟁 대열에 합류 하지 않는 사람들을 손쉽게 비주류, 주변부로 몰아내는 천박한 선별 기준으로도 기능한다. 철학자 김진석은 우리가 평균적이고 평범하다고 믿는 적당한 욕망이 '대졸자 주류사회'가 만들어내는 그릇된 역동에 갇혀 있음을 지적한다. 정확히는 '대졸자 과잉 주류사회'라 불러야 한다고 꼬집는다.

'대졸자 주류'는 한국 사회에서 다양한 삶의 방식을 주변화하면서 주류적 가치와 소비를 주도하는 보수적인 집단으로 기능하고 있을 뿐이다. 그 대표적인 예로 한국의 민주화를 주도한 486세대는 정치적으로는 어느 정도 진보를 가져왔을지 모르지만, 삶의 가치에서는 개발독재를 용인하고 경제성장에 목맨 그들의 부모 세대와 결코 다르지 않은 모습을 보여주고 있다. 이들은 입을 모아 '우리도 한번 잘살아보세'를 외치던 새마을운동의 후예답게 입만 열면 습관처럼 말한다. "남들 하는 만큼은 해야 한다. 남들 사는 만큼은 살아야 한다."

이들이 '정상'이라고 느끼는 감각은 '남들'과 비교해 뒤처지지 않는 삶이다. 남들이 누리는 것을 누리지 못하는 삶은 뭔가 문제가 있는 삶이며 주류에서 밀려난 삶과 동일시된다. 정상-비정상, 주류-비주류의 기준은 늘 내가 아닌 남에게 있다. 그래서 그토록 남들 다 가는 대학, 남들 다 사는 아파트, 남들 다 타는 차에 집착하고, 끊임없이 남들을 모방하며, 모방하기 위해 경쟁한다. 그러나 그런 자신이 특별히 욕심이 많다거나 대단한 것을 바라는 것은 아니라고 생각한다. 그저 대한민국에 사는 사람이라면 누구나 가지는, 평범하고 소박한 소망일 뿐이라고 생각한다. 그러나 그것은 아이들을 죽이고 미치게 만드는 '잔혹하게 소박한' 소망이다.

사실 이들은 어떤 세대보다 경제성장과 경쟁 위주의 주류 가치를 체계적으로 학습한 세대이기도 하다. 민주화운동의 주역으로 민주주의와 자유를 소리 높여 외쳤지만 주류적 삶의 방식을 구성하는 아파트와 재테크, 주식투자, 사교육 열풍을 만들어낸 주역이기도 하다. 아파트값 올려주고 주식으로 돈 벌게 해준다는 말에 이명박을 대통령으로 당선시킨 유권자 집단이기도 하고, 입으로는 민주화와 진보를 말하지만 주류적인 성장과 소비 지향의 삶에 순응하는 이들이기도 하다. 이제 그들이 부모가 되어 아이들을 자신들이 겪었던 경쟁보다 더 끔찍한 모방경쟁으로 몰아넣고 획일적인 삶의 방식을 강요하고 있다.

사실 어느 사회든 주류와 비주류는 있기 마련이다. 그러나 한국처럼 '대졸자 주류'가 만들어낸 욕망에 의해 압살되는 사회는 어디에도 없다. 물론 대졸자 주류가 그 사회에 좋은 가치를 제시하고 모범이 된다면 더할 나위 없이 좋을 것이다. 그러나 대학을 졸업하고도 제대로 된 전공지식은 고사하고 시민으로서 갖춰야 할 기본적인 교양조차 갖추지 못한 사람이 태반인 상황이라면 문제는 달라진다.

사실 자신에게 진정으로 가치 있고 의미 있는 것은 무엇이며 그 가치를 따르는 삶은 어떠한 것인지 제대로 생각해본 적도, 경험해본 적도 없는 대학 신봉자들. 이들은 분열된 자신의 삶에 눈감은 채 시스템의 중력에 몸을 싣고 놀라울 정도로 무책임하게 자신의 아이들을 희생시키면서까지 시스템의 재생산에 기여하고 있다. 자신들이 기대고 있는 사회의 시스템에 휘둘리면서 그 시스템이 안겨다주는 어떤 치욕도 참아내면서 주류의 삶에서 밀려나지 않겠다는 일념으로 하루하루를 버티고 있다. 그 대가로 얻은 것은 무엇이고 잃은 것은 무엇인지 돌아보려 하지 않는다. 하지만 이제는 직시할 때가 되었다.

대학 이후에 기다리고 있는 것들

농담 하나로 이야기를 시작할까 한다. 한국을 잘 아는 외국인 친구가 나에게 물었다.

"한국 학생들은 대학에 들어가려고 초, 중, 고 12년간 잠을 못 자고, 대학에 들어가서는 또다시 취업 준비를 하느라 밤잠을 못 잔다. 그러면 도대체 한국 아이들은 잠을 언제 자니?"

내가 대답했다.

"걱정 마라. 대학 졸업하면 백수가 된다. 그때부터 실컷 자면 된다."

외국인 친구는 웃음을 터뜨렸고 나도 따라 웃었지만 뒷맛은 씁쓸했다. 대한민국 부모들과 아이들을 옥죄고 있는 그 '대학'이 결국 아무것도 해결해주지 않는다는 것을 농담으로 다시 한번 확인하게 되니 말이다.

앞서 대학은 진짜 문제가 아니라고 했다. 그렇다면 무엇이 문제일까? 난파선에서 구명조끼를 얻었다며 모두들 환호하는 사이 누군가는 쾌속선을 타고 이미 그 상황에서 빠져나갈 수 있었던 것처럼, 다들 무언가에 홀린 듯 앞뒤 보지 않고 그저 살아남겠다는 생각으로 악다구니를 쓸 때 진짜 문제는 다른 곳에서 벌어지고 있었다. 이제 그 이야기를 해보자.

    경제학자 장하준은 『그들이 말하지 않는 23가지』라는 책에서 자본주의 사회의 경제적 불평등 문제를 이야기하며 '기회의 평등'뿐 아니라 '결과의 평등'을 보장할 수 없다면 그 사회는 실질적인 의미의 평등을 보장하지 못하는 것이라고 지적했다. 지난해 프로젝트와 관련해 병역의무를 이행중이던 20대 청년 서른 명을 인터뷰한 적이 있다. 무작위로 차출된 그들은 조직 내 스트레스에 관한 연구 대상자로 모였지만 모두 전역을 일 년 정도 남겨놓고 있던 터라 이야기는 자연스럽게 제대 후의 진로로 흘렀다.

    그날 모인 서른 명의 젊은이 중 스물아홉 명이 대학 재학 중 입대했는데, 복학할 것이냐고 묻는 질문에 열한 명이 복학하지 않을지도 모른다고 답했다. 그중 몇 명은 복학 의사가 분명히 없다고 했고, 몇 명은 고민 중이라고 했다. 이유를 묻자 대학을 나와도 취업이 보장되는 것이 아니므로 차라리 대학 공부에 들어가는 몇 년간의 시간과 돈을 다른 데 투자하거나 취직을 하는 편이 더 좋을 것 같다는 것이다.

    그들은 하나같이 장하준이 말한, 한국 사회가 보장하지 못하는 '결과의 평등'을 자신의 경험과 언어로 증거했다. 누구나 시도할 수는 있지만 주어지는 결과가 전혀 평등하지 않다는 것이다. 한국 사회는 형식적으로는 누구든 판검사나 변호사가 될 수 있고, 누구든 외교관이 될 수 있다. 절차의 공평성은 누구에게나 주어진 사회다. 하지만 결과의 공정함은 자기들 몫이 아니라는 것을 그들은 잘 알고 있었다. 그들은 이렇게 말했다.

> "이제 판검사나 변호사가 되려면 법학전문대학원을 졸업할 수 있는 경제력이 있어야 하고, 외교관이 되려 해도 예전처럼 시험을 통과하는 것이 아니라 살인적인 등록금을 내야만 다닐 수 있는 외교관 양성 전문 대학원을 나와야 하잖아요. 아, 아버지가 외교통상부 장관이면 특채로 입사할 수 있겠다(일동 웃음)."
>
> "대기업 입사는 제가 나온 대학으로는 꿈도 못 꾸죠. 수도권 삼류대학 나와 대기업에 입사할 꿈을 꾸느니 차라리 사법시험을 준비하는 게 더 나을걸요(웃음)."
>
> "이럴 바엔 차라리 일찌감치 9급 공무원시험 준비할걸, 후회해요. 대학 들어가려고 공부한 노력이면 9급은 합격하지 않았겠나 싶죠. 지금 부모님도 공무원 준비하라고 하시는데, 웃기잖아요. 이럴 바엔 뭐하러 12년간 대학입시에 매달렸냐고요. 아예 대학입시에 쏟을 노력과 돈으로 9급 공무원 준비를 고 1 때부터 했으면 합격하지 않았을까요? 그러면 대학입학금이니 등록금 몇천만 원도 안 들었을 텐데."

어떤 수치나 통계를 들이대며 결과의 불공정을 이야기하는 것보다 현실에서 불공정함을 직접 겪고 있는 당사자들의 목소리가 훨씬 더 생생하게 다가왔다.

> "저는 그래도 남들이 말하는 괜찮은 대학에 다니고 있어서 취직하기 쉽겠다고 어른들이 말하지만, 절대 그렇지 않거든요. 취직하려면 자격증이나 영어 실력, 적절한 경력 같은 것이 있어야 하잖아요. 지방에서 올라와 생활비도 많이 드는데 부모님께 학원비까지 보태달라고는 못 하죠."
> "우리 과에서도 보면 알바해서 돈 모아 학원 다니는 애들이 있는 반면, 어떤 애들은 부모님이 일 년이나 6개월씩 해외 어학연수를 보내주시거든요. 거기서 토익이나 토플 시험 점수도 받아오고, 이런저런 경험도 하고 오니까 우리 같은 알바족은 따라가기 힘들죠. 아예 외국에서 살다 온 애들도 있고요."

그날 모인 서른 명의 젊은이 중 유일하게 대학에 진학하지 않은 청년은 이렇게 말했다.

> "누나가 둘인데, 누나들 대학 등록금 대느라 힘든 부모님을 더 힘들게 해드릴 수 없어서 대학을 안 가겠다고 했거든요. 그런데 큰누나는 대학 졸업했는데 취업을 못 했고, 작은누나는 휴학 중인데 등록금 때문에 알바하면서 취업 준비를 하고 있지만 앞날이 안 보인다고 하고…… 주변에서는 저더러 대학 가라고 하지만, 잘 모르겠어

요. 꼭 가야 하는지……"

유난히 얼굴이 해사하고 귀티가 나서 눈에 뜨였고 대학생인 줄 알았던 그 청년이 한 말은 오래도록 여운이 남았다. 복학을 하겠다는 젊은 이들의 이야기도 그리 밝지는 않았다.

"선배들 보면 대학 안 나오고도 할 수 있는 일을 하거든요. 어떤 친구들은 아예 장사하겠다면서 벌써부터 일 배우러 다니기도 하고, 취직한 선배들도 보면 거의 일 년 안에 그만두던데요. 일은 힘들고, 월급은 적고, 회사 앞날도 안 보이고."
"저는 국가에서 운영하는 일종의 특수대학이라서 이변이 없는 한 취업이 되거든요. 근데 선배들이 말하는 봉급 수준을 들어보면 88만 원 세대 겨우 면하는 정도더라고요. 좋은 점은 공무원이 된다는 건데, 솔직히 그 돈으로 어떻게 가정을 꾸리고 살 수 있는지 상상이 안 돼요."

대한민국 대학생이 졸업 후 대기업 정규직에 취직하는 비율은 1.6퍼센트에 지나지 않는다. 대학에 입학시키기 위해 12년 동안 아이들에게 그토록 고통을 줬는데, 이제 취직을 위해 또다시 청춘의 4년을 저당 잡힌 채 살게 하고 있다.
전국의 대학교에서 실시하는 입시전형이 3000가지 정도에 이른다고 한다. 이 복잡한 절차를 거쳐 입학했지만 대학은 다시 또 하나의 헛된 절차가 되어버렸다. 투자에 비해 터무니없는 결과만 가져다주는 대학에 왜 부모들은 아이들의 목숨을 담보로 모든 것을 거는 것일까? 사회과학 이론을 습득하고 밤새워 세미나를 하며 사회변혁을 고민했다고 해서 '학습세대'로 불리던 486 부모들은 대학이라는 헛된 절차를 강요하기 위해 자신의 자녀들을 '학원세대'로 만들어놓았다.

구명조끼라고 생각했던 '대학'은 난파해가는 삶을 직면하는 것을 유예해주는 낡은 뗏목에 지나지 않았던 것이다. 무엇이 우리를 이런 상황으로 이끌었는지 제대로 바라볼 수 없도록 우리의 눈과 귀를 가린 시스템의 거짓말이었던 것이다. 현재 한국의 교육은 내용은 텅 비어 있고 절차라는 껍데기만 남아 있을 뿐이다.

세상은 결국 그들만의 리그

부모가 갖지 못한 '바로 그것', 결국 우리도 갖지 못했다

어린 시절 부모님이 숨죽여 나누시던 이야기에 자주 등장하는 두 단어가 있었다. 일본 식민 지배를 경험하신 부모님은 두 분이 대화를 나눌 때나 숫자를 셀 때 일본말을 사용하곤 했다. '오까네(돈)'라는 말이 그때 들었던 두 단어 중 하나다. 또다른 말은 '빽'이었는데 처음엔 어느 나라 말인지 도통 알 수가 없었다. 여자들이 들고 다니는 '빽(bag)'인 줄 알았다. 중학생이 되어서야 부모님이 말씀하신 '빽'이 영어로 'background(배경)'의 줄임말이라는 것을 알게 되었다.

돌이켜보면 '오까네'와 '빽'을 남의 말로 이야기할 수밖에 없다는 건, 그 말이 지칭하는 무엇을 가지고 있지 않음을 우회적으로 말해주는 것은 아니었을까? 결국 부모님에겐 '오까네'와 '빽'이 없다는 사실을 말이다. 어리지만 그 사실을 알았던지 부모님에게 대놓고 말뜻을 묻지는 못했다. 그렇게 말할 수밖에 없는 사정이 있었을 텐데 왠지 그것을 부모님이 입 밖으로 꺼내시도록 해선 안 될 것 같았다. 그러나 '오까네'와 '빽'이 무엇인지, 삶에서 어떤 역할을 하는지 알게 되는 데는 그리 오랜 시간이 필요하지 않았다.

초등학교 2학년 때의 일이다. 하루는 담임 선생님이 반에서 공부를 잘하는 아이들 몇 명에게 부모님을 모셔오라고 했다. 아침에 집을 나서며 엄마에게 선생님의 말씀을 전했지만 엄마는 별 대답이 없었다. 왠지 부담스러워하시는 것 같았다. 학교에 가서도 쉬는 시간 중간중간 다른 아이들의 엄마가 담임 선생님을 만나고 가는 것을 창문 너머로 간간이 엿보며 마음을 졸였다. 그래도 혹시나 기대했지만 수업이 끝날 때까지 엄마는 오시지 않았다.

마침 그날 청소 분단이라 남아서 청소를 해야 했다. 낙담한 마음을 다독이며 청소를 시작했다. 당시 초등학교는 대부분 교실 바닥이 나무로 되어 있어 책상을 잘못 끌면 끼익 하고 귀에 거슬리는 소리가 났다. 조심한다고 했지만 그날따라 책상을 끌다 크게 소리가 나고 말았다. 그러자 옆에서 청소를 감독하시던 선생님이 내 머리를 세게 쥐어박았다. 눈물이 핑 돌았지만 가까스로 참았다. 솔직히 혼날 만한 일은 아닌 것 같았다. 어린 마음에도 선생님의 처사가 온당해 보이지 않았다. 그런데 청소가 끝나고 청소 검사를 맡고 집에 돌아가려는데 선생님이 날 불렀다. 선생님은 아까와는 사뭇 다른 온화한 표정으로 어깨를 감싸며 말씀하셨다. "○○는 부모님의 뒷받침이 조금만 있으면 좋을 텐데……"

순간 선생님이 머리를 쥐어박은 것이 단지 책상을 끌다 소리를 냈기 때문은 아니라는 생각이 들었다. 아침에 엄마에게 선생님의 말씀을 전했을 때 왜 부담스러워했는지, 왜 엄마가 끝내 학교에 오시지 않았는지 어렴풋이 알 것 같았다. 빈손으로 올 수도 없고, 그렇다고 선생님이 기대하는 그 무언가를 가지고 올 수도 없었으리라. 그날 학교에서 있었던 일은 엄마에게 말하지 않았다.

'오까네'와 '빽'이 선생님이 말씀하신 '뒷받침'과 관련되어 있다는 것을 추측해내기란 어렵지 않았다. 초등학교를 다니는 동안 비슷한 일이 몇 번 더 있었고, 학년이 높아갈수록 단지 공부를 잘하는 것만으로는 뛰어넘을 수 없는 무언가가 있음을 절감할 수밖에 없었다. 나를 지칭하는 말에 으레 따라붙는 "공부는 잘하지만……"에 남겨진 여운은 마음 한곳에서 쓸쓸한 공명을 일으켰다.

불안과 두려움을 가르쳐준 학교

대학 진학을 앞두고 부모님은 다른 부모님들처럼 내가 안정적인 직업을 가질 수 있는 대학에 가길 바랐다. 스무 살을 앞둔 그때 느꼈던 막막함이 아직도 생생하다. 부모님이 내게 줄 수 없었던 것, 그래서 내게 결핍된 것, 그것 없이는 나 역시 부모님과 같은 삶을 살게 되리라는 두려움과 공포가 마음 깊은 곳에서 맴돌이를 일으켰다. 공부를 잘해서 좋은 대학에 가면 그 두려움과 공포에서 벗어날 수 있으리라 막연히 기대했다. 교과서의 진실을 믿고 싶었다. 그러나 그것은 큰 착각이었다. 세상은 교과서에 나오는 자유와 평등이 빛나는 곳이 아니었다. '오까네'와 '빽'이 있어야 빛나는 곳이었다.

게다가 문제는 그 두려움과 공포를 더 강화한 곳이 다름 아닌 학교였다는 사실이다. 인도의 사상가 비노바 바베는 교육의 목적은 '두려움으로부터의 자유'라고 했다. 그러나 적어도 한국에서 학교교육은 두려움을 더욱더 내면화하는 과정에 지나지 않는다. 인생에서 가장 꾸밈없고 자유로워야 할 시간을 우울하고 억압적인 환경에 얽매여 있어야 한다.

학교가 가정환경이나 타고난 재능과는 무관하게 동등하고 공정한 성장의 기회를 제공한다는 것은 한낱 환상에 불과하다. 오히려 세상은 돈 있고 힘 있는 사람들의 것이라는 현실을 체계적으로 학습한 곳이 다름 아닌 학교였다. 그리고 돈과 권력이 만들어낸 위계구조를 더욱 견고히 하는 것이 바로 교육제도였다. 성장은커녕 개인으로서 누려야 할 최소한의 자존감조차 짓밟는 폭력적인 공간이 바로 학교인 것이다. 결국 초등학교에서 중학교, 고등학교를 거치면서 제도에 더욱 굴종하는 법을 배우고, 고분고분하게 따르는 사람으로 키워지는 것이다.

그러나 학교를 거부한다는 것은 상상조차 불가능해 보였다. 그나마 제도 안에 있어야 사회 속에서 배제되지 않을 것이라 믿었기 때문이다. 제도를 벗어난다는 것은 그대로 낙오자가 되는 길이었다. 학교라는 제도가 주는 혜택은 불확실했지만 거기서 벗어났을 때 닥칠 어려움은 너무나 분명해 보였다. 낙오자가 되느니 제도 안에서 제도가 부과하는 의무와 폭력을 견디는 편이 차라리 낫다고 생각했다. 그것 말고는 다른 길이 없어 보였다. 선택의 권리는 주어지지 않았다. 최악을 면하기 위해 차악을 받아들일 수밖에 없는 것이 삶이라 생각했다.

그러니 칠판 위에 걸린 독재자의 시선에 붙잡힌 채로 자유와 민주주의를 배운다는 것이 하나도 놀라운 일이 아니었다. 자유를 말하면서 획일적인 삶의 방식을 강요당해도, 기본적인 인권이 무시당해도, 평등을 이야기하면서 점수로 줄을 세워도 하나도 이상할 것이 없었다. 자유, 인권, 평등은 교과서에 나오는 것일 뿐 현실에는 존재하지 않았다.

생각해보면 학교는 '가상현실'이 등장하는 영화를 틀어주는 극장 같은 곳이었다. 정치철학자 슬라보예 지젝은 카페인 없는 커피, 알코올 없는 맥주처럼 핵심적인 것이 빠진 현실을 '가상현실'이라고 말한다. 학교가 우리에게 보여준 것은 자유 없는 자유, 평등 없는 평등이라는 일종의 가상현실이 아니었던가. 그러나 영화가 끝나고 극장을 나서는 순간 현실은 밀려오고 우린 제도의 폭력과 맞닥뜨린다. '오까네'와 '빽'의 위력을 확인한 순간처럼 말이다.

두려움과 공포의 삶을 대물림하는 이유

'오까네'와 '빽'의 위력을 온전히 알게 된 것은 사회생활의 쓴맛을 경험한 후였다. 그 둘은 공식적인 언설에 드러날 수 없지만 실제 삶에서 우리를 지배하는 가장 강력한 힘이었다. 무의식적으로 우리가 부모에게 배운 것은 '오까네'와 '빽'이 없으면 부당한 대우를 받거나 제대로 된 대접을 못 받을지 모른다는, 어쩌면 살아남을 수 없을지 모른다는 공포였다. 그 두려움과 공포가 과연 나만의 것이었을까? 그것은 '오까네'와 '빽'이 없는 부모님의 것이었고, 마찬가지로 우리 모두의 것이기도 하다. 그 두려움과 공포에서 벗어나기 위해 경쟁에서 살아남아야 한다는 강박이 우리의 무의식에, 태도와 감정 속에 부호화되어 있는 것이다. 지금과 같은 경쟁적인 체제를 만들어낸 것은 단지 제도와 시스템뿐만 아니라 우리 자신이기도 하다.

상황은 더욱 나빠졌다. 어린 시절 막연하게 '오까네'와 '빽'의 세계라고 믿던 세상은 학력, 재산, 인맥으로 견고하게 짜인 '그들만의 리그'이며 끼리끼리 연결된 정교하고 촘촘한 칸막이로 나뉘어 있다. 견고한 칸막이로 나뉜 계층 간의 차별과 격차를 넘는 일은 쉽지 않다. 이제 부모가 된 우리들은 이를 모르지 않는다. 그렇지만 그 사실을 알고 있다는 것을 알고 싶어하지 않는다. 누구도 모르지 않는, 실은 너무나 잘 알고 있는, 그래서 차라리 애써 눈감고 싶은 그 사실을 인정함으로써 따라오는 결과들을 떠맡기를 거부한 채 부인으로 일관하고 있다. 영화 〈매트릭스〉에서 가상현실을 실제처럼 만들어서라도 현실을 직면하는 고통과 괴로움에서 도피하려는 사람들처럼. 그나마 용케 좋은 시대를 만나 어떻게든 대학을 졸업하고 취직도 하고, 어딘가에 겨우 자신의 자리를 마련했다는 사실로 자위하는 우리들은 이제 우리 아이들에게 다시 두려움과 공포의 삶을 대물림하고 있다.

결국 아무리 빙빙 돌려 말을 하더라도 우린 '오까네'와 '빽'의 세계에 다가가려 애썼던 것이고, 그 노력은 칸막이 사회 속에서 단 한 칸이라도 앞으로 나아가기 위한 힘겨운 싸움에 불과하다. 이것이 바로 아이들을 향해 어떤 망설임도 없이 '닥치고 대학'이라고 외치는 진짜 이유다. 나의 부모님이 그러했던 것처럼, 말로는 배움을 통해 더 나은 사람이 되기 위해 대학에 가야 한다고 하지만 결국 돈과 빽이 있는 직업이나 그것을 차지할 지위를 갖기를 바라는 것이다. 어쩌면 말이 필요 없는 이야기를 하기 위해 우린 너무나 많은 말을 하고 있는지도 모르겠다. 나의 부모님이 자신들에게 없는 '그것'을 말하기 위해 남의 말을 빌려 쓰셨던 것처럼, 우리 또한 우리가 가지지 못한 것을 말하기 위해 말을 빙빙 돌리고 있는 것이다.

이제 아이들은 '꿈'이나 '목표'라는 말이 어차피 제도의 거짓말이거나 어른들의 거대한 음모에 지나지 않는다는 것을 안다. 그보다는 앞 칸과 뒤 칸, 그리고 그 사이를 가로지르는 보이지 않는 선이 더 현실적으로 느껴질 것이다. 물론 칸막이는 눈에 보이지 않는다. 그러나 눈에 보이지 않기에 더욱 견고하고 확실하다. 결국 부모님이 하는 말은 가능한 한 남들보다 앞 칸에 들어가라는 말 아닌가. 그러지 못하면 누구에게도 인정받을 수 없고 또다시 부모님처럼 살게 되리라는 것을 그들은 너무나 잘 알고 있다. 그러니 뒤 칸은 탈출구가 없을지도 모른다는 두려움과 공포의 맥놀이를 잊기 위해 맹목적으로 앞 칸을 바라보며 돌진하는 수밖에 없다. 그리고 앞 칸은 가끔씩 뒤 칸을 돌아보며 안도한다. 소유와 증식을 향한 사다리를 오르듯 어떻게 해서라도 앞 칸으로 나아가려면 옆을 볼 수도 전체를 볼 수도 없다. 그건 아이도 어른도 마찬가지다. 그런데 우린 과연 앞 칸으로 나아갈 수 있을까? 그러기 위해 치러야 할 희생이 무엇이며 그 결과가 무엇인지 우린 제대로 알고나 있는 것일까?

당신은 아이에게 전할 말이 있는가

그렇게 노력해서 살아 뭐할 건데······

아이와 며칠 전부터 신경전이 계속되고 있다. 아이는 학기말시험이 코앞인데 '놀토'라며 늦잠을 자고 아침을 먹는 둥 마는 둥 하더니 빈둥 빈둥 인터넷을 하면서 시간을 보내고 있다. 다른 때 같으면 몇 번 큰소 리가 날 법도 한데 엄마는 애써 참는다. 중간고사를 망친 후 아이는 죽 고 싶다고 했다. 방문까지 걸어잠그고 서럽게 울었다.

중학교 1학년 때까지만 해도 아이는 공부를 곧잘 했다. 그러나 2학년 에 올라와 성적이 갑자기 떨어졌다. 아이는 학원을 끊고 집에서 공부하 겠다고 했다. 아이도 힘든 것 같아 뭐라 할 수 없었다. 며칠 풀이 죽어 있던 아이는 평상시대로 돌아왔고 엄마는 안심했다. 다음번 시험에는 꼭 점수를 올리겠다고 했다. 그러던 아이가 정작 시험을 앞두고 저러고 있다. 아무래도 안 되겠다 싶어 엄마는 아이를 부른다. 아이는 게임을 하다 마지못해 컴퓨터를 끄고 거실로 나온다.

아이는 눈도 마주치지 않고 새초롬한 표정으로 소파 끝에 앉는다. 엄마는 그것도 거슬리지만 꾹 참고 짧게 묻는다.

"넌 초조하지도 않아?"

참고는 있지만 엄마가 화가 났다는 것을 아이가 모를 리 없다. 아이는 대답이 없다. 엄마는 또다시 말한다.

"시험이 낼모렌데……"

그제야 아이는 볼멘소리로 대꾸한다.

"하면 될 거 아냐."

아이가 입을 다물기 무섭게 엄마는 말을 던진다.

"너 아침부터 하는 거 다 봤어. 언제 할 건데……"

아이는 고개를 쳐들며 말한다.

"하면 될 거 아니냐고!"

아이가 지지 않는 것을 보고 엄마도 참지 않는다.

"지금 내가 시험 보는 거니? 네가 시험 보는 거야. 중간고사 끝나고 울고불고할 때는 언제고, 공부 잘하고 싶다며! 왜 말과 행동이 그렇게 달라? 잘하고 싶으면 노력을 해야지."

엄마는 자신이 너무 나간 것 같아 멈칫했지만 터져나온 말을 멈출 수는 없다. 순간 아이의 눈빛이 달라진다. 아이는 엄마를 정면으로 바라본다.

"엄마는? 엄마는 말하고 행동이 같은 줄 알아? 내가 말을 안 해서 그렇지……"

"뭘? 엄마가 뭘 어쨌는데?"

엄마의 목소리가 갈라져 나온다.

"지금, 너 잘되라고 하는 거지, 나 잘되라고 하는 거니?"

엄마는 뻔하지만 다시 훈계를 늘어놓을 수밖에 없다. 아이는 이해할 수 없다는 표정으로 엄마를 빤히 보며 말한다.

"공부해서 뭐할 건데, 대학 가면 뭐할 건데, 그렇게 노력해서 살면 뭐할 건데! 그렇게 사는 게 좋아? 좋냐고!"

순간 엄마는 뭐라고 말해야 할지 알 수가 없다. 그래서 더 오기를 부리듯 악을 쓴다.

"그럼, 어떻게 살 건데? 어떻게 살 거냐고?"

"왜 그렇게 열심히 살아야 해? 열심히 해도 행복하지 않은데 왜 그렇게 살아야 하냐고…… 다 귀찮아. 공부하는 것도 귀찮고, 사는 것도 귀찮아, 다 싫다고!"

아이는 울음을 터뜨리고 자기 방으로 들어가버린다. 엄마는 한동안 멍하니 거실에 앉아 있다. 사실 엄마는 말문이 막혔다. 아이를 무슨 말로 설득해야 할지 알 수 없다. 공부해서 뭐하냐고? 대학에 들어가야지. 대학 가면 뭐할 건데? 취직해서 돈 버는 거지. 그렇게 노력해서 살면 뭐할 건데? 남들한테 뒤지지 않으려면 노력해야지. 그렇게 사는 게 좋아? 좋냐고? 아니, 좋지 않다. 지금, 행복하냐고 묻는다면 엄마는 그렇다고 말할 자신이 없다. 불행히도 행복하진 않은 것 같다.

엄마는 학교 다닐 때 공부도 그럭저럭 상위권이었고, 대학도 그럭저럭 상위권 학교를 나왔으며, 직장도 그럭저럭 남들이 부러워하는 곳에 들어갔다. 생각해보면 뭔가를 미치도록 좋아해본 경험도, 열심히 해본 경험도 없다. 같은 부서에서 남편을 만나 결혼을 했고 곧 직장을 그만두었다. 남편은 결혼하면 직장을 그만두길 바랐다. 좀더 일을 하고 싶긴 했지만 간절한 것은 아니었다. 남편은 혼자 어떻게든 해보겠다고 했지만 요즘 들어서는 후회하는 눈치다. 부쩍 술을 많이 마시고 들어온다. 안 하던 술주정도 늘어놓는다. 남편은 토요일이지만 월말이라 일이 많다며 특근을 하러 나갔다.

사실 엄마는 아이에게 그렇게까지 말할 생각은 아니었다. 입만 열면 공부와 성적 이야기만 하고 싶지는 않았다. 하지만 사춘기에 접어든 아이와 어떻게 대화를 해야 할지 모르겠다. 사실 아이에게 하는 잔소리는 자라면서 친정엄마에게 들었던 이야기와 하나도 다르지 않다. 아이에게 소리 지르다 문득 자기 목소리가 친정엄마의 목소리와 너무나 닮아 흠칫 놀란 적도 있다. 그 순간 자신이 친정엄마가 되어 아이를 혼내고 있는 듯한 착각마저 든다.

언젠가부터 엄마는 아이를 보면 이상하게 화가 난다. 곰곰이 생각해보면 그 화는 아이를 향한 것이 아니다. 왠지 모를 답답함 같기도 하고 분노인지 두려움인지 모르겠는 무엇인가가 저 밑바닥에서 밀치고 올라오는 것을 느끼고 화들짝 놀란다. 그런데 그것이 입 밖으로 나오면 판에 박힌 말이 되고 만다. 언젠가 그것을 지긋이 들여다보려 하다가 기분이 갑자기 가라앉아 애써 마음속에서 지웠다. 엄마는 그렇게 마음 한구석의 텅 빈 곳을 외면하는 데 익숙해져갔다.

엄마는 아이의 질문에 순간 아득해졌다. 그래서 더이상 질문을 던지지 못하도록 윽박지르는 데 급급했을 뿐이다. 어린 시절 아이가 말문이 트인 뒤 던진 질문 앞에 그랬던 것처럼. 아이는 물었다. "엄마, 사람은 왜 죽는 거야?" "그럼, 엄마도 죽어?" "엄마, 죽으면 우린 어떻게 되는 거야?" 엄마는 그때도 제대로 답하지 못했다. 서둘러 화제를 옮기거나 말을 돌렸던 것 같다. 이번에도 엄마는 아이가 던진 질문에 어떤 말도 해주지 못했다. 아이는 마음이 여려서 슬픈 동화책을 읽으면 너무나 서럽게 울었다. 책 읽는 것을 좋아하고, 혼자 공상에 잠기거나 이야기 만드는 것을 좋아했다. 그러나 이제 아이는 책을 읽지 않는다. 소설책을 사다줘도 몇 페이지 읽고는 던져버린다.

엄마도 안다. 엄마 자신도 진정 원하는 삶을 살아오지 않았다는 것을. 아무리 힘들더라도 원하는 일을 하고, 원하는 삶을 살아왔다면 행복했을까? 적어도 후회는 남지 않겠지. 과연 공부가 다일까? 절대 다수가 맹목적으로 가는 그 길을 가는 게 행복할까? 머리로는 아이가 진정 원하는 걸 해주는 게 부모의 도리가 아닐까 생각하지만 막상 내 아이가 외롭고 힘든 길을 가려 한다면 지지할 수 있을지 의문이다. 마음 같아서는 아이가 정말 원하는 게 있다면 그게 뭐든 하라고 하고 싶지만 그럴 용기가 있을까? 별다른 생각 없이 모두가 따르는 큰 흐름에 합류하고 있을 뿐이라고 자위한 것은 아니었을까?

사실 엄마는 아이에게 해줄 말이 별로 없다. 부모에게서 들었던, 그토록 지겨워했던 훈계조의 말을 반복하거나 자기계발서에 나올 법한 뻔한 이야기 말고 아이와 나눌 이야기가 많지 않다. 그저 세상이 얼마나 힘든 곳인지 읊고, 그런 세상에서 살아남아야 한다며 아이들을 겁박할 뿐이다. 이 세상은 힘세고 잘난 사람들의 것이며 돈이 지배하는 곳이라는 것이다. 어떻게 살아야 하는지, 어떻게 사는 것이 인간다운 삶인지 해줄 말이 없다. 사실 엄마 자신도 그걸 제대로 배워본 적이 없다. 그저 살면서 아프고 깨지면서 알게 되는 것이라고, 언젠가는 알게 될 것이라고 막연하게 생각해왔을 뿐이다. 하지만 이제 어른이 된 지금, 엄마는 그걸 알게 되었을까? 어쩌면 진짜 알아야 할 것을 알게 되는 것을 계속 미뤄오지는 않았을까?

아이의 미래를 걱정하느라 현재를 외면하는 부모

중학교 1학년 때 아이와 가장 친하게 지내던 친구가 전학을 갔다. 아이는 그때부터 말수가 줄었다. 친구는 얼굴도 예쁘장하고 공부도 잘해서 아이가 부러워하기도 했다. 나중에 알고 보니 그 아이는 반에서 '일진'에게 괴롭힘을 당해 전학을 간 것이었다. 엄마는 처음엔 그리 심각한 일이라고 생각하지 않았다. 그런데 아이의 방을 청소하다 아이가 쓴 메모를 보고 많이 놀랐다. 종이 한 바닥 가득 '친구야! 미안해' '죽고 싶다'고 써놓은 것이었다. 엄마는 학교를 마치고 온 아이를 붙잡고 물었다.

"너, 요새 무슨 일 있어?"

"갑자기 왜 그래?"

아이는 통명스럽게 대답하며 엄마의 눈치를 살폈다. 엄마는 안 되겠다 싶어 아이가 쓴 메모를 내밀었다. 아이는 메모를 낚아채더니 그대로 구겨버렸다.

"누가 이런 걸 보래? 아무 일도 아니야."

외면하는 아이를 붙잡고 엄마는 또다시 물었다.

"친구가 전학 가서 그래? 친구는 또 사귀면 되잖아."

"아무것도 모르면서 왜 그래?"

아이는 앙칼지게 말했지만 힘이 빠진 목소리였다. 그날 엄마는 아이를 달래서 이야기를 들었다. 생각했던 것보다 상황이 심각했다. 아이의 친구는 같은 반 일진에게 밉보였고, 놀림과 폭언에 시달렸다고 한다. 엄마는 그런 일이 있을 때 왜 선생님에게 이야기하지 않았냐고 물었다. 그러자 아이가 말했다.

"내가 선생님한테 말씀드리려고 했는데 친구가 하지 말라고 했어. 고자질했다며 더 심하게 굴 거라고."

"그럼 다른 아이들은? 다른 아이들은 가만히 있었어?"

엄마는 감정이 격해져 소리를 질렀다. 아이가 그동안 그 일을 혼자 속으로 삭이고 애태웠을 것을 생각하니 마음이 아팠다. 아이는 이상할 정도로 무감각하게 말했다.

"걔들도 살아야 할 거 아냐. 선생님한테 말씀드린다고 해도 달라지는 건 없어."

그 순간 아이의 표정을 엄마는 지금도 잊을 수 없다. 섬뜩할 정도로 차갑고 무서웠다. 내 아이가 맞나 싶었다. 오랫동안 엄마의 뇌리 속에서 아이의 표정과 말이 떠나지 않았다. 그래도 달라지는 건 없어. 아이가 한 말이 아니라 마치 자신의 목소리처럼 느껴졌다. 시도해본 적도 없어서 제대로 실패해본 적도 없는 엄마는 '그래도 달라지는 건 없다'는 아이의 말이 너무나 뼈아프게 다가왔다. 더럭 겁이 났다. 문득 아이만 한 나이였을 때 느꼈던 자살충동을 기억해냈다. 이유도 없었다. 어느 날 수업시간에 창밖으로 하늘을 보다가 그런 생각이 들었다. 이렇게 살면 뭐하지? 엄마는 가방을 들고 조용히 교실을 나가고 싶었다. 어디론가 소리 없이 사라지고 싶었다. 어쩌면 아이도 그런 생각을 하지 않았을까?

그때 엄마는 아이의 손이라도 잡아야 했는지 모른다. 아이를 도와주지 못한 데 대해 먼저 미안하다고 말해야 했는지도 모른다. 괴롭힘을 당한 아이뿐만 아니라 그것을 지켜보면서 아무것도 하지 못한 채 고통받아온 내 아이와 같은 반 아이들은 누구보다 도움이 절실했는지 모른다. 달라지는 것이 없더라도 이야기라도 해보자고, 엄마가 도와주겠다고 말해야 했는지 모른다. 하지만 엄마는 서둘러 상황을 매듭지으려 했을 뿐이다. 아이의 고통과 슬픔의 의미에 대해 오랫동안 생각하고 함께 이야기 나눌 시간을 허락하지 않았다. 결국 아이 혼자 고민하도록 상황을 방치했던 것이다.

우리가 알고 싶은 것은 어디에서도 배우지 못했다

언젠가 아이는 친구에게 배웠다며 무인도게임이란 것을 알려주었다. 무인도에 간다고 상상하면서 가져갈 것을 생각나는 대로 스무 가지 적고, 적은 순서대로 두 개씩 묶어 연상되는 낱말을 만드는 것이라고 했다. 그렇게 낱말을 연결해보면 맨 마지막에 두 개의 단어가 남는다고 했다.

"마지막에 나오는 두 단어는 '인생'과 '자기 자신'에 대해 말하는 거래."

아이는 친구가 전학을 간 뒤 혼자 무인도게임을 해보았다고 했다. 엄마는 물었다.

"마지막에 무슨 단어가 나왔는데?"

아이는 담담하게 말했다.

"인생, 고통."

생각해보면 엄마는 아이가 간절히 원하는 물음에 제대로 답해준 적이 없다. 결국 아이가 알고 싶은 것은 인생과 자기 자신이 아닌가. 그건 엄마가 알고 싶은 것이기도 했다. 아니, 우리 모두가 결국 알고 싶은 것이기도 하다. 실은 그걸 알고 싶어서 책을 보고, 학교에 가는 것이 아닌가. 하지만 우리는 한 번도 그에 대해 배운 적이 없다. 도대체 우리는 학교에서 무엇을 배운 것일까? 그렇다면 우리는 그 질문에 대한 답을 어디서 배워야 했을까? 분명한 건 그것을 제대로 배우고 경험한 기억이 없다는 점이다. 아이들에게 사회적인 성공 외에 인생에서 중요한 가치라고 말해줄 것도, 다르게 살아가는 방법에 대해서 아는 바도 없다는 것이다. 문득 엄마는 자신이 천박하게 느껴졌다.

교육, 비빌 언덕 없는 부모들의 유일한 보험?

대학은 보장형 보험?

명문대를 나와 전문직에서 일하는 성민이 아빠, 대학을 나와 전업주부로 생활하는 성민이 엄마, 공부 잘하고 우애 좋은 성민이와 동생까지 집에는 아무런 문제가 없었다. 상류층이라고는 할 수 없지만 안정된 월급을 받고, 빠듯하긴 하지만 애들을 학원에 보낼 수 있고, 일 년에 한두 번은 짧게라도 가족여행을 다녀오고, 특별한 날에는 외식을 할 수 있는 중산층 가정이었다. 물론 저축을 못 하고 넘어가는 달도 있었지만 한창 돈이 들어가는 시기라 어쩔 수 없다고 생각했다. 성민이 엄마는 이렇게 아이들을 좋은 대학에 보낼 때까지만 고생하면 부부가 마음 편하게 살 수 있으리라 기대했다. 그런데 갑자기 생각지도 못한 어려움이 닥쳤다.

고등학교 1학년 때까지 성민이는 완벽했다. 이대로만 가면 명문대에 무난히 들어갈 수 있다고 생각했다. 학교든 학원이든 숙제를 안 해 가면 큰일이 나는 줄 알아서 한 번도 숙제 때문에 아이와 부딪혀본 적이 없었다. 조금 부족하다 싶은 과목은 과외를 시켜달라고 해 알아서 보충했고, 뭐든 하고 싶은 일보다는 해야 할 일을 우선하는 아이였다. 게임을 하다가도 재미있으면 중독이 될까봐 아예 그만두고 자신이 정한 계획표대로 지키려고 애쓰는, 정말 손이 안 가는 아이였다.

그러던 성민이가 2학년에 올라가서는 생각만큼 성적이 안 나오기 시작했다. 좀 지친 것 같다며 학원을 그만두고 혼자 해보겠다고 했지만 성적은 영 오르지 않았다. 점점 초조하고 우울해진 성민이는 잠도 늘고 학교에 지각하는 일도 가끔 생겼다. 학습컨설팅 상담을 받아보니 적절히 쉬면서 자기관리를 해야 하는데 너무 공부만 해서 과부하가 걸린 것이라 했다. 그래서 죄책감을 가지지 않고 효과적으로 노는 방법을 배우는 상담도 받았지만 성적은 나아지지 않았다. 아빠는 자기관리를 잘하는 녀석인 줄 알았더니 왜 저러냐고 실망한 눈치였고, 엄마도 속으로는 아들한테 조금씩 실망하고 있었다.

여름방학이 끝나고 2학기가 시작되자 염려하던 일이 시험에서 그대로 드러났다. 성적이 더 떨어진 것이다. 처음으로 명문대에 가기 어려운 성적이 나왔다. 바로 담임 선생님한테서 전화가 왔다. 집에서 신경을 좀 써주셔야 할 것 같다는 이야기였다. 아이에게만 맡겨놓지 말고 이야기도 하고 간섭도 하면서 부모가 지도를 해야 한다는 것이다. 이후 고 3이 된 지금까지 성민이의 성적은 조금씩 더 떨어졌고 그에 따라 부모의 '지도편달'은 점점 심해졌다. 마침내 성민이 입에서 "엄마가 나를 잡아먹으려 한다"는 말이 나올 지경에 이르렀다. 그 무렵에 엄마는 아들과 함께 상담실을 찾았다.

성민이 엄마는 자신이 그렇게 변하리라고는 꿈에도 생각지 못했다고 했다. 교회에서 아이들을 가르치고 상담도 하고 있을 뿐만 아니라, 저소득층 아이들을 대상으로 봉사도 하고 좋은 부모가 되기 위해 책도 많이 읽으면서 늘 합리적이고 따뜻하고 지적인 엄마가 되려고 애를 써왔는데 말이다. 아이와 심하게 갈등을 겪은 적도 없고 아이를 다그친 적도 없으며, 권위적으로 명령하거나 무식하게 강요한 적도 없었다. 교회에서 엄마들끼리 모임을 하면 아이에 대한 욕심을 버려야 한다고, 아이를 그냥 내버려두라고 조언했는데 이제 와 생각해보니 그것도 전부 성민이가 알아서 잘해줬기에 가능했던 것이다.

중산층 부모, 아이가 자신만큼 살지 못할까봐 걱정

만약 아이가 명문대에 들어가지 못하면 어떨 것 같냐고 엄마에게 물었다.

"솔직히 받아들이기 힘들 거예요. 물론 제 자식이니 명문대 못 가도 저한테는 소중하죠. 요새는 인(in)서울도 힘들다는 거 알아요. 지금처럼 공부하다가는 인서울도 어려울지 몰라요. 서울에 있는 대학도 못 간다, 그러면 진짜 어이없어지는 거죠. 대학으로 아이를 평가하면 안 되는데 정말 너무너무 속상하고 힘들고 기운이 빠질 것 같아요."

그렇다면 엄마는 왜 그토록 아이가 명문대에 들어가기를 바라는 것일까?

"명문대에 들어가면 어쨌든 안심이 되잖아요. 요새는 명문대 나와도 취직이 안 된다지만 그래도 아직까지는 아니더라고요. 주위에서 보면 그래도 명문대 나와서 아주 형편없이 사는 사람은 없는 것 같아요. 예전처럼 명문대 나왔다고 사회적으로 성공하는 건 아니지만 어느 정도 수준으로는 살 수 있잖아요. 우리가 아주 부자면 유산을 물려준다든지, 아버지 사업을 이어받도록 하면 되겠지만 월급쟁이에 집 한 채 있는 건데 뭘 해주겠어요. 사실 우리 같은 사람이 제일 애매해요. 아주 잘살면 애들 공부가 좀 부족해도 괜찮지만 그것도 아니고, 또 완전히 가난해서 뒷바라지 못해 일찌감치 포기한 경우도 아니고……"

부모가 열심히 공부해서 명문대 나오고 사회적으로 안정된 직업을 가지고 살며 기초를 닦아놓았으니 자식들이 뒤를 이어 더 잘살아야 하는데, 그러려면 점점 경쟁이 심해지는 사회에서 더 열심히 해야 한다는 것이다. 성민이 엄마는 자신이 아이한테 너무 집착하고 불안해하고 있음을 시인했으며, 그 불안은 자신의 것임을 인정했다. 아이가 공부를 잘할 때까지는 별로 의식하지 못하고 있다가 이제야 그 불안을 맞닥뜨리게 된 것이다.

하지만 그러면서도 자식이 좋은 대학에 못 가서 사회적으로 인정받을 만한 직업을 갖지 못했는데 엄마가 아무리 편안하고 즐거운 인생을 살려고 한들 그게 가능하겠느냐고 반문했다. 풍족하게 살지 못해도 자신이 하는 일에 만족하고 행복해한다면 괜찮다고들 하지만, 자신이 보기에는 그렇게 말하는 사람조차 그 말을 믿지 않는 듯하다는 것이다.

"텔레비전 보면 무슨 달인 같은 거 나오잖아요? 각자 자기 분야에서 전문가라고 나와 기술 보여주고 미션 수행하고 그런 거요. 공장에서 봉투 빨리 접는 거, 주방일 하면서 라면봉지 빨리 뜯는 거, 칼질 잘하는 거 별별 거 다 있더라고요. 그거 보면서 솔직히 속으로는 이런 생각 해요. 저 분야에서 달인 돼가지고, 미션 통과해서 상 받고 트로피 받고 그래서 어쩌자는 건데? 다들 너무 가난하잖아요. 정말 그런 사람들을 무시하자는 게 아니고요. 솔직히 말해 하루 열몇 시간씩 일하면서 달인이 되고 행복하다고 하면 그건 아니죠. 그런 거 보여주면서 각자 자신이 맡은 자리에서 최선을 다하며 사는 게 행복한 것처럼 말하는데, 저는 그게 오히려 더 위선인 것 같아요. 그건 핑계고 합리화잖아요."

많은 중산층 부모들은 열심히 공부하고 일하며 애써 지금의 자리를 이루었다고 자부한다. 그러니 이제 자식들은 부모처럼 집안 걱정 안 하고 공부만 잘해서 좋은 대학에 들어가면 된다. 뒷바라지는 부모의 몫이고 아이는 그저 공부만 잘해주면 된다. 그러면 자신의 세대에는 조금 불안했던 중산층의 삶이 자식 세대에 가서는 안정적이 될 것이라 기대한다. 하지만 자식이 공부를 못하면 걱정이 되고 불안하다. 겉으로는 중형 아파트에 살며 차 굴리고 애들 과외시키고 외식도 하면서 그럴듯하게 살고 있지만 결국 월급쟁이의 삶은 뻔하지 않은가. 대대로 부자가 아닌 이상 지금의 이런 삶은 위기나 사고를 당하면 단번에 무너질 수 있다. 혹여 자식들이 손을 벌리기라도 한다면 눈 깜짝할 사이에 거덜이 날 수도 있다.

아이의 미래에 대한 불안처럼 보이지만 실은 부모 자신의 노후에 대한 불안이기도 한 것이다. 비빌 언덕이 없는 대한민국 부모들이 믿는 유일한 보험은 교육이다. 성민이네 경우는 대학이 생계형 보험이 아니라 보장형 보험이지만 어쨌든 유일한 보험이라 믿는다. 그 누구도 자식의 미래, 자신의 노후를 보장해주지 않기 때문이다.

대학은 생계형 보험? 보험비 버느라 파괴된 가정

상담실을 찾은 또다른 부부에게도 아이의 교육은 유일한 보험이었다. 이제 막 중년에 접어든 부부의 얼굴은 더이상 그늘이 드리울 구석이 없을 정도로 어둡고 우울했다. 나이에 비해 훨씬 늙어 보이는 얼굴도 한몫했지만, 원망과 슬픔과 분노가 뒤섞인 아내의 복잡한 눈빛과 입을 열면 무슨 말이 나올지 몰라 일부러 굳게 다물고 있는 듯한 남편의 입술에서 느껴지는 감정의 무게가 만만치 않았다.

먼저 입을 연 아내는 중학교에 다니는 딸에게 상담을 받게 하고 싶다고 했다. 딸에게 같이 오자고 했으나 거부해서 부부가 먼저 왔는데, 사실은 딸이 약을 먹고 자살을 시도했다고 했다. 다행히 일찍 발견해 살려놓기는 했지만 계속 우울해하는 것 같아서 걱정이란다. 아이가 부모의 부부싸움을 견디기 힘들었던 모양이라고 했다.

부부가 이혼 직전까지 갔다가 고비는 넘겼는데 아이는 여전히 나아지지 않는 모양이었다. 아내는 어떻게 하면 딸이 상담을 받을 수 있을지 물었다. 그때 남편이 무겁게 말문을 열었다. 딸아이는 모든 게 자기 때문이라며 죄책감에 시달리는데, 아무리 아니라고 해도 믿지 않아 괴롭다고 했다. 어떤 상황인지 좀더 자세히 물으니 남편은 잠시 머뭇거리다 작심한 듯 사정을 털어놓았다. 남편이 전한 이야기는 충격적이다 못해 참담했다.

남편은 지인과 함께 시장에서 작은 철물 도매상을 운영하고 있었다. 결혼한 지 15년 만인 지난해 초 처음으로 남매에게 각자의 방을 줄 수 있는 방 세 개짜리 아파트를 전세로 얻어 이사했다. 매출은 늘 불안했고, 가게도 언제 어떻게 될지 장담할 수 없었다. 저축은 불가능한데 취직하기에는 너무 늦은 나이인 데다 배운 기술도 없었다. 아내는 남편에게 어떻게든 아이들 대학 졸업할 때까지만이라도 버텨달라고 했다. 아이들이 대학을 졸업하면 제 밥벌이를 할 테고, 그러고 나면 자신들이야 어떻게 해서든 살아갈 수 있을 것 같았다.

아내는 이 궁핍한 삶을 대물림하지 않는 유일한 길은 아이들이 좋은 대학에 가는 것뿐이라고 믿었다. 아이들에게도 너희가 공부를 잘해서 좋은 대학에 들어가기만 하면 한시름 놓을 것 같다고 입버릇처럼 말했다. 하지만 없는 형편에 한 과목 정도 학원에 보내는 것 말고는 해줄 수 있는 게 없었다. 그저 아이가 열심히 해주기만을 바랄 뿐이었다. 남편도 속으로는 아이들이 좋은 대학을 졸업해서 대기업 같은 데 취직만 해준다면 얼마나 좋을까 하고 생각했다.

발단은 중학교에 입학한 아이가 첫 시험에서 반에서 3등을 하면서 시작됐다. 아이는 공부를 해보니 조금만 노력하면 더 잘할 수 있을 것 같다며 학원에 다녔으면 좋겠다고 했다. 공부를 하겠다는 아이의 말에 마냥 기뻤던 엄마는 막상 학원비를 알아보고는 가슴이 철렁했다. 학원비는 수입이 더 늘지 않고서는 감당하기 힘든 액수였다. 일단 아이가 가장 힘들어하는 수학만이라도 다니게 했다. 아이는 학기말에도 좋은 성적을 받았다. 학원에 다녀서인지 고전하던 수학 점수도 조금 올랐다. 담임 선생님은 아이가 성실하다면서 집에서 조금만 더 뒷바라지해 성적이 최상위권이 되면 외고에도 보낼 수 있겠다고 했다.

아내는 남편과 아이의 학원 문제를 의논했다. 국어와 영어 학원에도 보내고 싶은데 그렇게 학원을 여러 군데 보내자니 버거웠다. 선생님 말대로 외고에 갈 수 있다면 그걸 위해 또다른 학원에 보내야 할지도 몰랐다. 외고 진학은 생각지 않고 있었지만, 외고에서 명문대에 입학하는 비율이 일반고보다 훨씬 높다는 학원 선생님의 말을 듣고는 왠지 가슴이 두근거리면서 외고에 꼭 보내야겠다는 의지가 생겼다. 외고 진학이

가능할지도 모른다는 선생님의 말에 아이도 은근히 들뜬 것 같았다. 남편은 아내에게 너무 앞서서 욕심부리지 말라고 주의를 주면서도 아이가 외고에 가고 명문대를 가게 된다면 빚을 지더라도 상관없다고 했다.

한 달 후 남편은 야간 대리운전을 시작했다. 동업자가 이른 아침부터 오후까지 가게를 지키면, 남편이 이어서 밤 10시까지 가게 문을 열고 그 이후에 대리운전 기사로 일하고 새벽에 집에 들어왔다. 대리운전 기사를 해서 얻는 수입은 많지 않았으나 덕분에 아이가 여러 과목별 학원에도 다닐 수 있었고 인터넷 동영상 강의를 듣는 전자제품도 구입했다.

2학기가 되어 반장이 된 아이는 공부를 더 열심히 했고, 겨울방학이 되어 특목고 준비 학원에 등록하면서 돈이 더 들어가게 되었다. 이렇게 아이를 위한 '뒷바라지'는 점점 커져갔지만 아이는 처음과 달리 조금씩 지쳐갔다. 여전히 좋은 성적을 유지하고 있었지만 강남 아이들에 비하면 아직 부족한데 거기까지 도달하기가 버거웠던 것이다. 아무리 열심히 해도 생각만큼 성적이 오르지 않자 과외에 지각하는 일도 종종 생기고 시간 안에 숙제를 다 못 해가는 일도 벌어졌다. 짜증도 늘고 말수도 줄었다. 그렇다고 아이가 외고에 대한 꿈을 포기한 것은 아니었다.

저소득층 부모, 아이가 자신처럼 살까봐 걱정

돈이 점점 들어갈수록 아내의 고민도 커져갔다. 밤을 새우고 대리운전까지 하는 남편에게 돈을 더 달라고 할 수도 없는 노릇이었다. 답답한 마음에 남편에게 의논을 하면 한숨만 쉬거나 이제 그만하면 됐다면서 소리만 지를 뿐 전혀 도움이 되지 않았다. 할 수 없이 아내는 가사 도우미 일을 시작했다. 낮에 아이들이 없을 때 반나절만 하고 오면 되는 일이라 처음에는 꽤 괜찮다고 생각했다. 하지만 반나절만 해서는 고작 60만 원 정도 벌 수 있는데 이 비용은 아이의 한 달 영어 과외비에 지나지 않았다. 학원비나 다른 비용은 남편이 댄다 해도 고액 과외비는 학년이 올라가면서 더 많이 들 텐데 도저히 이런 식으로는 감당할 수 없겠다는 생각이 들었다.

그러던 참에 가사 도우미로 일하는 한 아주머니를 통해 다른 벌이를 알게 되었다. 노래방 도우미라고 했다. 처음에는 미친 소리라며 펄쩍 뛰었지만 그 아주머니는 자신도 순전히 아이들 교육비 때문에 한다고 했다. 그러면서 부도덕한 성관계를 맺는 것도 아니고 살짝 분위기 맞추어주고 술 마시는 시늉만 하면 되는데 아이를 위해 그까짓 것 못 하냐며 오히려 핀잔을 주었다.

아이가 공부를 잘해서 외고에 갈 수 있고 서울대나 연고대에 갈지도 모르는데 그렇게 되면 졸업하고 인생이 보장된 거 아니냐, 아이가 그렇게 살 수 있다는데 엄마가 이 정도도 못 하냐, 없는 집에 저렇게 공부 잘하는 아이가 있는 걸 축복으로 여기고 무슨 수를 써서라도 뒷바라지해야지 굴러들어온 복을 차느냐, 옛날처럼 저 혼자 알아서 하는 거 이제는 없다, 그러려면 부모가 똑똑해서 집에서 같이 공부도 하고 토론도 해주고 그래야 하는데 그거 할 수 있냐, 그런 거 해줄 능력이 없으면 돈이라도 대주어야 할 것 아니냐…… 집에 돌아온 아내는 그 아주머니의 말이 귀에 맴돌면서 잊히지 않았다. 생각하면 할수록 틀린 말이 하나도 없었다.

이런저런 생각 끝에 아내는 마음을 크게 먹고 일을 시작했다. 그래, 내 새끼 교육을 위해 그 정도 수모는 감수할 수 있다, 그게 뭐 어때서, 내 새끼 잘살 수 있다면 부모로서 더한 것도 한다, 이렇게 마음을 다잡았다. 생각보다 벌이는 괜찮았다. 조금씩 모은 돈으로 아이 과외비를 날짜를 어기지 않고 척척 낼 수 있다는 게 좋았다.

그런데 식당 주방일로 늦는다는 아내의 행동을 수상히 여기던 남편에게 들키고 말았다. 한바탕 부부싸움 끝에 남편은 아내에게 이혼을 요구했다. 아내는 참고 있던 눈물을 쏟으며 이게 다 누구 때문이냐, 애들 학원비 같은 거 척척 내주는 남편이 있으면 나도 이런 짓 안 한다며 소리를 질렀다. 그날 마침 배가 아파 평소보다 일찍 학원에서 돌아온 아이가 이 장면을 보게 되었다. 며칠 후 아이는 "저 때문에 두 분이 고생하고 싸우는 게 너무 싫어요. 차라리 제가 공부를 못했던 때가 더 좋았던 것 같아요. 엄마 아빠, 학원에 보내달라고 해서 정말 미안해요"라는 유서를 남기고 자살을 시도했다.

남편이 이야기하는 동안 아내는 계속 눈물을 흘렸다. 남편은 돈 못 버는 자신에게 화가 나지만 자신이 뭘 그렇게 잘못했나 생각하니 또 억울하다고 했다. 선생들이 이렇게 부추긴 것 같아 화가 나다가도 담임이야 애 좋은 대학 가라고 추천한 거고 학원 선생이야 직업상 가능성이 있는 애들한테 권한 것뿐이고, 그 사람들한테 화를 내봤자 소용이 없는 거 아니냐고 했다. 남편은 제 학원비 때문에 부모가 이혼하게 되었다고 죄책감에 빠져 있는 딸아이를 어떻게 해서라도 그 죄책감에서 벗어나게만 해달라고 했다. 아내는 아이가 공부를 잘하는데 자신들 때문에 공부를 포기하면 안 된다면서, 저러다가 아이 인생을 망치게 되면 어떻게 하나 하는 생각에 죽고 싶은 심정이라고 했다.

부모는 아이를 위해 야간 대리운전과 노래방 도우미도 불사했지만 가족은 산산조각이 났다. 어쩌면 이 순간에도 또다른 야간 대리운전 기사 아빠와 노래방 도우미 엄마는 아이의 학원비를 벌기 위해 열심히 '부모 노릇'을 하고 있을지도 모르겠다. 그렇게 해서라도 아무도 보호해주지 않는 사회 안에서 자신과 아이들이 살아남으려 하는 것이다. 하지만 그 믿음은 결국 파멸과 불행만 낳았을 뿐이다.

대학은 결국 깡통계좌!
대학이 구명조끼와 같은 유일한 보험이라면 이 보험은 누구를 위한 것일까? 정녕 아이만을 위한 것일까? 정말 아이를 위한 보험이고 투자라면 아이를 병들게 하고 죽여가면서까지 고집하지는 않을 것이다. 부모들이 은밀히 원하는 바는 결국 아이들이 본인 앞가림 잘해서 자신의 노후를 위협하지 않고, 더 나아가 자신의 노후를 일정 부분 의탁할 수 있는 보험이 되어주는 것이 아닐까?

외환위기를 겪으면서 우리는 숱하게 목격하고 직접 경험했다. 중고 등학생 자녀를 둔 40대 가장들이 추풍낙엽처럼 정리해고되는 것을. 아내는 도망가고 가정은 무너지고 아이들은 아버지 손에 이끌려 고아원에 맡겨지는 것을. 번듯하던 대기업 부장이 이삿짐 트럭을 몰고, 식당을 운영하다 몇 년 사이에 자본금을 모두 날리고 택시 기사가 되는 거짓말 같은 현실을. 평생직장에 대한 믿음은 사라졌고, 40, 50대 가장들이 하루아침에 문자 한 통으로 해고되는 세상이 왔음을 똑똑히 알게 되었다.

이제 누가 우리를 지켜줄 것인가? 대학은 이제 출세와 신분 상승을 위한 교두보가 아니라 신분 하락을 막아줄 마지노선인 것이다. 대학마저 나오지 못한다면 이 험한 세상에서 무엇 하나 믿을 것이 없으니 아이들의 앞날이 캄캄하다. 더 나아가 30, 40대 가장이 되어서도 제 앞가림을 못하는 자식들을 돌보아야 할 자신의 노후가 암담하고 공포스럽다. 그래서 대한민국 부모들은 이렇게 또다시 무지한 종속적 삶의 방식을 고수한다. 구명조끼를 다른 말로 바꿔보면, 대학은 생존을 위한 최소한의 보험이 된다. 투자에 비해 아무것도 보장되지 않거나 터무니없이 보잘것없는 보상만이 주어지는 보험이지만 그나마 잡지 않으면 아무런 미래도 없을 것 같아서 대학이라는 보험을, 구명조끼를 놓지 못한다.

복지나 사회적 안전망이 갖추어지지 않은 상황에서 교육과 학력은 서민들에게는 생존을 위한 생계형 보험으로 받아들여진다. 그 보험마저 없다면 미래가 너무나 공포스럽다. 비빌 언덕이 없는 부모들이 선택한 유일한 보험인 교육, 그런데 그것은 과연 우리에게 무엇을 보장해주고 있는가? 불안과 공포를 보장해주고 있을 뿐이다. 사회적 안전망이 없는 상황에서 유일하게 선택한 것이라고는 하지만 더이상 효용이 없다면 다른 방법을 찾든지, 그 제도를 바꾸든지 해야 하는 것이 아닌가? 대학은 이제 깡통계좌가 되어버렸다.

그러나 대한민국의 부모들은 사회와 제도에 대한 의심이 자기 삶에 대한 공포로 확장되는 것을 서둘러 차단하기 위해, 자신도 완전히 수긍할 수 없는 그 제도에 순응한다. 하지만 그것이 결국 우리 아이들과 가족에게는 붕괴의 길이 되고 만다. 아이들을 더욱 극악해지는 경쟁적인 삶으로 내몰고 숨통을 조이면서 '포기하는 것은 너무 억울하다. 우리 아이만큼은 해낼 수 있을 거야'라며 스스로를 희망고문하고 있을 뿐이다.

우리가
불행한
이유

결국 부모들이 필사적으로 틀어막으며 직면하고 싶어하지 않는 진짜 이야기는 따로 있다. 현실은 학력, 재산, 인맥으로 견고하게 짜인 '그들만의 리그'이며 계층 간의 차별과 격차를 넘는 것이 쉽지 않다는 사실 말이다. 복지나 사회적 안전망이 갖추어지지 않은 상황에서 교육과 학력은 서민들에게 생존을 위한 보험일 수밖에 없다. 그 보험마저 없다면 미래가 너무나 공포스럽다. 중상층이나 중산층 부모들에겐 사회적 지위와 권력을 유지할 수 있는 최소한의 자격요건이다. 교육은 일종의 절차가 되어버려 그것을 통과하지 않으면 최소한의 안정적인 직업 선택과 삶의 기회마저 주어지지 않는 것이다. 그래서 많은 부모들이 주문을 외우듯 일단 대학만 가면 다 해결된다며 아이들을 닦달한다.

정답을 만들어온 부모들

아직 중학교 입학시험이 있던 1964년 12월, 서울 지역 중학교 입시 자연 과목에 엿을 만들 때 엿기름 대신 넣을 수 있는 것을 묻는 문제가 출제되었다. 당화(糖化) 작용을 하는 물질을 묻는 문제로 정답은 1번 '디아스타아제'였다. 그러자 문항 중에 2번 '무즙'을 답이라고 선택한 학생의 학부모들은 초등학교 교과서에 '침과 무즙에도 디아스타아제가 들어 있다'고 나왔다며 무즙도 답이라고 강력하게 반발했다.

서울시 교육위원회는 이를 받아들여 1번과 2번 모두를 정답으로 처리하기로 한다. 그러나 1번을 정답으로 선택한 학생의 학부모들이 서울시 교육위원회에서 다시 농성을 벌이자 하루 만에 번복하고 만다. 그러자 이번에는 2번을 선택해 1점 차로 경기중학교를 비롯해 명문교에 낙방한 수험생들의 학부모 마흔두 명이 소송을 내기에 이른다. 학부모들은 서울시 교육감이 "무즙으로도 엿을 만들 수 있다면 복수 정답을 인정하고, 탈락자들을 구제하겠다"고 언약했다며 '이 엿을 먹어보라'는 구호와 함께 실제 무즙으로 엿을 만들어 와 증거물로 제출했다. 결국 이들은 이듬해 재판에서 승소했고, 법원은 무즙도 정답으로 봐야 하며 이 문제로 인해 불합격된 학생들을 구제하라는 판결을 내렸다. 해를 넘기며 이어진 '무즙 파동'은 서울시 교육감과 문교부 차관, 청와대 비서관 두 명이 물러나고서야 수습됐고, 몇 년 후 중학교 입시는 무시험 전형으로 바뀌게 되었다.

신문 가십난에나 나올 법한 '무즙 파동'은 대한민국 부모들의 대단한 교육열을 말할 때마다 언급되곤 한다. 무즙 파동으로 중학교 입학전형 제도가 달라지기는 했지만 엿을 만들어 온 부모들은 교육 당국과 입시제도에 말처럼 제대로 엿을 먹이지는 못했다. 그들은 잘못된 문제의 정답을 만들어내면서까지 입학시험이라는 제도를 지켜냈을 뿐이다. 사실 그들이 한 일은 초등학교 때부터 입시지옥에 허덕이도록 만드는 입시제도를 바꾸거나 개선하려 한 것이 아니라 그저 자기 아이의 답도 정답으로 인정해주기를, 곧 제도가 자신의 아이를 선택해주기를 애원한 것에 지나지 않는다.

무즙이라고 답한 학생들은 다음 해 5월 전입학 형식으로 자신들이 원하는 중학교에 입학이 허가되었다. 그런데 이들이 뒤늦게 진학하는 틈을 타 부유층과 유력자의 자녀 열다섯 명도 경기중학교와 경복중학교에 덩달아 부정입학했다가 들통이 난다. 이들은 애써 엿을 고아 오거나 법정소송을 불사하지 않고도 중학교에 진학할 수 있었다. 엿을 만들어 온 부모들은 잘못된 문제의 정답을 만들어내면서까지 입학시험이라는 제도를 지켰지만 이들은 그 제도마저 무시해버린 것이다. 구명조끼를 얻기 위해 모두 애쓰는 사이 누군가는 쉽게 보트를 타고 난파선을 떠날 수 있었던 것처럼.

무엇에 대한 불안인가

진짜 문제는 문제 자체가 잘못되었다는 사실이다. 그런데도 부모들은 정답이 없는, 답할 수 없는 문제에 꾸역꾸역 애써 답을 만들었다. 애초 문제가 잘못되었다고 항의하지 못하고 그저 어떻게라도 답을 만들려 한 것이다. 정작 문제를 낸 사람은 답을 내놓지 않고 있는데 말이다. 그러나 엿까지 고아가며 정답을 만들어낸 부모들을 어리석다고 비난할 자격이 과연 우리에게 있을까? 제도가 원하는 정답을 만들어온 부모들은 사교육에 살림이 거덜나고, 가정이 파괴되는 한이 있어도 아이를 명문대에 입학시키려는 우리와 실은 다르지 않다. 잘못된 제도를 그대로 둔 채 그저 자신의 아이만은 그 제도의 선택을 받기 바랄 뿐이니 말이다.

제도의 불합리함과 문제점을 알고 그 때문에 고통받으면서도 우리는 왜 그것을 고치려 하지 않는가? 어차피 강요된 선택인데 왜 그것을 누구보다 충실히 이행하는가? 잘못된 질문을 던지며 정답을 만들어 오라는 어처구니없는 요구에 대해 오직 "예"라고 주억거릴 뿐 왜 저항하지 못하는가? 이것이 자신의 삶에 대한 자발적인 고문이 아니고 무엇일까? 자포자기와 같은 행위에서 우리는 무엇을 즐기고 있나? 이 제도와 시스템은 우리의 고통을 먹고 사는 것이 분명한데 말이다. 이런 세상에서는 살기 싫다며 몸을 던지는 아이들의 외침에 우리는 왜 귀를 막고 있는가? 우리는 아이들의 미래를 담보로 시스템이 우리에게 요구하는 것과 우리가 할 수 있는 것 사이의 간극을 메우고 있는 것은 아닌가?

한국 교육 문제의 핵심은 '불안'이라고들 말한다. 부모들을 움직이는 동력은 다름 아닌 불안감이라는 것이다. 내 자식이 남보다 못할까봐, 남에게 뒤처질까봐, 사회에서 낙오자가 될까봐 부모들은 전전긍긍한다. 사실 불안만큼 확실한 겁박은 없다. 부모의 불안은 자식의 미래보다, 아니 지금 눈앞에 있는 아이보다 더 확실하다. 불안으로부터 면제되는 사람은 없다. 그런데 부모들의 불안에는 좀더 근본적인 원인이 있는 것 같다.

우리는 실은 시스템 자체가 불안한 것이다. 시스템이 자신을 보호해줄 것이라고 믿지 못할뿐더러, 시스템의 문제해결 능력도 믿을 수가 없기 때문에 불안한 것이다. 제도와 시스템이 자신을 보호해주리라는 확신이 들고 그것에 기댈 수 있을 때 사람들은 그 안에서 뭔가 해볼 마음을 먹는다. 그런데 우리 사회는 시스템에 대한 신뢰가 제로에 가깝다. 그런 상황에서 사람들은 결코 시스템을 바꾸거나 제도적인 변화를 위해 노력을 기울이며 자신의 미래를 걸지 않는다. 시스템을 향해 자신의 요구를 호소하지 않는다. 그나마 시스템이 유지되는 것은 그것이 제대로 굴러가고 있다고 믿고 싶은 사람들의 희생과 노력 때문인지도 모른다.

경험적으로 우리는 이 사회가 시스템으로 굴러가는 것이 아니라 돈과 빽으로 움직인다는 것을 안다. 제도나 시스템이 있지만 허울뿐이거나 현실을 가리는 하나의 연막에 지나지 않고, 세상은 돈과 빽에 의해 움직인다고 생각한다. 그러니 겉으로는 제도와 시스템을 따르지만, 제도와 시스템의 변화에 노력을 기울이는 대신 각자 알아서 돈과 빽의 세상에 다가갈 수 있는 동아줄을 잡는 일에 고군분투할 수밖에 없다. 시스템에 대한 불안을 반동적이고 투기적인 방식으로 해결하려는 것이다. 여기에 불안과 공포는 투기적인 삶을 더욱 조장하는 기폭제가 될 뿐이다. 결국 누군가의 말처럼 한국에서 교육은 "판돈이 크게 걸린 아슬아슬한 도박"에 지나지 않는지 모른다.

그런데 썩은 동아줄이라도 붙잡겠다며 악다구니 쓰는 사람들은 그 바람을 이룰 수 있을까? 안타깝게도 그들은 '헛똑똑이'에 지나지 않는다. 잘못된 제도와 시스템은 점점 그들을 옥죄어올 것이다. 현재 우리가 고통받고 있는 것은 잘못된 제도와 시스템을 그대로 방치한 우리의 책임이 크다. 그 고통은 이제 우리 아이들을 옥죄고 있다. 이제 시스템의 문제를 외면하고는 지금 우리가 처한 곤경으로부터 한 걸음도 나아갈 수 없다.

5부 원하는 것을 진정으로 추구하자

: 우리가 그려나갈 미래

아이는 부모의 성찰을 물려받는다

부모 노릇도 전문가와 매뉴얼로부터 배우는 부모들

요즘 부모들은 아이를 어떻게 키워야 할지에 대해 정보와 지식을 얻을 수 있는 곳이 많다. 서점에 쏟아져나오는 부모교육서와 자녀양육과 관련된 방송 프로그램들을 보면서 부모들은 자신의 이야기를 보는 것 같아 멋쩍기도 하고 걱정스럽기도 하다. 그래서 그런지 아이가 문제가 아니라 부모가 문제라는 말을 부모 자신의 입으로도 서슴없이 한다. 그런데도 점점 더 많은 부모들이 부모 노릇이 막막하다고 한다. 부모가 문제라는 것도 알고, 어떻게 양육해야 하는지를 책에서도 텔레비전에서도 보는데 왜 부모 노릇은 점점 더 막막하기만 할까?

부모로서 더 답답한 것은 부모가 문제라는 것을 아니까 더 막막해졌고, 어떻게 양육해야 하는지 듣고 배우니까 더 막막해졌다는 사실이다. 부모가 아이를 통제하고 다그쳐서 성공시키는 것 말고 자신의 삶을 살아낼 수 있는 길이 무엇인지를 안다면 멈출 수도 있겠지만 그것을 모르기 때문에 변할 수가 없다. 이대로 가면 아이가 죽을 것이고 멈추면 자신이 죽을 것 같아서 미칠 지경이다.

이렇게 막막함이 고통이 될 즈음이면 전문가를 찾는다. 전문가의 말을 들으면 잘못하고 있는 것이 참 많다. 아이의 감정도 알아차리지 못하고 양육행동도 잘못되었다. 오죽하면 요즘은 학원 선생님들마저 엄마들에게 부모교육을 받으라고 한단다. 아이들 닦달하는 악역은 자신들이 맡을 테니 엄마들은 공부하기 힘들어하는 아이의 마음을 공감해주면서 달래는 협공을 하자는 것이다.

그래서 배우는 것이 감정코칭, 아이메시지 대화법, 자기주도학습, 자존감 향상, 청소년 심리, 창의성 교육 등등이다. 하지만 들으면 들을수록 뭘 하지 말아야 한다는 것은 알겠는데 뭘 어떻게 해야 하는지는 모르겠다. 이 때문에 막상 아이와 갈등하는 실전에서는 배운 것을 어떻게 응용해야 할지 머릿속이 하얗다. 그리고 이것이 또 불안해서 더 많은 교육을 받는다.

하지만 문제는 기법과 매뉴얼을 익히는 것으로는 절대 해결되지 않는다. 개념이 확실히 잡히지 않으면 기출문제는 풀지만 응용문제는 못 풀듯이, 내 삶의 가치가 불투명하니 아이의 다양한 반응에 멍해지는 것이다. 오히려 매뉴얼 중심의 부모 노릇을 배우는 것이 또 하나의 어려운 부모 노릇이 되어버린다.

어떤 교육을 받고 어떻게 활용하든지 그 모든 것은 아이가 공부를 잘 해줄 때에나 유용할 뿐이다. 만일 아이의 성적이 떨어지면 또다시 모든 것이 불안하다. 그래서 또다시 전문가를 찾는다. 자신이 잘못하고 있는 것은 아닌지 확인해줄 전문가가 필요하기 때문이다. 형편상 교육이나 상담도 못 받는 부모들은 더욱 불안하다. 부모 노릇을 잘하고 있는지 확인할 수 있는 기준이 없기 때문이다.

막막해하는 부모들이 전문가의 교육도 받고 여러 가지 양육 기술도 배우고 있지만 그럴수록 더욱 불안해하고 막막해지는 것은 무엇 때문일까? 그것은 우리가 느끼는 부모 노릇의 막막함이 단지 잘못된 말과 행동을 고치지 못하는 데서 연유하는 게 아니기 때문이다.

진짜 불안은 부모 자신도 확신할 수 없는 삶의 가치

가뜩이나 불안함으로 쩔쩔매는 부모들에게 이것이 진짜 정답이라고 소리치면서 이 프로그램을 따르지 않으면 크게 후회할 것이라며 부모를 더 불안하게 하는 '자칭 전문가'들이 너무 많다. 그들은 모두 학원 원장과 다름없는 교육시장의 하이에나들이다. 단호히 말하지만 아이의 미래는 매뉴얼이나 부모교육 프로그램으로는 얻을 수 없다.

아이의 미래는 부모가 물려주는 무언가로 그 일부를 채울 것이다. 그러나 아이에게 물려줄 수 있는 것은 오직 부모 자신이 확신할 수 있는 것이어야 할 터이다. 그것이 없으니 불안할 수밖에 없다. 부모들이 불안한 것은 의사소통 기술을 잘 활용하지 못해서가 아니라 사실은 사회적 성공 말고는 자녀에게 물려줄 가치라는 것이 아예 없기 때문인지 모른다.

아이에게 물려줄 가치가 없어서 불안한 부모들의 심정은 나 역시 잘 안다. 부끄럽지만 나도 부모로서 그랬기 때문이다. 10년이 넘는 외국생활을 마치고 돌아와서 아이를 중학교에 입학시켰다. 외국생활을 오래 해서 괜찮을까, 독일 학교에 보내야 하는 것은 아닐까 걱정했지만 우리나라에서 사는 이상 이곳 학교에서 교육을 받는 편이 좋으리라 생각했다. 대안학교에 보내는 것도 고려했지만 아이는 대안학교도 독일 학교도 싫고 그냥 일반 학교에 가겠다고 고집했다.

아이는 두 살 때부터 10년 넘게 살아온 나라의 언어와 친구와 학교를 떠나야 했기에 불만과 포기의 중간 상태였던 것 같다. 어차피 독일에 다시 가지 못하고 여기에서 살아야 할 바에는 그냥 여기 학교에 가자고 생각한 것 같았다. 중학교에 입학하기 전 학교를 방문했을 때 한 선생님은 아이가 오랫동안 외국에 있었고 한국말도 어눌한데 일반 중학교에 보내는 건 무리가 아닌지 걱정했다.

머리를 짧게 깎고 가슴에 이름표를 박은 교복을 입고 중학교에 입학하던 날, 아이는 신발을 벗고 실내화를 꺼내 갈아신으면서 눈물을 보였다. 나중에 물으니 모두 짧은 머리에 똑같은 교복과 비슷한 모양의 실내화를 착용한 것이 학교라기보다는 거대한 집단수용시설에 들어가는 느낌이었다고 했다. 입학한 지 두어 달 후 걱정 반 기대 반으로 갔던 첫

수련회에서도 충격을 받았다. 정신집중훈련이라는 이름으로 이유 없이 실시하는 단체기합에 한 명도 항의 없이 따르는 아이들의 모습과 집단으로 촛불 켜고 「어머님 은혜」를 부르며 우는 아이들의 모습에 놀라서 다시는 수련회에 안 가겠다고 했다.

수업시간에 문제를 내어 틀린 개수대로 매를 드는 선생님의 과목이 있는 날은 학교에 가기 싫다며 울기도 했다. 아직 언어 때문에 문장 가독력이 없던 아이는 어차피 다 틀릴 것이라며 겁을 냈다. 독일에서 재미있게 배운 플루트를 계속 배우려고 학원에 갔다가 자꾸 틀리고 못한다고 소리 지르고 야단치는 학원 선생님한테 질려서 아예 그 악기는 쳐다보지도 않게 되었다. 한국에 오기 전까지는 수학을 제법 잘한다는 소리를 들었다가 우리나라에서는 아무리 푸는 방식을 창의적으로 생각해도 소용이 없고 빨리 정답을 맞히는 게 최고라는 선생님의 말을 따라서 이렇게 저렇게 생각하는 습관을 없애는 연습을 해야 했다.

때로는 아이의 부모로서 학교에 부당함을 건의하고 문제를 같이 해결한 적도 있었지만, 거의 대부분의 갈등은 아이 스스로 순응하거나 부모에게 말도 하지 않고 견뎌냈다. 친구와 잘 어울리고 축구를 좋아하는 아이에게 중고교 6년간은 정당하다고 느끼지 않으면서도 침묵하고 순종해야 했던 시간이었다.

중학교에 입학한 지 1년 하고도 몇 달이 지나 아이가 어버이날 학교에서 쓴 편지를 읽고는 가슴이 무너져내리는 것 같았다. 그 편지에는

"어머니, 아버지, 성적이 좋지 않아서 죄송합니다"라는 말이 있었다. 그 전해, 한국에 온 지 얼마 안 되어 쓴 어버이날 편지에는 "엄마, 아빠가 내 부모여서 방갑습니다"라는, 서툰 한글이지만 아이의 마음이 담겨 있었다. 그런데 1년이 지나 받은 편지는 맞춤법도 틀리지 않고 글씨도 훨씬 나아졌지만 내용은 내 아이가 쓴 것이 아닌 듯했다. 아이와 함께 그 이야기를 하면서 물어보니 그냥 어버이날이어서 그렇게 썼다고 했다. 어버이날은 부모에게 효도하는 날이고 공부를 잘하는 것이 효도인데 못하니까 그렇게 썼다는 것이다. 왜 그렇게 생각했는지, 정말 그렇게 생각하는지, 공부를 못한다고 죄송해야 하는 것은 아니라고 진지하게 말했지만 아이는 다들 그렇게 한다며 가볍게 생각했다.

공부를 못하면 죄송하다고 말해야 한다는 것을 별로 심각하게 생각하지 않게 된 아이를 보면서 부모로서 큰 갈등이 생겼다. 이대로 이런 가치를 배우도록 내버려두어야 하는가, 아니라면 어떻게 해야 하는가? 학생은 공부를 잘해야 하고, 반인권적인 학교 규칙일지라도 잘 지켜야 하고, 부모나 선생님 말을 무조건 잘 듣는 것이 최고라는 가치를 강조하는 학교에 적응하기 위해서 독일 학교와 사회, 친구관계에서 배웠던 비판정신이나 자유의지, 공정함, 협력과 같은 가치를 점점 버려야만 하는 선택의 상황에 놓인 것이다.

부모인 나는 무엇을 해줄 수 있고 어떻게 아이를 지켜줄 수 있을까. 여러 가지 고민과 갈등이 많았지만 결국 부모로서 나는 아무것도 해주지 못했다. 부모로서 내가 한 일이라고는 부당한 학교 시스템을 무책임하게 비판하면서, 그래도 잘 적응하는 아이에게 고마워하며 결국 아이가 그 갈등 과정을 혼자 겪도록 맡겨두는 것 말고는 없었다. 그 외에는 다른 방법을 찾지 못했다. 아니, 찾으려 하지 않았다.

부모의 부정과 유예를 대물림한 아이

부모인 내가 고통스러웠던 것은 아이가 적응하지 못해서가 아니라 사실은 스스로 혼란스러웠기 때문이다. 머릿속으로는 옳다고 믿는 어떤 가치를 현실에서 실현하려는 노력을 하지 않음으로써 겪어야 했던 고통이었다. 인간이 인간답지 못하도록 조장하는 대한민국의 교육 시스템에서 나의 가치는 흔들렸고, 확신이 없었으므로 어떤 가치를 가지고 어떤 삶을 살아야 할지를 결정하지 못하고 망설였던 것이다.

뭘 하든지 열심히 하라는 삶의 태도 말고는 무엇을 하고 어떻게 살아야 하는지 가치를 말해주지 못하는 많은 대한민국 부모들처럼, 나도 결국은 아이가 그래도 적응을 잘하고 열심히 살아서 다행이라 생각하고 감사했을 뿐이다. 사실은 드러내어 채찍질한 부모보다 더 비겁하게 숨어서 조정한 것이나 마찬가지다.

최소한 그런 비겁한 부모의 대열에 합류하지 않았다는 체면을 차리고 싶었던 것 같다. 그래도 나는 아이를 학원에 욱여넣지는 않았어, 그래도 나는 공부하라고 잔소리하지는 않았어, 그래도 나는 명문대학에 가는 것이 중요한 것이 아니라고 늘 강조했어 등등. 하지만 어떤 면에서 아이는 나의 이런 교활함을 간파했을지도 모르겠다.

아이는 힘겨운 공부 속에서도 자신이 좋아하는 과목을 찾았고 어렵게 대학에 입학했다. 아이를 아는 지인이나 친척 들은 아이보고 대단하다고 칭찬한다. 하지만 부모인 나는 안다. 아이는 어려움을 이겨내고 대학에 입학했지만 그것은 자신이 동의하고 옳다고 믿는 가치를 포기해야만 이룰 수 있었던 성취였다. 그 과정은 부정을 거친 타협이나 내면화가 아니고 선택의 여지 없이 모욕감을 느끼며 일방적으로 수용당한 것이었다.

그렇게 대학생이 된 아이는 지금까지도 방황하고 있다. 본격적으로 자신과 삶에 대해 생각하고 고민해볼 수 있는 대학 시절을 그냥 '즐기면서' 보냈다. 자신의 삶에서 어떤 가치를 추구해야 하는지, 그를 위해 무엇을 취하고 무엇을 버릴지 고민하는 것 자체를 뒤로 미루어가면서 그날그날의 즐거움으로 대체했다. 아이는 유예하는 것으로 이전에 하지 못했던 부정을 시작한 것이다. 어떤 삶을 거부하겠다는 부정이 아니라 그 고민을 시작하기를 부정하고 있는 것이다.

아이가 앞으로 얼마나 더 유예해야 제대로 된 부정을 시작할지 나는 모른다. 아이의 부모인 내가 오랫동안 유예했던 것처럼 아이도 오래 방황할지 모르겠다. 그 과정에서 내가 그런 것처럼 아이도 막막하고 불안할 것이다.

부모인 내가 유예했던 것은 내가 옳다고 믿는 가치를 나의 삶으로 받아들여, 그것을 삶 속에서 구현해내는 일이었다. 인간됨이 돈과 권력과 학력에 의해 유린당하고 파괴되는 세상의 가치를 생각으로만 거부하면서 술자리에서 침 튀기며 욕하는 데 그치지 않고 실제 그 가치대로 사는 행동을 유예한 것이다. 다른 사람의 삶에 관심을 가지고 다른 사람을 위해 내 삶을 열어놓아야 함을 알면서도, 개인과 사회가 분리될 수 없음을 알면서도 실행에 옮기지 않았다. 결국 사회 속에서 정치적 개인으로 살아가는 공동체적 삶을 유예한 것이다. 그렇게 나는 아이에게 유예를 대물림하였고 아이는 바로 유예하는 삶의 방식을 대물림받았다.

이제 막막해하는 아이에게 부모인 내가 할 수 있는 것은 무엇일까? 부모로서 내가 할 수 있는 것은 이제부터라도 나의 삶의 가치에 확신을 가지고 그 가치대로 사는 모습을 보여주는 것이리라. 대물림된 나의 유예를 거두어들일 수 있는 방법은 내가 더이상 그 유예를 허용하지 않는 것이다.

지금 나는 아이에게 나의 유예를 이야기하는 것부터 시작한다. 부모로서 부끄럽고 미안하지만 아이에게 과거의 주저함을 고백한다. 지금 이 순간 내가 내 아이에게 물려줄 수 있는 가치는 이것인 것 같다. 나는 어떤 갈등을 겪어왔는지, 그 속에서 무엇을 원했지만 무엇을 주저했는지, 무엇에 안주했으며 무엇을 피하고 싶어하고 두려워했는지, 그리고 무엇이 필요했는지. 이것은 내 삶의 고민이자 아이의 삶의 고민이 될 것이다. 이런 부모를 보면서 아이가 자신이 원하지 않는 것을 제대로 부정할 수 있는 순간이 오기를 기대한다. 그 부정을 위해 오랜 시간이 걸린다 하더라도 나는 언제나 아이의 편에 설 것이다.

부모의 책임은 사회가 함께 나누어야 한다

옳다고 믿는 가치를 삶 속에서 실현하는 것이 왜 그토록 힘들고 어렵고 막막했을까? 아이가 학교에서 교육이라는 이름으로 교육자에 의해 행해지는 반인권적이고 폭력적인 언사와 행동과 규칙들을 겪어내는 동안 왜 그러한 일을 더 적극적으로 항의하지 못하고 중단할 것을 요청하지 못했을까? 왜 결국 그러한 상황을 아무 말 하지 않고 견뎌내는 것으로 수용할 수밖에 없었을까?

일차적으로 부모인 나 자신이 확신이 없었기 때문이다. 그런데 확신이 없었던 것이 과연 내 개인만의 문제였을까? 나는 함께할 누군가가 필요했다. 학교가 잘못되고 있다면 그것을 누구에게 어떻게 항의할 수 있으며 그 절차를 누구와 의논하고 누구와 연대할 수 있는지, 부모인 나에게 어떤 권리가 법적으로 보장되어 있고 그것이 어떤 절차로 실행되고 있는지, 그 속에서 부당함을 고발하는 나와 내 아이는 어떻게 보호될 수 있는지…… 그러나 이에 대한 충분한 정보와 이를 지원하는 제도적인 도움을 얻지 못했다.

독일에서는 전문계 학교를 다니는 고등학생들이 산업체에 실습생으로 나가면 회사에서는 가장 먼저 안전교육과 더불어 학생들이 어떤 권리를 가지고 있는가를 설명한다. 휴식시간, 임금, 노동시간, 안전수칙 등과 관련해서 학생들이 어떤 권리를 가지고 있고 회사가 이를 어길 경우 어디에 어떻게 항의할 수 있는지를 알려준다.

　내가 일해야 하는 회사에서 제일 먼저 내가 어떤 권리를 가지고 있고 만약 부당한 대접을 받을 경우 어떻게 대응할 수 있는지 가르쳐준다면, 그 회사는 얼마나 믿을 만한 회사이며 그런 기업이 있는 사회는 얼마나 든든한 사회인가. 마찬가지다. 우리 사회에서 집단이나 조직에서 개인이 느끼는 부당함에 대해 개인의 권리는 어떻게 보장되어야 하고 개인은 어떻게 보호받아야 하는지 제도적인 장치가 마련되어 있다면, 개인이 희생되거나 문제를 회피하지 않아도 될 것이며 집단과 사회의 문제도 해결될 수 있을 것이다. 그러한 제도와 시스템을 같이 연대해서 고민하고 만들어내 그것이 정당한 방식으로 움직이도록 지켜내야 한다. 이것이 문제를 제기한 개인이 더 큰 불이익을 당하거나 조직의 부당함을 말하면 제거당하지 않고 우리 사회를 바로잡을 수 있는 가장 올바른 방법일 것이다.

　결국 부모 노릇이 막막한 것은 우리가 매뉴얼을 모르기 때문이 아니라 부모 개인에게만 부모 노릇의 책임이 부여되기 때문이다. 우린 지금 내가 겪고 있는 문제가 결국 나만의 문제가 아닌 우리 모두의 문제이며, 우리 사회가 더 나은 방향으로 변화하는 데 기여할 수 있는 문제임을 지지해주는 가치와 시스템이 필요하다. 부당한 가치를 강요하는 사회에서 자기만의 삶의 방식과 가치를 지켜내려는 부모들이 보호받고 연대할 수 있는 제도와 시스템이 필요하다. 현재의 교육이 잘못되었다고 생각하는 부모들이 얼마나 많은가. 하지만 어디서부터 어떻게 변화해야 할지, 달리 노력해볼 수 있는 제도적인 지원과 연대의 물꼬를 찾지 못해 주저하는 것이다.

이제 부모가 부모 노릇을 제대로 하기 위해서는 개인의 자각도 필요하지만 이를 지원할 수 있는 사회 시스템이 필요하다. 그 시스템은 양육과 교육이 부모 개인만이 아닌 사회 공동체의 과제가 되어야 한다는 가치를 지지하는 시스템이다. 적어도 미래 세대를 키워내는 양육과 교육과 보건은 사회와 국가가 지원하는 공공의 영역이어야 한다는 것이다. 한 인간을 키우는 것이 부모만의 염려와 책임이 아니어야 한다.

유럽의 경우 이 같은 제안이 민주적인 절차와 토론, 제도적인 뒷받침을 통해 사회의 공동체적 가치로 받아들여지는 과정을 거쳤지만 우린 아직도 제대로 된 논의조차 못 하고 있다. 이를테면 여전히 논란이 일고 있는 무상급식의 경우 왜 부자인 아이가 똑같이 돈을 내지 않고 밥을 먹어야 하느냐의 문제가 아니라 공교육은 국민의 세금으로 국가가 책임져야 할 영역이라는, 하나의 가치를 채택하는 문제다. 다시 말하면 우리 사회가 공동체적 가치를 추구하는 방향으로 나아갈 중요한 기로에 서 있다는 것이다. 그리고 그 선택은 바로 부모인 우리 자신의 선택인 것이다.

나는 부모다

황새부모, 뱁새부모

교육이란 말은 이 시대에 가장 천박한 단어 중 하나로 전락해버렸다. 가지지 못한 사람들에게 계층 상승, 신분 상승이 가능한 유일한 통로라는 기대도 이젠 그 효용을 잃어가고 있다. 교육은 가진 사람들이 더 많이 소비할 수 있는 또다른 재화에 지나지 않는다.

예를 들어 한국 사회에서 가장 성공한 전문가 집단으로 인식되는 법조인을 뽑는 사법시험 합격자 중에서도 특목고 출신이 다수를 차지한다. 사법시험은 그나마 공정한 편에 속한다. 이제 모든 법조인은 법학전문대학원을 통해서만 배출된다. 1년 연봉이 3000만 원 정도인 가장이라면 연봉 전액을 등록금에 바쳐야 한다는 말이다. 물론 사법시험만큼이나 어려운 입학시험을 통과하기 위해 투자해야 할 사교육비가 얼마가 될지는 계산에 넣지 않았다. 상위 1퍼센트에 속하는 황새부모들이

나 감당할 수 있는 일이다. 그런데도 서민들의 흉내내기는 지독스럽다. 속된 말로 자신이 뱁새라는 것을 알지만 인정하고 싶지 않기에 끝까지 황새를 따라 한다.

그러나 어찌 보면 이것도 '천한 것'들끼리의 싸움일지도 모른다. '오까네'와 '빽'이 있는 사람들은 이런 싸움에서도 자유롭다. 아버지가 외교부 장관이면 딸은 무시험 특별전형으로 외교부에 취직한다. 고위 공직자의 자녀들은 굳이 시험을 치르지 않고도 쉽게 꽤 높은 직급의 공무원이 된다. 아직도 노량진에는 어떻게든 7급, 9급 공무원이라도 되겠다며 청춘을 버리고 있는 젊은이들이 원룸마다 학원마다 넘쳐나는데 조선시대에나 볼 수 있던 음서제(蔭敍制)가 버젓이 행해지는 세상이다.

서민들은 죽도록 서로 싸우고, 가진 자들은 그냥 세습한다. 여기에는 부화뇌동한 우리 자신의 책임이 분명히 있다. 황새가 되고 싶어 안달난 뱁새부모들. 그들의 계층 상승을 향한 욕망, 신분 상승을 향한 대열에서 탈락할지 모른다는 불안이, 아이들만 죽이는 것이 아니라 그들 자신을 죽이고 있다. 뱁새를 부정하고 황새가 되려고 전전긍긍할 것이 아니라 뱁새라는 것이 전혀 문제가 되지 않는 당당한 삶을 지켜내면 되는데 말이다.

부모의 자기부정, 나처럼 살지 마라
언젠가부터 한국의 부모들은 자식들에게 '나처럼 살지 말'고 말하기 시작했다. 근대화라는 급격한 단절을 겪으면서 한국의 자식들은 '부모처럼 살지 말아야 한다'는 신념을 가져야 했다. '부모처럼 살지 말라'는 말은 곧 가난하게 살아서는 안 된다는 말이었다. 그렇기 때문에 부모처럼 살겠다는 생각은 품어서는 안 될 불효였다. 바로 부모를 부정해야만 효도가 되는 비극의 시작이었다.

일제강점기와 6·25전쟁을 겪으며 강제로 거주지를 옮겨야만 했던 수많은 사람들이 있었다. 하지만 자발적으로 자기 고향을 떠나는 사람들은 거의 없었다. 일흔 살 정도 되는 어른들의 말씀을 들어봐도, 근대화 이전에는 태어난 고향에서 백 리 밖을 나가보지 못하고 죽는 사람이 대부분이었다. 그랬던 한국 사회에서 근대화와 더불어 농촌은 낡은 과거의 유물이 되고 도시는 새 시대의 보금자리로 미화되면서 젊은이들은 무조건 서울로 올라가고 보았다. 부모는 적극적으로 이를 지원했다. 자식들만큼은 자신처럼 살아서는 안 된다며 많은 부모들은 자식들을 대처로 내보냈다.

1970~80년대 가난한 농촌의 무지렁이 부모들이 소 팔고 논 팔아 보낸 돈으로 서울에서 기를 쓰고 공부한 자식들은 이제 부모 세대가 되었다. 한 세대가 흘러 부모의 자기부정을 처음으로 경험한 자식들이 이제 부모가 된 것이다. 이 부모들의 운명은 어떻게 되었을까?

'인서울' 대학 인기 학과에 다니는 젊은이와 이야기를 나눌 기회가 있었다. 학생의 아버지는 내로라하는 국내 재벌기업에서 임원으로 일하고 있다. 이른바 상위 1퍼센트의 연봉을 받는 아버지가 아들이 고등학교 3학년이 되자 아들을 불러놓고 "너는 나처럼 살지 말아라. 회사원은 절대로 되지 말아라"라고 비장하게 말하더란다.

상위 1퍼센트의 연봉을 받는 아버지가 이럴진대, 중소기업에서 평생을 일한 아버지가 자식에게 "너는 꼭 중소기업에 들어가라", 또는 생산직 현장에서 평생 용접을 하며 살아온 아버지가 "너도 나처럼 용접공이 되어라", 또는 소상공인으로 살아온 아버지가 자식에게 "너도 나처럼 가게를 해라", 9급 공무원에서 시작해 5급 공무원에 오른 아버지가 "너도 9급 공무원이 되어 나처럼 차근차근 10년에 한 급수씩 승진하면서 살아라"라고 말하는 경우가 얼마나 될까? 누구도 자기와 같은 삶을 살라고 아이들에게 당당히 요구하지 못한다. 자기처럼 열심히는 살되 자기처럼 되지는 말라고 한다.

부모의 자기부정은 이제 두 세대를 흘러왔다. '1970~80년대의 자식'과 '2000년대의 자식'들이 공유하는 한 가지 공통점이 있다. '나는 부모처럼 되면 안 된다'는 주문을 똑같이 외우는 자식들이라는 점이다. 그런데 대를 이은 부모의 자기부정은 치명적인 결과를 낳았다. 1970~80년대의 부모들이 '나처럼 살지 말라'는 간절한 부탁을 했건만, 그 자식들이 2000년대의 부모가 되어 자식들에게 '너희들은 나처럼 살지 말라'고 주문하는 순간, 부모의 염원을 이루지 못했음을 스스로 증명하는 셈이다.

지금의 부모들은 아이들이 자기처럼 살게 될까봐 불안해서 미치기 직전이다. 부모가 스스로를 부정하면서까지 염원했던, 최소한 사회적으로는 부모처럼 살지 말아야 한다는 그 말을 자기 자식에게 똑같이 되뇌는 자신을 과연 어떻게 용납할 것인가? 자식이 자신처럼 살게 될까봐 전전긍긍하는 부모의 불안은 자신의 부모가 스스로를 부정하면서까지 이루려 했던 뜻을 자신은 이뤄드리지 못했다는 불안에서 비롯된 것이다. 이는 대한민국 부모들이라면 모두 끌어안고 있는 원초적인 불안이며 비극이 아닐 수 없다.

그런데 한 세대 전의 부모들과 지금 부모 세대의 자기부정에는 차이점이 있다. 우리의 부모들은 자식의 성공, 그 하나만으로 만족했다는 것이다. 뼈 빠지게 노동해 자식이 여봐란듯 살기를 바랐고, 못 배운 것이 한이 되어 자신처럼 살면 안 된다고 말했다. 그들은 '내 고통을 너에게 이어주지 않게 되어 참으로 다행이다'라는 안도감으로 생을 마감할 수 있었다. 자식의 성공을 위해 몸을 바쳐 뒷바라지하면서도 자녀들이 어떻게 공부를 하고 어떻게 대학에 갈지에 대해서는 한마디도 할 수가 없었다. 아는 것도 없을뿐더러 자식의 성장은 자식의 몫이라는 믿음을 갖고 있었다.

그러나 지금의 부모들은 자신의 부모보다 더 많이 배웠고, 더 많이 안다고 생각한다. 자녀의 교육에 관여할 능력이 훨씬 더 많기에 자신들은 훨씬 더 많은 영향력을 행사할 수 있다고 믿는다. 그래서 '너희는 나처럼 살지 말아야 한다'는 말은 1970~80년대에는 애절한 염원이었지만 2000년대에는 무지막지한 요구가 되었다. '자식이 정말 잘된다면 나는 어찌 되든 괜찮다'는 순박한 욕망을 가진 1970~80년대 부모들과 현재 자신들은 얼마나 다른 부모인지 그들만 모르고 있다.

우리의 부모 세대는 죽을 때까지 쇠코에 코뚜레를 꿰어 쟁기를 끌며 마지막까지 워낭 소리를 들었다. 땅만 바라보고 농사짓는 일은 육체적으로 힘들고 고달프지만 굴욕적인 일은 아니었다. 자연에는 거짓이 없고 눈가림이 없다는 것을 알기에 적어도 땅으로부터는 자신의 노동의 가치가 무시당하지 않고 존중되는 삶이었다. 누가 알아주지 않지만 스스로 부여한 가치는 훼손될 수 없는 것이었다.

그런데 도시에 나가 고등교육을 마친 우리들은 어떤 돈벌이를 하고 있는가? 겉으로는 그럴듯해 보일지라도 모욕과 굴욕을 감내하는 돈벌이일 뿐이다. 그래서 우리들은 이런 굴욕적인 돈벌이를 내 자식만은 하지 않기를 바란다. 자신이 모욕을 감내하고 있다는 것, 먹고살고 아이들을 키우고 공부시키니 무의미하지는 않지만 자신의 노동이 무가치하다는 것을 누구보다 잘 알고 있다.

그래서 우리 부모들은 자신이 무가치한 일을 하고 있으므로 자식은 좀더 '의미' 있는 일을 하기를 바란다. 그런데 말로는 의미 있는 일이라고 했지만 정작 그것이 무엇인지는 알지 못한다. 사실 우리에겐 자식에게 전할 의미다운 의미란 게 없다. 자신에게 진정으로 가치 있고 의미 있는 것은 무엇이며 그 가치를 따르는 삶은 어떠한 것인지 제대로 생각해본 적도, 경험해본 적도 없기 때문이다. 학교와 사회에서 배운 것은 그저 남들만큼 살거나 남들보다 잘나가는 것이 잘 사는 것이고 그러기 위해서는 경쟁에서 이겨야 한다는 것이었다. 그래서 이제 누구랄 것 없이 아이들에게 그렇게 되뇌고 있는 것이다.

부모가 먼저 자신의 삶과 마주하라

상담을 하면서 가끔 아이들에게 부모님이 행복해 보이는지 묻곤 한다. 그러면 대부분의 아이들은 별로 행복해 보이지 않는다고 답한다. 왜 그렇게 생각하느냐는 물음에 아이들이 내놓는 대답이 날카롭다. 부모님은 늘 "너는 나처럼 살지 말아라"라고 말한다는 것이다. 나 같은 직업을 가지면 안 된다, 나 같은 결혼을 하면 안 된다, 나같이 공부하면 안 된다, 나 같은 성격을 가지면 안 된다 등등.

아이들은 부모에게서 실패를 했든, 어려움을 겪었든, 상처를 지녔든 그것이 다 삶에 의미가 있다는 이야기를 한 번도 들어보지 못했다. 자신의 삶을 부정하면서 아이가 실패하지 않기를 바라는 부모의 모습에서 아이들이 배우는 것은 역설적이게도 '더 나은 사람'이 되려는 희망이 아니라 자신의 존재에 대한 부정이다. 부모가 자신의 삶을 부정하고 있는데 아이가 자기 존재를 온전히 받아들일 수 있을까? 자기는 못 누리고 못 가진 것을 모두 누리고 가진 아이들이 왜 자신을 소중히 여기지 않는지 답답해하기 전에, 아이한테 그렇게 누리고 갖게 하고 싶은 부모의 결핍이 무엇인지를 먼저 느껴야 한다. 그리고 결국 그 결핍을 채워야 할 대상은 아이가 아니라 자기 자신이라는 것을 알아야 한다.

요즘 아이 교육의 핵심 키워드로 통하는 아이의 '자존감'이란 것도 결국 부모 자신의 자존감에서 비롯된다. 아이에게 자존감을 갖게 한답시고 전문가들을 찾아다니며 온갖 코칭과 매뉴얼을 배우기 전에 부모 자신을 먼저 돌아보고 살필 일이다. 자신의 삶을 긍정할 수 없고, 삶의 과정과 자신이 찾은 삶의 의미를 당당하게 자식에게 전할 수 없는 부모들이 자식의 행복을 볼모로 자신의 삶을 되찾으려고 한다는 것을 말이다. 자신의 삶을 받아들이지 않는 부모를 보면서 어떻게 아이들이 자신의 미래의 행복을 기대할 수 있겠는가. 부모의 현재는 곧 아이들의 미래다. 아이들은 부모의 삶에서 자신들의 미래를 본다.

상담실에서 만난 부모들은 한결같이 말한다. 이 힘든 세상에서 부모 노릇하기 너무 힘들다고, 이렇게 희생하며 사는 게 억울하다고. 살아갈수록 자신에게 남겨진 것은 자부심이나 지혜가 아니라 환멸과 허무에 가깝다고. 버틴다고 나아지는 삶이 아니라 더 큰 굴욕과 치욕을 던져주는 삶이라고. 그들의 울분은 사실 열심히 살아온 자신의 삶과 노력을 누구도 제대로 평가해주지 않는 현실에 대한 분노다. 어쩌면 자신의 부모도, 매몰찬 이 세상에서 그 누구도 제대로 보아주지 않는 자신의 삶을 걸고 그들은 인정투쟁을 하고 있는지도 모른다.

그래서 자식이 사회적인 성공을 이루는 것이 보상이 될 수 있으리라 기대할 수도 있겠다. 그것을 자신에 대한 인정이라고 생각할 수도 있겠다. 그러나 인정이란 그런 것이 아니지 않은가. 진정한 인정은 보상이 따르지 않는다. 되돌아오는 몫이 없을지라도 자신이 들인 시간과 노력이 결코 헛되지 않고 그 자체로 가치 있는 것, 그것만이 인정에 합당한 것이다.

그리고 그런 인정에서는 무엇보다 자신의 가치를 판단하는 유일한 권위가 바로 자기 자신에게 있어야 한다. 그 권위를 자기 자신이 아닌 그 누구에게도, 그 무엇에도 내주지 않겠다는 결연한 태도야말로 진정한 의미의 '자존감'일 것이다. 자식들에게 물려주어야 할 것이 있다면 바로 그렇게 자신을 지켜내는 마음이 아닐까? 이제 우리 아이들에게 '부모처럼 살지 말라'는 말을 더이상 하지 말도록 하자. 우리의 아이들은 그저 자신의 삶을 살아갈 뿐이다. 그 누구를 부정할 필요도, 그 누구를 위해 살 필요도, 가망 없는 인정투쟁에 삶을 저당 잡힐 필요도 없이 그저 자신을 지키고 살아가면 그뿐이다.

부모가 아이에게서 독립하라

아들과 이혼하고 싶어요

오랜만에 한가한 토요일 오후, 집 근처 카페에서 책을 읽고 있었다. 그때 엄마와 아들로 보이는 두 사람이 들어와 앞자리에 앉았다. 그들은 요즘 사람답게 주변에 자신의 이야기가 들리는 것도 아랑곳하지 않고 큰 소리로 대화를 시작했다. 애써 들으려 하지 않아도 그들 모자의 이야기는 귀에 쏙쏙 들어왔다. 게다가 커피를 몇 모금 마신 다음 엄마가 꺼내놓는 사연이 자못 흥미로웠다.

"내가 얼마나 힘들었는지 넌 잘 모를 거야."
"응, 엄마 마음이 편치 않았다는 건 눈치챘지."
엄마는 심지어 눈물을 흘리기 시작했고, 아들은 테이블에 손을 받쳐 턱을 괴고는 약간 그윽한 눈빛으로 엄마를 쳐다보며 이야기했다.

"네가 그 여자애하고 사귀면서 매일 밖으로만 나돌고, 집에 와서도 엄마는 본체만체했잖아. 정말 그때 엄마는 죽고 싶었어."

"그 정도로 힘들었어? 사실 난 잘 몰랐지."

"생각해봐. 엄마한테 누가 있니? 아빠는 너도 알지만 집에서 잠만 자는 사람이고, 너하고 나밖에 없는데, 네가 그 애한테 빠져서 엄마는 안중에 없을 때, 엄마는 내 인생이 어쩌다 이렇게 되었나, 나는 왜 항상 혼자지, 정말 세상에 나 혼자만 있는 것 같고, 얼마나 외롭고 버려진 것 같았는지 넌 짐작도 못 할 거야."

엄마는 하염없이 눈물을 흘리며 자신의 외로움과 버려진 느낌에 대해 하소연했다. 순간 그 두 사람이 모자가 아니라 '연인'이 아닐까 의심했다. 그들이 나누는 이야기를 소리로만 띄엄띄엄 들었다면 영락없이 연인의 대화라고 생각했을 터였다. 딴 여자와 바람났다 돌아온 남자와, 남자가 없는 동안 자신이 얼마나 외롭고 분하고 힘들었는지 눈물로 호소하는 여인. 하지만 그녀는 분명 자신을 엄마라고 했고, 20대 초중반으로 보이는 청년은 다소곳이 턱을 괴고 앉아 그녀를 엄마라고 불렀다.

결국 그 엄마의 이야기는 '너랑 내가 둘이서 얼마나 서로를 의지하며 재미있게 살아왔느냐, 엄마는 네가 이 세상에서 가장 멋진 남자라고 생각하고 너랑 영화관 가고 식당 가고 차 마시는 것이 제일 행복하고 좋은데, 너는 엄마 생각은 전혀 안 하는 것이 너무 속상하고 힘들다'는 것이었다. 그 엄마는 자신의 아들에게 단순히 아들만이 아닌, '남자'라는 역할을 요구하고 있었다. 최소한 아들에게 정서적 애인의 역할을 요구하고 있음은 분명해 보였다.

　상담실에서 이런 모자를 보는 건 어렵지 않다. 성인이 된 아들을 정서적 애인이나 배우자로 묶어두려는 엄마들이 너무 많다. 이것은 한국 사회에서 어제오늘 일이 아니긴 하지만, 예전의 어머니들과 달리 요즘 엄마들은 아들에 대한 욕망을 거침없고 가감 없고 부끄럼 없이 드러낸다. 내 무엇을 쥐도 아깝지 않은 남자, 어려서부터 먹이고 안아주고 씻겨가며 키워온 남자, 이 세상에서 내 말을 가장 잘 듣는 남자. 그래서 내 마음에서 결코 떠나보낼 수 없는 남자. 그 남자는 내 아들이다.

　상담실에서나 일상에서 어렵지 않게 만날 수 있는 이런 엄마들은 자신이 얼마나 덜 자란 인간인지 알지 못한다. 자신이 하는 행동 때문에 사실은 아들이 남자가 되지 못하고 덜 자란 아들로 남아 제대로 된 부부관계를 맺지 못하게 되리라는 건 짐작도 하지 못한다. 엄마들은 그저 의존하고 싶은 것이다. 공부 잘하고 멀끔한 외모를 갖춘 아들로 키운 다음, 그에게 자신을 의탁하려 하는 것이다. 이렇게 어른이 되지 못한 엄마가 키운 아들이 남자가 되지 못하고 남편이 되지 못하는 것은 당연한 결과다. 덜 자란 어른이 키운 아이가 심리적으로 정서적으로 성장하기란 불가능하다.

　그렇다면 성장은 어떻게 해야 가능할까? 어떤 문화권이든 성인식이라는 통과의례가 있다. 물론 한국 사회에서는 진정한 의미의 성인식을 찾아보기 어렵다. 모든 성인식의 핵심은 혼자서 어떤 난관을 이겨냄으로써 독립된 인격체임을 공동체로부터 승인받는 것이다. 즉 성인이 된다는 것은 심리적으로 정서적으로 자립했고, 스스로 자기 삶을 책임질 수 있다는 뜻이다.

그렇다면 나이가 쉰이 넘었음직한 그 엄마는 성인일까, 아니면 아이일까? 나이가 절반밖에 안 되는 자기 아들이 놀아주지 않고 자신을 정서적으로 돌봐주지 않는다고 징징거리며 우는 사람을 어떻게 어른이라고 할 수 있을까? 문제는 한국 사회에는 성인이 되지 못한 '어린아이 엄마'가 너무 많다는 것이다. 아니, 제대로 성인이 된 엄마를 찾아보기 어렵다는 말이 맞을 것 같다.

대부분의 회원이 기혼여성인 한 인터넷 커뮤니티의 게시판에 얼마 전 '아들과 이혼하고 싶어요'라는 제목의 글이 올라왔다. 이 글에 많은 누리꾼이 댓글을 달았다. 어떻게 아들과 이혼한다는 말이냐 반문하는 엄마들은 대부분 그 말이 지닌 상징성을 이해하지 못하고 시비를 거는 축이었다. 글을 쓴 사람의 의도를 아는 사람들은 글을 올린 엄마를 비판하면서도 자신도 그렇다는 동조의 답글을 달았다.

"아들과 이혼하고 싶어요."

이 절규만큼 현재 한국 사회의 모자관계를 적나라하게 드러내 보이는 문구는 찾기 어려운 것 같다. 아들과 이혼하고 싶다는 말은 먼저 자신이 아들과 결혼했다는 것을 인정한 셈이다. 그래야 이혼이 성립하는 것 아니겠는가. 그런데 정말 이혼하는 사람들은 주변에 "이혼하고 싶다"고 떠들고 다니지 않는다. 이혼하고 싶을 만큼 힘들긴 하지만 절대 이혼하고 싶지 않을 때 이런 하소연을 한다.

단호히 말해주고 싶다. 아들과 이혼해라. 그리고 제발 독립해라. 성인이 되어야 한다. 자기 삶을 자신이 책임지고, 누구에게도 의존하려 하지 말아야 한다. 성인식이 없어져서 성인이 되지 못하는 것이 아니라 성인이 되고자 하는 과정이 없어졌기 때문에 성인식이 사라진 것은 아닐까? 성인식이 없고 통과의례가 없는 한국 사회에서 어른들이 먼저 제대로 된 어른이 되어 아이들을 제대로 된 어른으로 성장시켜야 한다. 그러기 위해서는 우리 스스로 두렵고 불안하고 거부하고 싶은 '책임'이라는 과업을 수행하고, '독립적 인간됨'이라는 자기성장의 경험을 먼저 거쳐야 한다.

아이가 부모를 어른으로 성장시킨다

이제 개인적인 이야기를 해야 할 것 같다. 올해 내 딸아이는 학업을 계속했다면 대학교 2학년에 올라갔을 것이다. 그런데 그 아이가 큰 결정 하나를 내렸다. 어찌 보면 당연한 일인지도 모르겠다. 대학을 그만두기로 했다. 다시 복학할 수도 있겠지만 지금으로서는 대학에서 나오기로 했다는 말이 더 맞을 것 같다. 무엇을 할지 결정된 것은 없다. 아마도 여행을 좀 할 것이고 대부분의 시간을 놀면서 지낼 것이다. 친구들을 만나 수다를 떨고 돈도 없으면서 백화점이나 쇼핑상가를 기웃거리며 소일하는 것 같다. 어쩌면 좀더 (부모가 보기에) 보람 있는 일을 할지도 모르겠다. 하지만 그것도 그 아이가 결정할 몫이다. 다만 어떤 결정을 내릴 때 도움을 청해오면 같이 생각을 모아볼 것이다.

하지만 이제 아이는 스스로 많은 것을 해내야 할 때가 됐다. 학교를 그만두는 것도, 어딘가로 여행을 가든 돈을 벌든 또는 전혀 새로운 방식의 삶을 택하든 자신이 선택해야 한다. 성인은 대체로 자기 가치를 가지고 있다. 자기 관점이 있다는 말이다. 어떤 사물이나 현상에 대해, 무엇보다 자신의 삶에서 가치를 찾고 의미를 부여할 줄 알아야 한다. 딸아이가 자기 가치를 찾기를 바란다.

그런데 그 과정을 지켜보는 나는 부모로서 불안과 두려움을 참고 있다. 내가 할 수 있는 일은, 아이가 어른이 되기 위해 거쳐야 할 이 과정을 견디는 것뿐이다. 아이가 어른이 되는 과정이기 전에 내가 어른이 되는 과정이며, 아이에게 어른으로 인정받을 수 있는 부모가 되는 과정이다. 개인적으로는 고통스럽고 흔들리는 경험이다. 그러면서 아이의 불안한 성장을 지켜보며 감내해야 하는 것이 나 자신이 어른으로 성장하는 마지막 과정이 아닐까 생각하게 되었다. 내가 가장 집착할 수밖에 없는 대상인 아이에게서 독립하는 것. 아이가 나에게서 독립하는 것이 아니라 내가 아이에게서 독립하는 것. 이것이야말로 핵심이라는 생각을 하게 되었다.

딸아이는 오늘도 꽃단장을 하고 친구들을 만나러 나갔고, 어디선가 시시껄렁한 이야기를 하며 시간을 보내고 있을 것이다. 그것이 그 아이가 사는 방식이라면 나는 그것을 받아들여야 할 것 같다. '기다린다' '믿는다' 이런 말조차 부모의 헛된 자기위안이라는 생각도 한다.

단 한 번도 아이를 사교육으로 내몬 적이 없고, 아이 스스로도 엄마 아빠에게서 공부 스트레스를 받은 적이 없다고 했다. 그러면서도 나는 아버지로서 아이에게 꼭 필요할 것이라 믿는 나의 가치를 이야기하고 납득시키려 노력했다. 하지만 아이는 그것을 수용하지 않는 것 같았다. 나는 실망했고, 가끔 절망했고, 더 효과적으로 전달하기 위해 더 교활하게 노력했지만 결국 내 아이는 아버지의 가치를 자기 것으로 받아들이지 않았음이 분명하다.

부모가 아이에게서 독립하라

아이가 대학을 그만두기로 결정했을 때 모든 것이 확연해졌다. 아이가 나의 가치를 받아들이지 않는 것이야말로 가장 건강하게 내가 그동안 말해왔던 가치를 제대로 받아들이는 일이라는 것을 깨달았다. 나는 아이가 항상 독립된 인간, 책임지는 인간, 배려와 성찰을 고민하는 인간이 되기를 바랐다. 그런데 아이는 무엇보다 나의 가치를 무조건적으로 받아들이지 않음으로써 독립된 인간이 되는 길을 시작한 것이다.

이 사실을 깨닫게 되자 아이의 독립을 가로막는 것은 바로 부모 자신이라며, 부모가 먼저 독립해야 한다고 떠들고 다니던 자신이 부끄러워졌다. 정서적으로 심리적으로 독립하라고, 스스로의 삶을 살아야 한다고 요구하는 부모의 말을 듣고 바로 "독립할게요"라고 집을 나갈 아이가 얼마나 있을까? 만약 있다면 그건 제대로 된 독립이 아니다. 부모에게서 독립한다는 것은 부모를 부정하는 것에서부터 시작된다. 부모의 가치를 있는 그대로 받아들이지 않고 자기 식대로 해보는 것, 이것이 주체적 삶의 시작이다. 그런 주체적 독립을 가로막는 것은 바로 부모들이고, 나 또한 그런 오류를 범한 것 같았다. 그러니 내 뜻과 상관없이 딸아이가 자신의 방식으로 삶을 살겠다고 한 것은 독립된 인간이 되라는 아비의 가치를 가장 역설적으로 받아들인 것이다.

대학을 그만두겠다는 아이의 결정에 대해 나는 거의 동시에 합의했고, 그 결정이 한편으로 기쁘기까지 했다. 그렇다면 나는 부모로서 무엇을 해야 할 것인가? 세상에서 가장 편하고 안전한 쉼터를 제공하는 것이다. 스무 살 나이에 아무런 소속 없이 겪어야 할 세상이 얼마나 엄혹하고 힘들겠는가. 깨지고 지쳤을 때 언제든지 돌아올 수 있는 곳, 마음껏 쉬고 충전한 뒤 다시 바깥으로 나가 세상을 경험하며 성장하는 과정을 아픈 마음으로 지켜보는 것, 그것이 가장 아이를 위하는 일이라 생각하게 되었다. 이 과정을 통해 결국 아이는 자신만의 가치를 형성하고 자기 삶의 의미를 탐색해나가며 인간과 세상을 보는 관점을 확립해갈 것이다.

결국 다시 원점으로 돌아간다. 아이가 독립하는 것이 아니라 부모가 아이에게서 독립하는 것이다. 이것이 우리가 진정으로 어른이 될 수 있는 궁극적인 길이며 아이들이 자신의 삶과 가치를 구축해나갈 수 있는 가장 올바르며 건강한 여정이 될 것이다.

이제 정말 교육다운 교육이 필요하다

공부는 서로 도와가며 함께 배우는 것

언젠가부터 우리는 교육의 의미나 내용에 대해 관심을 기울이지 않게 되었다. '교육은 백년지대계'라는 고색창연한 금언은 빛바랜 벽지만큼이나 낡은 문구가 되어버렸고, '교육은 경쟁력'이라는 허울 좋은 말로 대체되었다. 사실 우리는 교육이 문제라고 말하면서도 교육 자체에는 관심도 욕망도 없다. 그저 교육이 어떤 절차로 실현되고 어떻게 분배되는지에만 관심을 가질 뿐, 내용이나 질에 대해서는 제대로 논의해본 적이 없다. '공교육의 정상화'는 교육의 내용과 질을 새롭게 하는 것이 아니라 대학 잘 보내는 사교육과의 경쟁에서 이기는 것일 뿐이다. 그래서 공교육이 문제라고 말하면서도 학교에서 무엇을 가르쳐야 하는지는 논의하지 않고 더 많은 아이들을 대학에 보낼 수 있는 기술과 방법에 집중할 뿐이다.

지금 한국의 교육은 배움 없는 학교, 스승 없는 학원이라고 말할 수 있다. 사실 공교육이 사교육에 잠식된 것은 어제오늘의 일이 아니다. 학교의 무능과 무기력이 정상적인 상황이 되어버린 지금, 이제 공교육은 말 그대로 공동화, 텅 빈 공간이 되었다고 할 수 있다. 어쩌면 한국에서 교육이라는 이름으로 말해지는 것은 입시제도와 사교육에 지나지 않는다고 해도 무방할 것 같다. 이처럼 공교육에 기대하는 것이 없는데 도대체 왜 학교는 필요한가? 교육은 무엇이란 말인가? 교육은 어떠해야 하는가?

공교육의 역할과 관련해 독일에서 경험한 몇 가지 일을 소개하고 싶다. 독일에 거주하는 한국 학생들은 대체로 공부를 잘하고 수학 과목에서 두각을 나타낸다. 물론 학년이 올라가면 공부도 어려워지고 한국 학생들이 꼭 잘하는 것만은 아니지만 적어도 초등학교에서는 그렇다. 독일 초등학교의 수학 수준이 한국에 비해 매우 낮기 때문이다. 초등학교 수학의 경우 1학년은 숫자 20까지만 배운다. 더하기 빼기 계산도 20 내에서 한다. 그러니 학교에 들어가기도 전에 덧셈 뺄셈을 다 할 줄 아는 한국 아이들에겐 시시하기 그지없다.

아이가 초등학교 2학년 때 일이다. 하루는 아이가 학교를 마치고 집에 돌아와 같은 반의 어떤 아이가 교사에게 심하게 야단을 맞았다고 전했다. 수학 교과서에 나온 문제를 미리 집에서 풀어보고 와서 선생님이 화가 많이 났다는 것이다. 예습을 해온 아이한테 선생님이 왜 화를 냈는지 물었다. 그랬더니 학교는 아이들이 다 같이 이야기하고 서로 배우고 가르쳐주는 곳인데 혼자 몰래 공부를 해가지고 오는 것은 비겁한 짓이며, 친구들과 교사를 믿지 않는 행동이라고 했다는 것이다. 그러면서 선생님은 혼자 공부할 거면 학교에 오지 않는 편이 낫다고 말했다고 했다. 나는 아이와 이 문제에 대해 이야기를 나누었다.

"너, 선생님 말씀이 무슨 뜻인지 아니?"

"응, 혼자 몰래 공부하면 안 되고 학교에 와서 같이 공부해야 한다는 거야."

"왜 같이 해야 하는데?"

"그래야 누가 무슨 생각을 하는지 알 수 있잖아. 그럼 누구 생각이 제일 좋은지도 알 수 있고, 나도 더 좋은 생각대로 할 수 있고."

아이가 하는 말에 속으로 뜨끔할 수밖에 없었다. 사실 그 무렵에 학년이 올라가면 공부가 점점 어려워질 텐데 집에서 아이에게 예습을 좀 시켜야 하는 게 아닌가 생각하고 있던 터였다. 학교는 서로 도와가며 배우는 공간이지 자기 능력을 뽐내러 오는 곳이 아니라는 것을 가르치는 독일의 교육 방식이 참 부러웠고 내 아이만 생각한 자신이 부끄러웠다.

독일 교사들은 학생의 필기시험 성적이 만점이어도 수업시간 발표나 조별활동에 소극적이거나 협동하는 태도가 부족하면 최고 점수를 주지 않는다. 지식을 습득하는 것이 타인과의 관계와 집단활동 속에서 이루어지지 않는 경우 이를 문제시한다. 수업은 늘 토론으로 진행되고, 숙제도 합의한 결과와 더불어 합의 과정을 발표하게 한다. 학년이 올라갈수록 더하다. 그러니 다른 아이에게 방해받지 않고 혼자 공부하고 과외해서 최고 점수를 받으려는 아이는 절대로 높은 점수를 받을 수 없다. 동료들과 생각을 나누고 서로에게 기여하지 못하는 아이의 사고력이나 지식은 별로 의미가 없다고 판단하기 때문이다. 설령 그렇게 해서 높은 점수를 받았더라도 아무도 그것을 대단하다고 여기지 않는다. 지식을 습득하는 과정조차도 개인의 영역이 아닌 것이다.

연대의식은 모든 교육의 출발점

한국보다 훨씬 개인주의적인 사회이면서도 시민으로서의 연대의식은 매우 투철한 독일인들을 보면 어릴 때부터 학교에서 배우는 협동, 책임, 연대 등의 가치가 역할을 하고 있다는 것을 절감하게 된다. 그래서 월급의 평균 50퍼센트 이상을 세금과 사회보장기금으로 납부하는 제도가 유지되고 있는 것이다.

이런 연대의식은 독일인들 스스로도 가끔은 너무 심하다고 불평할 정도로 투철하다. 아이의 학교에서 축제가 열려 부모들이 모여 앉아 술을 마시며 이야기를 나누는 자리가 있었다. 아이의 친구 아빠는 의사였는데 수입의 56퍼센트를 세금으로 내고 있다면서 '망할 놈의 연대의식' 때문에 정말 일하고 싶지 않다고 불평을 했다. 더욱이 통일 이후 '게으른 동독 놈들'이 진 빚도 갚아줘야 하니 이게 말이 되느냐며 분통을 터뜨렸다. 그 이야기를 듣고 있던 다른 아이의 엄마가 '그 망할 놈의 연대의식' 때문에 우리 아이들이 오로지 돈만 알고 자기 혼자만 잘살면 된다고 생각하며 자라지 않고, 환경보호 의식도 가지고 봉사도 하고 인간으로서 품위를 유지하고 살아가고 있는 것 아니냐고 농담을 했다. 그러자 그 의사도 웃으면서 "그건 당신 말이 맞아요. 우리 애들이 남이야 어찌되었든 무조건 나만 잘되면 된다고 생각하는 것보다는 백 배 낫죠" 하면서 서로 술잔을 부딪치는 모습을 지켜봤다.

그 엄마는 직업학교를 졸업하고 직장생활을 하다 결혼 후 슈퍼마켓 카운터에서 시간제로 일하는 평범한 주부였다. 작은 시골 동네에서 제법 소문이 날 정도로 잘사는 유명 의사와 대학도 나오지 않은 평범한 주부가 독일인의 연대의식에 관해 그런 대화를 나눌 수 있다는 것이 신기하고 부럽기도 했다.

아이가 초등학교를 졸업하고 김나지움에 입학할 때 일이다. 한국으로 치면 초등학교 5학년에 해당한다. 입학 전 오리엔테이션이 학교 강당에서 진행되어 아이들과 학부모들이 강당 한가운데에 편하게 서서 교장 선생님의 이야기를 들었다. 당연히 들뜬 아이들은 떠들기 시작했고, 교장 선생님의 목소리는 잘 들리지 않았다. 그러자 교장 선생님은 잠시 말을 멈추고 아이들을 바라보았다. 떠들던 아이들은 이내 조용해져 교장 선생님을 바라보았다. 교장 선생님은 인자한 미소를 지으며 아이들에게 말했다.

"너희가 몹시 떠들어서 내가 더이상 말을 계속할 수 없었다. 그래서 말을 중단했는데 내 뜻을 알아차리고 조용히 해주니 고맙구나. 지금까지 너희는 초등학생이었고, 이젠 김나지움 학생이 된다. 김나지움 학생이 된다는 것은 여러 가지 의미가 있다. 더 재미있는 공부와 활동을 하게 되고, 더 많은 지식을 배우게 되고, 같이 먼 여행도 가게 된다. 하지만 무엇보다 중요한 것은 이렇게 많은 학생과 교사 들이 어떻게 서로를 이해하고 도와가면서 같이 협력하고 생활하는지를 배우게 될 거라는 점이다. 아무리 공부를 잘해도 다른 사람과 함께 살아갈 수 없다면 그건 외롭고 재미없는 일이다. 너희가 다녔던 초등학교는 이 학교보다 훨씬 작은 학교이고, 그에 비해 이 학교는 훨씬 크다. 그래서 우리가 더 많은 차이와 갈등을 겪게 될 것이고, 그것을 잘 조정하고 서로를 배려하는 것이 필요하다. 지금 너희가 내가 목이 아프게 소리 지르지 않아도 되도록 내 뜻을 알아차리고 조용히 해준 것처럼 말이다. 오늘 너희의 행동을 보니 벌써 김나지움 학생이 된 것 같다."

또다시 함께 살아가는 삶에 대한 이야기였다. 그 자리에 있던 학부모와 아이 들은 모두 웃었고, 아이들은 서로 가슴을 내밀며 김나지움 학생으로 인정받은 것에 대해 뻐기는 얼굴이었다.

"오늘로서 여러분은 중학생이 되었습니다. 이제 철없는 초등학생처럼 마냥 까불고 장난만 치는 어린아이가 아닙니다. 이제는 좀더 어른스럽게 행동하고 책임감을 가지고 열심히 공부해서 원하는 고등학교, 나아가 원하는 대학에 진학할 수 있도록 기초를 마련해야 할 때입니다."

아이가 한국에 와서 중학교에 입학할 때 교장 선생님이 입학식에서 했던 말이다. 어떻게 이렇게 대조적일 수 있을까?

독일 공교육의 목표는 사회적으로 좋은 사람을 만드는 것이고 연대의식을 중요한 가치로 삼고 있다. 물론 독일 사회에는 네오나치 같은 인종차별주의자도 있고, 외국인에 배타적인 사람도 많다. 하지만 시민으로서 연대의식을 지지하는 사람이 훨씬 더 많다. 한국의 공교육은 사회적으로 우월한 사람을 만드는 것을 목표로 한다. 남보다 더 뛰어난 사람이 되는 것을 칭찬하고 강조한다. 배려심도 우월함이 없이는 그 가치를 인정받지 못한다. 공부는 못하면서 학급이나 학교에서 일어나는 일에 적극적인 관심을 가지고 해결하려 한다면, 연대의식이 있다고 여기기는커녕 제 앞가림도 못하면서 나선다고 한심하게 여길 것이다. 그래서 한국의 학교는 학원이다. 허울뿐인 자유와 평등을 말할 뿐 공교육이 담보해야 할 자율과 연대라는 공동체의 가치를 가르치지 않고 있기 때문이다.

학생들에게 더 많은 학교 선택권을 갖게 하는 것이 학생의 자유를 보장하는 것인가? 가난한 집 아이들에게 방과 후 학교 프로그램을 공짜로 이용할 수 있는 티켓을 나눠주면서 평등한 분배를 실천했다고 만족할 수 있을까? 중요한 것은 자신의 삶의 방향과 원칙을 스스로 세우고 지킬 수 있는 자율이다. 더 적게 가진 사람에게 좀더 나눠주는 평등이 아니라 그 사람과 함께 살아갈 수 있는 연대의식이다. 내가 좀더 불편하고 손해를 본다 하더라도 그 길이 우리 중 누구도 아주 불행하고 힘들지 않게 살 수 있는 길이라면, 그래서 결국 조금 느리지만 다 같이 성장할 수 있는 길이라면 기꺼이 그 길을 선택하려는 공동체 의식 말이다.

정신적인 삶을 포기하지 않는 삶의 방식

이제 뉴질랜드에서의 경험을 들려주고 싶다. 근무하던 병원에서 안식년을 얻어 연구실에 틀어박혀 박사논문을 쓸 때의 일이다. 어느 날 창밖으로 아주 흥미로운 장면을 목격하게 되었다. 공원 배수시설에 문제가 생겼는지 인부가 공사를 하는 게 보였다. 첫날은 굴착기가 와서 땅파기 작업을 하더니 몇 명의 사람들이 땅 밑으로 들어가 작업을 시작했다. 처음엔 그냥 공사를 하나보다 하고 별 관심을 두지 않았다.

다음 날부터 인부 한 명이 와서 땅 아래로 내려가 혼자 작업을 하기 시작했다. 오전 10시 30분이 되자 그는 하던 일을 딱 내려놓고 나무 그늘로 가서 준비해온 차와 과자를 먹으며 휴식을 취했다. 그러고는 정확히 20분 뒤에 다시 일을 시작했다. 12시부터 한 시간의 점심시간을 가졌음은 물론 오후 3시 티타임이 되자 그는 또 20분간 휴식을 취했다. 누가 보든 안 보든 어김없이 휴식시간을 지켰고, 이 일과가 공사가 진행되던 사나흘간 어김없이 반복되었다. 그런데 정말 놀라운 것은 점심시간을 비롯한 휴식시간에 짧은 시간이나마 책을 꺼내 독서를 하는 모습이었다. 샌드위치로 점심을 먹으면서나 쿠키 몇 조각과 차를 마시면서도 그는 잔디밭에 팔을 괴고 비스듬히 누워 책을 읽었다.

'노가다'에게 독서라니. 물론 '노가다'라는 말은 그가 하는 일을 비하하려는 의도가 아니라 독서 행위가 그런 직업을 가진 사람과 어울릴 수 있다는 것에 대한 생경함을 표현하기 위해 선택한 단어다. 기억으로는 단 한 번도 한국에서 그런 광경을 본 적이 없었다. 마흔은 족히 넘어 보이는 그 아저씨가 읽던 책이 삼류 연애소설이라 해도 상관없다. 한국에서는 책을 읽어야 하는 직업을 가진 사람이 아니라면 마흔 줄을 넘긴 아저씨들이 쉬는 시간에 독서하는 것 자체가 보기 드문 광경이지 않은가.

게다가 그는 정확히 시간을 지켜 자신을 돌보고 한 치의 허술함도 없이 자기 일에 몰두했다. 일당은 시간으로 계산하니 일을 천천히 하면 그만큼 수입이 늘어날 테지만 결코 그런 식으로 일하지 않았다. 자신의 일에 대한 기본적인 윤리의식이 몸에 배어 있었다. 사실 뉴질랜드에 살면서 그들이 지닌 사회적 인간으로서의 자기의식이 어떤지 똑똑히 볼 기회는 너무나 많았다.

뉴질랜드는 영국의 이주민들이 국가의 틀을 닦은 나라다. 마오리라 불리는 원주민을 죽이고 이간질하고 속여 땅을 뺏고, 많은 토착민을 성병과 독감으로 죽이고 천연자원을 고갈시킨 영국인들이지만, 그래도 그나마 영국이 조약을 통해 합병한 유일한 나라가 뉴질랜드다. 인구의 70퍼센트 이상을 차지하는 백인들은 호주보다 일찍 자신들의 식민지 강탈과 참혹한 인종차별 행위에 대해 참회하고 인구의 15퍼센트가 채 되지 않는 원주민이 사회의 주류가 될 수 있도록 하는 데 진심으로 노력하고 있다. 그 힘이 어디에서 나오는지 궁금하지 않을 수 없었다.

어느 누구도 배제하지 않는 수업

딸아이가 초등학교 2학년, 일곱 살 때의 일이다(뉴질랜드는 만 다섯 살이면 자기 생일날 초등학교에 입학한다). 학교에서 어떤 교육을 시키는지 관심 있게 지켜보았고, 때로는 일부러 30분 정도 일찍 가서 수업 진행을 지켜보기도 했다. 어느 날 수업을 참관하니 선생님이 위험에 대처하는 방법을 주제로 수업을 하고 있었다.

선생님은 만약 길을 가고 있는데 뱀이 나타나면 어떻게 할 것인지 아이들에게 질문을 던졌다. 한국의 교실에서 이런 주제로 수업을 한다면 위험에 대처하는 방법에 대해 교사가 일목요연하게 정리해 아이들에게 설명하고 수업이 끝났을 가능성이 많다. 하지만 뉴질랜드 교실에서는 아이들이 어떤 생각을 하는지 충분히 이야기할 기회를 준다.

아이들은 일곱 살답게 온갖 기상천외한 답을 내놓았다. "몽둥이로 때려잡아야 해요" "그냥 뱀이 자기 집으로 가게 놔둬야 해요" 등등 재미있는 대답이 나왔다. 그러다 어떤 아이가 "눈을 감으면 돼요"라고 말했다. 이렇게 엉뚱한 답을 해도 교사는 결코 비웃거나 나무라지 않고 계속 아이들이 자유롭게 발표하도록 고무했다.

아이들이 자기가 생각하는 답을 다 이야기하자 교사는 아이들의 답변을 하나하나씩 토론하도록 했다. 몽둥이로 때려잡는 것은 위험하지 않은지, 동물의 생명을 함부로 하는 것은 괜찮은 일인지, 다른 사람들의 안전을 생각한다면 그 뱀을 어떻게 처리해야 하는지 등에 대해 아이들이 자신의 의견을 일일이 말해보게 했다. 결국 아이들이 합의하고 이해한 내용은 빨리 그 위험스러운 상황에서 빠져나와야 한다는 것과 생명을 함부로 죽이는 것은 좋지 않은 일이라는 것이었다. 그리고 눈을 감는 것은 더 위험스러운 일이며, 뱀이 나타났을 때뿐만 아니라 어떤 위험한 상황에서도 눈을 감는 것은 전혀 도움이 되지 않는다는 것까지 이해하게 되었다.

사실 뉴질랜드는 한국의 울릉도처럼 뱀이 살지 못한다. 맹수도 없지만 이런 맹독성 생물도 없어서 산이나 들, 어디에서도 뱀을 마주칠 확률은 거의 없다. 그럼에도 뱀을 소재로 선택한 것이 흥미로웠지만, 더욱 놀라운 것은 아이들이 단순히 하나의 특정한 위험 상황이 아니라 일반적인 위험 상황에 대처하는 방법을 재미있게 체화할 수 있도록 수업을 이끌었다는 점이다.

무엇보다 감명을 받은 것은 아이들이 아무리 엉뚱하고 말이 안 되는 대답을 하더라도 결코 비웃거나 창피를 주지 않고 모든 의견을 존중하는 교사의 모습이었다. 결국 우리가 교과서에서 배웠던 민주주의는 이런 것이 아닌가. 타인을 존중하고 자신도 존중받을 권리가 있다는 것을 제대로 이해하고 그것을 실천하는 것. 그날 수업은 위험에 대처하는 방법을 알려주었을 뿐만 아니라, 위험에 대처하는 방법을 토론하며 자연스럽게 다른 사람의 의견을 존중하고 머리를 맞대고 가장 지혜로운 해결책을 찾아나가는 경험을 주었다.

초등학생에게도 공동체의 배려와 책임을 묻는다

아들아이가 초등학교 4학년 때의 일이다. 역시 그날도 아이를 데리러 학교에 갔다. 마침 수업이 파했고, 아이들은 가방을 싸서 교실 밖으로 나와 장난도 치고 부모를 찾느라 뛰어다니고 있었다. 아들과 같은 반에는 다리를 쓰지 못해 휠체어에 의지해 이동하는 아이가 있었다. 소아마비를 앓았는지 휠체어를 타거나 목발을 짚고 몇 걸음씩 움직일 수 있었다. 그런데 그 아이가 교실 밖으로 나와 휠체어에서 일어나 목발을 짚고 움직이려다 중심을 잡지 못하고 뒤로 넘어지는 일이 발생했다. 주변에 아이들이 있었지만 쳐다만 보다가 넘어지는 것을 막지 못했다. 조금 떨어진 곳에서 학부모와 이야기하고 있던 선생님이 아이가 넘어지는 소리를 듣고 급히 달려와 다친 곳은 없는지 살펴보았다.

다행히 아이는 다친 곳 없이 무사했고, 바로 집으로 돌아갔다. 하지만 선생님은 주변에 있던 아이들을 불러 뭐라고 이야기를 했다. 아이들은 자기들 잘못이 아닌데 선생님이 뭐라고 해서 기분 나쁜 표정을 지었다. 내 아이도 옆에 있던 무리 중 한 명이어서 집에 돌아와 볼멘소리를 했다. 선생님이 내일 학교에서 다시 이야기하자고 했단다.

다음 날 학교에서 어떤 이야기를 했는지 집에 돌아온 아이에게 물었다. 수업시간에 선생님은 어제 있었던 일을 아이들에게 전하면서, 이럴 때 옆에 있으면서 아무런 도움도 주지 않았던 행동에 대해 토론을 제의했단다. 아이들 사이에서 이런저런 이야기들이 나왔는데 한 아이가 이런 취지의 문제 제기를 했다고 한다.

"물에 빠져 허우적거리는 사람이 있다고 치자. 길을 가던 나는 그 사람을 도울 수도, 그냥 지나칠 수도 있다. 만약 아무런 도움도 주지 않고 지나쳤는데 그 사람이 죽었다면 나는 죄를 저지른 것인가, 아닌가?"

아이들은 토론을 통해 법적으로는 죄가 아닐지라도 도울 수 있는 상황에서 아무런 도움을 주지 않는 것은 공동체의 일원으로서 서로 배려하고 도와주는 책임을 다하지 않은 행동이라고 결론을 내렸다고 한다.

아이들이 그렇게 심도 깊은 토론을 진행했다는 이야기를 듣고 그 아이들도 선생님도 참으로 감사하고 존경스러웠으며, 뉴질랜드의 교육이 진심으로 부러웠다. 오직 공부, 성적, 경쟁을 통해 남을 제치는 것에만 관심을 쏟는 한국의 교육 현실에 비해 뉴질랜드의 교육은 진정으로 시민을 만들고 인간을 인간답게 성장시키는 교육이라는 생각을 할 수밖에 없었다. 물론 뉴질랜드에도 범죄가 발생하고 나쁜 사람들도 있다. 하지만 자신이 사는 공동체와 그 구성원들에게 어떤 배려를 하고 어떤 책임을 져야 하는지에 대해 어릴 때부터 몸에 익힐 수 있는 교육을 한다. 쇼핑몰이나 공원에서 힘들어하는 노인을 보면 다가가 도울 일이 없냐고 물어주고, 누군가 넘어지면 너나 할 것 없이 뛰어가 도움을 주는 일은 흔히 볼 수 있는 풍경이다.

언젠가 길거리에서 중국인 부부가 큰 소리로 싸우면서 아내가 남편을 때리기 시작하자, 주변에 있던 사람들은 누구라 할 것 없이 다가가 싸움을 말리면서 여기는 공중도덕을 지켜야 할 공공의 장소라며 그들을 제지했다.

자연경관이 잘 보전되어 있고 풍광이 아름다운 뉴질랜드에 이민 온 아시아계 이민자들은 낚시나 바다생물 채집을 즐긴다. 특히 한국인은 낚시와 골프로 소일하는 경우가 많은데, 뉴질랜드 정부가 어업자원 보호를 위해 정해둔 규정을 어기는 한국인들이 정말 많다. 일정 크기 이하의 고기는 방생해야 하고 조개 채집도 정해진 수가 있는데 한국인들은 이 규정을 지키지 않기로 유명하다. 한국 사회의 무원칙, 가진 자들의 비윤리, 불공정함, 무한경쟁과 승자독식이 싫어서 한국 사회를 떠난 사람들이 그 모든 것이 잘 지켜지고 있는 나라에 와서 벌이는 이 짓들을 어떻게 이해할 수 있을까?

뉴질랜드에는 있지만 한국에는 없는 제도를 별로 본 적이 없다. 한국에도 있을 건 다 있다는 말이다. 내가 느끼는 가장 큰 문제는, 법과 제도도 잘 갖추어져야 하지만 결국 그것을 지켜야 할 우리들이 그것을 제대로 경험할 기회가 없었다는 것이다. 한국에도 좋은 제도는 있지만 그것을 제대로 지켜낼 시민, 성숙한 시민으로 길러낼 교육이 부재하다.

사실 우리는 시민으로서 어떻게 생각하고 행동해야 하는지 제대로 교육을 받은 적이 없고, 그런 사회를 우리의 힘으로 만들어본 경험도 없다. 여기에서 우리가 실은 제대로 교육받지 못했다는 사실과 우리에게 진정으로 필요한 교육이 무엇인지가 극명하게 드러난다. 독일이나 뉴질랜드와 한국의 차이는 경제력의 차이라기보다는 공동체를 지키고 시민을 길러내는 교육의 차이다. 공동체의 가치를 지키며 서로를 배려하는 교양 있는 사람을 키우는 교육이야말로 교육다운 교육이 아닌가.

다시 태어나기 위해,
이제 무엇을
해야 할까

대한민국이 살 만한 곳이라고 믿는 사람들이 얼마나 될까? 이렇게 힘든 삶이 지속된다면 언젠가는 파국에 이를지도 모른다. 그 사실을 외면하기 위해 가능한 한 눈과 귀를 닫고 살기에 마음 깊은 곳에 우울함이 자리 잡고 있다. 그 우울함조차 애써 외면하며, 갈수록 복잡하고 견고해지는 경쟁체제 속에서 모두가 노력과 성공의 신화에 취해 스스로를 착취하고 있다는 사실조차 미처 깨닫지 못하고 있다. 오로지 살기 위해, 살아남기 위해 삶의 가치를 외면하고 삶의 의미를 반납하게 되었다.

"삶을 리셋하고 싶다" "처음부터 다시 시작할 수 있다면……"
지금, 대한민국의 많은 사람들은 마음 깊은 곳에 이런 바람을 품고 살아가는 것 같다. 물론 처음으로 돌아가 다시 시작할 수는 없다. 그러나 지금, 여기서 다시 시작할 수는 있다. 다른 삶은 분명히 가능하다는 말이다. 밥그릇이 기름져진다고 해서 삶이 더 풍성하고 윤택해지지는 않는다. 우리에겐 다른 욕망이 있다. 기품 있는 삶, 인간다움에 대한 욕망을 포기할 수는 없다. 또다른 삶은 가능하다. 인간 다운 삶이 가능한 바람직한 사회를 상상하자.

1. 먼저 자기만의 삶의 기준을 갖자, 그것이 삶의 감각을 회복하는 첫걸음이다

우리에게 삶의 기준이 있기라도 한가? 그저 남들 사는 만큼, 남들 하는 만큼, 늘 '남들' 타령 아닌가? 남들만큼 사는 것이 '정상'이라는 생각이 자신의 뜻대로 삶을 누리는 것을 방해하고 있다. 남을 의식하지 않는 삶을 살 수는 없을까? 자신을 발견하고, 자신에게 몰입하는 삶을 살 수는 없을까? 이 험한 경쟁에서 뒤처질까 봐 죽어라 사는 것, 이제 이런 식으로 사는 것은 그만하자. 삶의 기준을 바꾸고, 삶의 감각을 회복하자. 먼저 내가 사용해온 시간과 공간을 지금까지와는 다르게 사용하자. 인간으로서의 존엄성을 지키면서 살 수 있는 시스템을 만드는 데 내 삶의 시간과 공간을 사용하면서 살아보자.

2. 좀 깐깐하게 살자, 삶의 품위를 지키자

굴욕과 모욕을 참아가며 돈벌이만을 위해 일하는 노동이 삶의 대부분인 우리에게 삶의 품위는 얼마나 남아 있을까? 사회의 부조리와 특권층의 비리를 욕하지만 정작 우리도 삶의 많은 장면에서 그들의 꼼수와 편법을 그대로 따라 한다. 어떻게 해서든 손해를 덜 보고 조금이라도 이득을 더 보려는 것이 현재 우리의 모습이다. 좋은 게 좋은 것이라며 부정과 비리에 눈감고 적당히 타협하는 것이 관행이 되었다. 그러니 실은 스스로 당당하지 못하고 찌질하다고 생각하지 않는가. 좀 깐깐하고 까칠하게 살자. 원칙을 지키자. 우리 스스로의 품위를 지켜내자. 옳다고 믿는 것을 지키면서 책임과 권리를 잊지 말자.

3. 생각을 하고 살자, 공부다운 공부를 하자

하루하루를 버텨내는 것만으로도 버거운 일상에서 이렇게 사는 것이 옳은지 생각하는 일조차 포기한 채 살아간다. 그러나 열심히 살고 있음에도 삶은 점점 황폐해지고 공허하기만 하다. 나는 지금 왜 이렇게 방향을 잃은 것 같은가? 지금의 나는 누구인가, 그리고 어디를 향해 가고 있는가. 삶의 목표가 아니라 삶의 의미를 제대로 느낀 적이 있는가? 자조적인 농담이나 나누는 부부 동반 모임, 아이들

성적과 남편과 시댁 흉보는 이야기로 시간 보내는 동네 아줌마들 모임, 맛있는 음식 먹고 경치 좋은 곳에 놀러 다니는 친구들의 모임은 조금 줄이고, 남의 이야기가 아닌 자신의 삶의 이야기를 찾는 데 더 많은 시간을 할애하자. 삶의 허망함과 두려움에 직면하고 자기 삶을 채우는 공부다운 공부를 하자.

4. 혼자만 살아남으려 발버둥치다 외롭게 무너지지 말고 함께 살길을 찾자

언제부터인가 우리는 다른 사람이 곤경을 당하고 어려움을 겪고 있는 것을 보고도 못 본 척 방관하는 데 익숙해졌다. 우리는 서로를 너무나 하찮게 여기고 자신을 비하하는 데 익숙하다. 남이야 어떻든 일단 나라도 살고 보아야 하는 시스템에서 살아남으려다보니 그 가치가 몸에 밴 것이다. 그런데 이를 반대로 생각하면, 나 자신이나 내 가족이 곤경에 처해도 마찬가지로 아무도 도와주지 않을 것이다. 혼자서는 이 곤경에서 벗어날 수 없다. 타인에게 자신을 열고, 타인의 고통에 공감하고, 연대의 손길을 내밀자. 타인의 고통과 곤경에 같이 편들어주고 항의하고 싸우자. 공공성을 침해하는 행위에 대해 정당한 요구를 하자. 내 아이만이 아니라 남의 아이의 어려움과 고통도 돌보자.

5. 제도와 시스템이 인간의 삶을 위해 기능하게 하자

현재 우리가 처한 문제는 개개인의 심리적 면역력으로 버틸 수 있는 한계를 벗어났다. 나 혼자, 내 가족만 올바르게 산다고 해서 문제가 해결되는 것은 아니다.

개인이 아무리 열심히 노력해도 사회 전체 시스템이 잘못되었다면 아무런 소용이 없다. 그런데 한국 사회의 부모와 아이 들은 제도에 순응해서 살아남으려 한다. 결국 그러다 지쳐 혼자 고통받거나 죽거나 미쳐간다. 하지만 제도는 공고히 자기 자리를 지킨다. 제도와 시스템의 불합리함에 분노하고 제도와 시스템을 지배하자. 그 제도와 시스템을 만드는 소수의 권력자들을 우리가 지배해야 한다. 그러기 위해 정치를 살려내야 한다.

6. 정치가 우리의 삶이 되게 하자

폴란드 시인 비스와바 심보르스카는 말했다. "하루 내내, 밤중 내내, 모든 일— 당신의 일, 우리 일, 그들의 일—은 모두 정치다." 일상의 작은 문제, 생태적인 문제나 인권, 건강한 먹을거리에 대한 걱정, 학교폭력에 대한 고민, 원자력발전소의 안전, 공기업 민영화 등 그 모두가 정치다.

하나의 작은 행동에서 시작하면 된다. 지지의 댓글을 달거나 올바르지 못한 일에 대해 블로그, 트위터, 페이스북에 올리는 것으로 항의하자. 같은 생각을 가진 사람을 찾고 자신의 생각을 다른 사람과 나누고 표현하자. 개인적인 봉사활동이나 기부에서 삶의 의미를 찾는 사람들도 있다. 그러나 개인적인 만족은 한계가 있다. 자신의 활동이 갖는 사회적 의미에 대해 성찰해야 한다. 새로운 가치를 추구하는 행위는 단지 이념을 선택하는 문제가 아니라 어디에, 어떻게 참여할지 선택해야 하는 문제다. 더 많이 개입하고, 더 크고 분명하게 자신의 목소리를 내라. 요구하고, 권리를 말하고, 책임을 공유하자.

7. 더 많은 세금을 내자, 부자들은 더 더 더 많이 내라

사회적 안전망이 부재한 상황에서 지금 같은 경쟁체제는 삶 자체를 파괴한다. 복지 없는 분배와 성장은 이제 더는 유효하지 않다. 복지는 사회나 국가가 시민에게 보장해야 할 의무이며 시민은 복지를 요구하고 누릴 권리가 있다. 부자들은 세금을 더 많이 내야 한다. 자신의 부를 창출하기 위해 훨씬 더 많은 사회적, 생태적 자원을 소모하고, 지구를 더 많이 오염시키기 때문이다. 더 많이 번다는 것은 더 많은 책임이 있다는 뜻이다.

8. 국민의 건강과 교육, 양육은 국가가 책임져야 한다

언제까지 돈을 더 벌어야 보편적 복지를 실현할 수 있다고 주장할 것인가? 국가의 부는 국민이 열심히 일해서 쌓아올린 것이다. 대한민국은 재벌과 엘리트가 먹여 살린다. 맞다. 그러나 그 재벌은 열심히 일하고 세금 내는 국민이 먹여 살리고 있다. 국가는 재벌을 보호하기 위해 있는 것이 아니다. 국가는 국민의 기본권을 보장하고 지켜내는 본연의 임무로 돌아가라. 국민의 건강과 교육, 양육을 국가가 보장하는 것은 '빨갱이의 선동'이 아니라 국가가 당연히 해야 할 일이다.

뉴질랜드 같은 나라에서는 최저 18퍼센트에서 최고 39퍼센트까지 세금을 낸다. 하지만 자녀가 대학에 들어가면 5년간 매달 80만 원 정도의 학생수당을 무상으로 지급받는다. 등록금은 한국의 5분의 1 정도다. 미래를 위해 국가가 학생들을 양육하는 것이다. 임신하는 순간부터 출산에 이르기까지 모든 비용은 무료다. 입원환자들의 수술과 치료비도 모두 무료다. 경제활동을 할 수 없는 홀어머니에게,

65세가 넘은 노인에게 인간의 품위를 지킬 수 있는 생활비를 국가가 지급한다. 한국에서도 가능한 일이다.

9. 아이들의 '살아 있음'을 인정하자

사랑이라는 이름으로, 교육이라는 이름으로 행해진 억압과 통제로 아이들은 깊은 병을 앓고 있다. 아이들이 진정으로 원하는 것은 자신의 '살아 있음'을 긍정하는 일이다. 살아 있다는 것은 말하고, 생각하고, 사랑하고, 느끼고, 놀고, 달리고, 웃는 일이다. 그것은 누구도 침해해서는 안 되는 가장 소중한 권리다. 아이는 자신만의 욕망과 감정, 생각을 가질 수 있는 독립된 존재다.

그들에게 삶의 활력과 살아 있음의 권리를 되돌려주어야 한다. 많은 부모들이 말한다. 요즘 아이들은 싸가지가 없다고. 그런데 싸가지가 뭔가. 싹수가 아닌가. 자기 생긴 대로 터나갈 싹수를 자른 것은 부모들이다. 아이들에게 머리는 그만 쓰고 몸을 쓰게 하자. 머리 굴리지 않고 정직하게 자기 몸을 움직여 일하고 공부하고, 자신의 싹수를 발견하게 하자. 부모에겐 돈이 아니라 싹수가 보일 때까지 기다려주는 넉넉한 품이 필요하다.

10. 교육 본래의 의미를 복원하자

교육은 가치를 전하는 일이다. 우리는 아이들에게 물질과 편리를 줄 뿐 가치를 전하지 못했다. 현재의 교육은 가치를 전수하는 것이 아니라 강제와 의무에 지나지 않는다. 욕구와 의지를 가진 사람이 있다면 배움은 언제, 어느 곳에서든 이뤄질 수 있다. 교육은 그런 개인들의 관계이자 만남이다. 교육에 대한 욕구, 학습에 대한 욕구, 삶을 준비하려는 욕구에 관한 모든 논의를 제도교육으로 제한할 수는 없다. 우리를 인간답게 만드는 것은 학력이 아니라 이웃과 더불어 살고, 세상과 교감할 수 있는 능력이다. 아이들은 어른으로 성장하기 위해 필요한 내적인 덕목과 배려, 사회적 윤리를 배울 수 있는 곳이 필요하다. 학교와 교사는 어떻게 아이들을 성장시킬 수 있을지 고민하고, 그 내용을 채우기 위해 고민하라.

11. 공교육을 포기한 학교에 문제를 제기하고 항의하자

학교가 공공성의 가치를 교육해야 하는 본연의 임무를 방기하게 된 데는 학부모들이 이를 묵인하고 오히려 부추긴 것에도 원인이 있다. 수업시간에 교감이 교내방송으로 명문대 수시합격자를 발표하는 학교, 대학입학자 명단을 플래카드로 만들어 교문 위에 걸어놓는 학교, 시험 보기 전주에는 체육시간을 자습시간으로 바꾸는 학교, 공부 잘하는 상위권 아이들만 칸막이가 있는 책상을 갖춘 자습실에서 공부하게 하는 학교, 공부를 잘하면 지각해도 봐주고 공부 못하면 매 맞는 것이 당연한 학교, 유명 사교육 강사를 방과 후 교사로 영입하려는 학교, 기초학력 검사 준비로 중학생도 야간자율학습을 시키는 학교, 0교시가 폐지되었지만 버젓이 학생들을 0교시에 등교시키는 학교, 이 모든 것에 항의하고 정상적인 공교육의 권리를 요구해야 한다. 학부모 모임에 부모가 반드시 함께 참석하자. 모임에 아버지들이 참여할 수 있도록 저녁에 열도록 요구하자. 아버지들도 학부모 모임에 참여하는 것을 당연한 의무로 생각하도록 하자. 학교 정책 결정과 제도 개선에 적극적으로 참여하자.

12. 작은 학교를 더 많이 만들고 교사 수를 대폭 늘리자

작은 학교들이 동네를 중심으로 만들어지고, 학교를 중심으로 마을 공동체가 만들어질 수 있도록 하자. 학교를 지역 공동체 구성원 모두를 위한 공간으로 만들자. 시골 분교를 없애고, 작은 학교를 통폐합하는 것은 지역 공동체를 파괴하는 일이다.

지금 같은 교육체계에서는 교사가 아이들을 만날 시간이 없다. 담임 교사도 아침에 10분, 오후에 10분밖에는 아이들과 만날 시간이 없다. 어떻게 아이들과 소통하며 아이들이 무슨 고민을 하고 있는지 알 수 있겠는가. 담임 교사가 아이들과 적어도 하루에 한 시간은 같이 보낼 수 있도록 해야 한다. 담임의 업무를 줄이고 수업 시수도 줄여 아이들과 함께하는 시간을 확보해줘야 한다. 그러기 위해서는 교사 수를 지금보다 최소 20퍼센트는 더 늘려야 한다.

13. 누구나 '본부장님'이 될 수 없다, 아이들은 노동의 가치를 배워야 한다

아이들이 성장하면 모두 리더가 될 것 같은가? 모두가 '본부장님'이 될 수는 없다. 인간의 권리, 노동자의 권리, 노동의 가치를 가르치고 건강한 노동자의 삶에 대해 교육해야 한다. 부와 신분 상승이 아닌, 인간이 가진 소중한 사회적 본능인 연대의식과 자신의 노동에 자긍심을 가질 수 있는 교육을 해야 한다.

제대로 된 직업학교에서 제대로 된 기술교육을 하고, 기술자를 우대하고 장인을 키워낼 수 있어야 한다. 돈 몇 푼을 더 받으려고 헌법에 보장되어 있는 노동자의 권리를 포기해서는 안 된다는 것을 가르쳐야 한다. 기업은 기술직 노동자의 경력을 인정하고, 현실성 있고 타당한 임금을 지불해야 한다.

'달인'이 아니라 장인을 키워낼 수 있는 교육과 임금체계를 마련해야 한다. 대학을 나오든 그러지 않든, 사무직 노동자로 살든 기술직 노동자로 살든, 서로 연대하고 지지하며 인간으로서 존중받고 자본의 노예가 되지 않는 삶, 그런 삶의 뿌듯함을 꿈꾸게 해야 한다.

14. 대학을 국립화하고 스무 개만 놓아두고 다 없애자

대학을 모두 국립으로 만들어 교수 순환 근무 등을 통해 대학 서열을 평준화하라. 대학은 학문하는 자세를 배우고, 연구하는 학자적 양식을 수련하는 공간이지 취업을 위한 곳이 아니다. 우리나라 고등학생의 80퍼센트가 모두 학자가 되어야 하는가? 직업교육을 실시하는 고등학교를 더 많이 만들어 양질의 기술교육을 하되, 기술자로 살면서도 교양 있고 품격 있는 삶을 살 수 있도록 교육해야 한다. 고급 기술을 배우고 싶다면 특성화된 기술대학을 만들어 평생 교육기관에서 담당하면 된다. 지성의 함양과 내적 성장을 위해 모두가 원하면 양질의 평생교육을 제공받을 수 있는 시스템을 만들어야 한다.

15. 학생의 학력 평가 방법을 개혁하자

– 내신제도를 폐지하자

한국 사회 구성원들의 이기심이 점점 강해지고 있다. 세대가 젊어질수록 이런 경향은 뚜렷하다. 가장 큰 원인은 백병전과도 같은 내신제도를 거쳤기 때문이다. 무엇보다 먼저 내신제도를 폐지해야 한다. 매일 만나는 급우, 내 짝이 경쟁자인 세상이다. 청소년기를 이렇게 보내면서 어떻게 인간에 대한 연민과 진실한 우정을 경험할 수 있겠는가. 관계의 근본이 경쟁과 긴장을 바탕으로 한다면 어떻게 인간을 신뢰하는 마음이 생길 수 있겠는가.

– 개인의 학력을 국가가 인증하는 것은 위헌이다

제도교육뿐 아니라 아이들에게 더 많은 교육의 자유와 더 많은 선택권을 주어야 한다. 대안학교, 홈스쿨링 등의 학력을 인증하는 것은 국가의 몫이 아니다. 개인의 학력은 원하는 학교의 입학시험을 통해 검증받으면 된다. 개인의 학습능력을 국가가 평가하는 검정고시 제도는 폐지되어야 한다. 개인의 학력을 국가가 인증하는 현재의 제도는 위헌이다. 헌법소원을 청구하자. 다 같이 연대하여 싸워야 한다.

16. 부모 자신이 먼저 독립하자

자녀는 독립된 인격체라는 말을 아무리 되뇌어도 부모 스스로 독립된 인격체가 아니면 아이의 독립은 불가능하다. 아이가 부모의 유일한 심리적 관심사가 되어서는 안 된다. 부모 스스로 자기 삶을 어떻게 채워나갈 것인지 자기만의 삶에 대해 고민하라. 속이 빈, 공허한 부모가 아이들에게 전해줄 가치가 무엇이겠는가? 자기 삶의 경험을 통해 참으로 가치 있었던 일이 무엇이었는지 찾아보라. 그리고 자신의 삶을 어떻게 미래에 더 가치 있게 할 것인지도 고민해야 한다. 부모는 아이 말고도 자기만의 고유한 삶이 있다는 것을 아이에게 알려주어야 한다. 그 고민을 아이와 공유하라. 아이들이 부모 세대로부터 진실한 배움을 경험하게 할 수 있는 가장 좋은 방법이다.

17. 엄마는 자식과 남편에게 자신의 욕망을 투사하지 말자

프랑스의 정신분석가 프랑수아즈 돌토는 엄마는 엄마인 동시에 다른 것을 욕망하는 여성이어야 한다고 말한다. 성인이자 여성으로서 자신의 욕망을 건강하게 표현하지 못한 채 아이에게 집착할 때 아이를 끈적끈적한 사랑의 수렁 속에, '바깥자궁 속에서' 헤어나오지 못하게 한다고 경고한다.

자신의 시든 욕망을 남편이나 아이에게 투사하지 말자. 그들은 당신의 삶을 대신 살아주지 않는다. 남편의 사회적 성취나 자녀의 성공은 보답이 될지 모르지만 온전히 자신의 것은 아니다. 그러기 위해 사회적인 삶을 포기하지 말아야 한다. 그것은 단순히 직업이나 또다른 사회적 성공을 의미하지는 않는다. 자신과 가족만을 생각하는 고립된 삶이 아니라 세상의 문제와 고통에 자신을 열어두는 삶을 말한다.

18. 아내는 남편의 건강한 남성성이 발현될 수 있도록 지지하자

당신이 '한국 남자'와 살고 있다는 것을 먼저 인정하라. 한국 남성들은 자라면서 울어서도 안 되고, 약한 모습을 보여서도 안 되고, 시시콜콜 감정 표현을 해서도 안 된다고 배웠다. 그들의 감정적 인색함을 비난하기만 해서는 문제가 해결되지 않는다. 그들의 곤경과 어려움에 제대로 공감하지 못하면서 먼저 공감해달라고 원하는 것은 실은 공정하지 못하다.

공감을 바란다면 먼저 공감의 경험을 주라. 아내와 자녀들과의 관계 속에서 자기 중심적이고 폐쇄적인 '한국 남자'가 아니라, 건강한 남성으로 다시 태어날 수 있도록 정서적인 지지를 하라. 남편이 건강한 남성성을 발현하도록 돕는 일은 자녀에게, 특히 아들에게 가장 좋은 인생의 모델을 지켜주는 일이기도 하다.

19. 아버지는 아내에게, 아이들에게 좀더 당당해지자

OECD 회원국 가운데 노동시간이 가장 길고 자살률과 스트레스가 가장 높은 것이 한국 남성이라고 한다. 그렇게 열심히 사는데 왜 집에 가면 당당하지 못하고 아이들에게 떳떳하지 못한가? 아이들과 많은 시간을 함께하지 못했기 때문인가? 사교육비를 충분히 못 대줘서 미안한가? 아내에게 살갑게 대하지 못하고 공감하지 못했기 때문인가?

아내가 공감해주지 않는다고 타박할 때 당신도 내게 공감해달라고 당당하게 요구하라. 아이들을 정서적으로 돌보는 것도 아버지의 책임이다. 아이들을 사회적 인간으로 성장시키는 것이 아버지의 가장 큰 소임 중 하나다. 그런데 아버지들은 자기만 힘들다고 나 몰라라 하고, 아내 뒤에 숨어서 사회적 선배로서의 책임은 방기한 것이다. 통렬히 반성해야 할 점이다.

20. 아버지가 어른이 되어야 한다

아이들에게 힘들다고 징징대지 말자. 나는 이렇게 힘든데 너는 왜 그렇게 공부를 열심히 안 하냐고 책임을 묻지 말자. 돈을 버는 것은 아버지의 몫이고 책임이다. 그냥 담백하게 아이들에게 말하라. 아버지의 고됨을 이해하기 위해 노력해달라고. 아버지가 하는 일을 얘기해주고, 사회생활에서 어떤 갈등이 있고 어떤 노력을 해야 하는지 가끔 얘기해줘라. 그것이 교육이다. 그것이 아이들이 사회적 인간으로 자랄 수 있게 돕는 최선이다.

아이들에게 당당하게 말하라. "나만큼만 살아라, 아버지처럼 남 속이지 말고, 나쁜 돈 탐하지 말고, 가족을 위해 최선을 다해 사는 사람이 돼라." 그러기 위해 당신 자신에게 먼저 당당해져라. 열심히 살아왔지 않은가? 그러면 됐다. 열심히 노동하며 깨달은 삶의 가치를 아이들에게 전해줘야 한다. 지금처럼 당신 스스로를 착취해서 번 돈으로 아이들에게 학벌을 물려주려고만 한 것, 바로 그 때문에 아이들이 병들고, 당신이 절망하는 것이다.

21. 아이들이 문제가 아니다, 부모가 문제가 아니다, 부부가 문제다

부부관계가 좋을수록 자녀들에게 집착하지 않는다. 애정 어린 부부관계를 맺는 성인들은 자녀들과의 관계도 건강하고 적절하게 분리할 수 있다. 그런 부부들은 서로를 존중하고 각자의 독립성을 인정한다. 가정이 따뜻하고 아내가 자신을 지지한다고 느껴지면, 남편은 아내와 더 많은 시간을 함께 보내고 싶어진다. 아내 또한 남편과의 관계에서 만족을 얻는다면 다른 욕망은 상대적으로 옅어진다. 아이들이 자라 자신처럼 따뜻한 가정을 꾸린다면 어떤 직업, 어떤 학력을 갖든 별로 상관 없다고 생각할 것이다.

22. 가족이 함께 책임을 나누고 일하는 시간을 갖자

새로운 가치를 실현하는 일은 나 자신과 내 가족부터 시작해야 한다. 가족의 일은 가족 구성원 모두의 공통된 관심사이자 책임임을 깨닫는 과정을 의미한다. 부모이기 때문에 무조건 희생하거나 대접을 받아서도, 공부하는 아이라고 봐주거나 책임을 덜어주어도 안 된다.

이사, 집 안 청소, 김장, 화단 꾸미는 일, 시장 보는 일, 이불 빨래, 가구 재배치, 요리 등, 집 안 살림과 일상을 꾸리는 일은 가족 구성원 전체가 함께해야 한다. 아들이든 딸이든 성인이 될 때까지 적어도 열 가지 정도 요리는 할 수 있고, 설거지, 청소, 빨래를 일주일에 한 번은 부모와 같이해야 한다. 아이들도 가족이라는 공동체에 기여하고 도움으로써 세상에 나가 타인을 돕고 타인의 삶에 기여할 수 있게 해야 한다. 공부만 하면 다 이해되고 용서되는, 지금 같은 양육 방식으로는 아이들이 건강한 성인으로 성장할 수 없다.

우리가 원하는 많은 것들은 불가능해 보인다. 그러나 정말 중요한 것은 그 비현실적인 것들을 우리는 원하고 있다는 사실이다. 유럽이 가능하고, 뉴질랜드가 가능하고, 캐나다가 가능한 일들이 왜 한국에서는 가능하지 않단 말인가? 이유는 단 하나다. 우리는 우리가 원하는 것을 진정으로 추구하지 않기 때문이다. 우리가 진정으로 이루고자 한다면, 우리는 같은 뜻으로 연대하고 시스템을 변화시키고 결국 우리가 원하는 것을 이룰 수 있다. 그 과정이 쉽지는 않을 것이다. 하지만 우리의 비현실적인 목표가 많은 국가에서는 현실이 되었다. 그들도 처음에는 비현실적인 목표라고 생각했지만 결국 이루어냈다. "현실적이 되자. 불가능한 것을 요구하자." 이것이 프랑스 68혁명의 슬로건이었다. 2012년, 한국에서 다시 외친다. "비현실적이 되자. 그래야 가능해진다."

대한민국 부모

ⓒ이승욱 신희경 김은산 2012

1판 1쇄 | 2012년 6월 15일
1판 19쇄 | 2021년 12월 14일

지은이 이승욱 신희경 김은산

기획 형소진 서영희 | 책임편집 서영희 | 편집 양재화 방재숙 | 모니터링 이희연
디자인 이경란 이주영 | 마케팅 정민호 양서연 박지영 안남영
홍보 김희숙 함유지 이소정 이미희
제작 강신은 김동욱 임현식 | 제작처 영신사

펴낸곳 (주)문학동네 | 펴낸이 염현숙
출판등록 1993년 10월 22일 제406-2003-000045호
주소 10881 경기도 파주시 회동길 210
전자우편 editor@munhak.com | 대표전화 031)955-8888 | 팩스 031)955-8855
문의전화 031)955-2655(마케팅), 031)955-3561(편집)
문학동네카페 http://cafe.naver.com/mhdn
문학동네트위터 http://twitter.com/munhakdongne
북클럽문학동네 http://bookclubmunhak.com

ISBN 978-89-546-1853-3 (03370)

잘못된 책은 구입하신 서점에서 교환해드립니다.
기타 교환 문의 031) 955-2661, 3580

www.munhak.com